Gestão da produção industrial

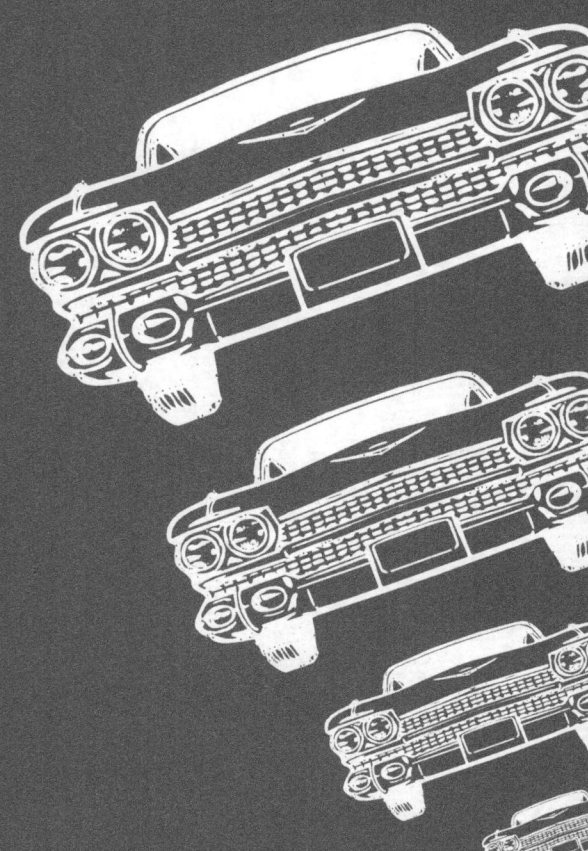

moacyr paranhos filho

SÉRIE ADMINISTRAÇÃO DA PRODUÇÃO

gestão
da produção
industrial

EDITORA
intersaberes

Rua Clara Vendramin, 58 – Mossunguê
CEP 81200-170 – Curitiba – PR – Brasil
Fone: [41] 2106-4170
www.intersaberes.com
editora@editoraintersaberes.com.br

Conselho editorial
Dr. Ivo José Both (presidente)
Dr.ª Elena Godoy
Dr. Nelson Luís Dias
Dr. Neri dos Santos
Dr. Ulf Gregor Baranow

Editora-chefe
Lindsay Azambuja

Supervisora editorial
Ariadne Nunes Wenger

Analista editorial
Ariel Martins

Análise de informação
André Akamine Ribas
Daniela Del Puente

Revisão de texto e linguagem dialógica
Sandra Regina Klippel

Capa
Denis Kaio Tanaami

Projeto gráfico
Raphael Bernadelli

Diagramação
Rafaelle Moraes

Ilustrações
Estevan Gracia Gonçalves

1ª edição, 2012.

Foi feito o depósito legal.

Informamos que é de inteira responsabilidade do autor a emissão de conceitos.

Nenhuma parte desta publicação poderá ser reproduzida por qualquer meio ou forma sem a prévia autorização da Editora InterSaberes.

A violação dos direitos autorais é crime estabelecido na Lei n. 9.610/1998 e punido pelo art. 184 do Código Penal.

Paranhos Filho, Moacyr
  Gestão da produção industrial/ Moacyr Paranhos Filho. – Curitiba: InterSaberes, 2012. – (Série Administração da Produção).

Bibliografia.
ISBN 978-85-65704-83-0

  1. Administração da produção. 2. Planejamento da produção. I. Título. II. Série.

12-07464   CDD-658.5

Índices para catálogo sistemático:
1. Produção industrial : Administração
658.5

apresentação

Este livro foi desenvolvido com o objetivo de fornecer ao gestor da produção industrial o conhecimento de conceitos e de técnicas que o ajudem a administrar com eficácia os processos produtivos de uma empresa.

Os mais modernos conceitos adotados por empresas manufatureiras do mundo todo são descritos e comentados, assim como os processos de várias empresas servem como exemplo prático, levando-o, durante a leitura, a percorrer os diferentes tipos de produção e de tecnologias.

Situando-nos na atualidade, mas acompanhando a evolução desde os primórdios da produção artesanal, pretendemos levar o leitor a entender as estruturas organizacionais das empresas, bem como a reconhecer a maneira pela qual são administradas e as indissociáveis relações com as linhas teóricas da ciência e da arte da Administração de Empresas.

Você conhecerá a área de produção como vista em seu ambiente interno; sua organização típica; seu funcionamento, que inclui o planejamento, o arranjo físico, o controle da capacidade, a importância da flexibilidade e da qualidade dos processos produtivos e as melhores técnicas de produzir com eficiência.

Analisamos os diferentes estilos de administração e respectivos impactos nas pessoas e, consequentemente, na organização. Os objetivos estratégicos da produção, incluindo a produtividade, a qualidade, a flexibilidade e o custo, são estudados, bem como as diversas técnicas para atingi-los.

Ao longo dos nove capítulos, mais os apêndices, pretendemos apresentar informações básicas sobre a área industrial, além de ter como objetivo servir de manual prático de consulta para o gestor.

Utilizamos uma linguagem clara e objetiva, dialogal, em que o texto por meio da primeira pessoa do plural – nós –, que aproxima o autor e o assunto do leitor, busca interligar esses contextos e estabelecer uma relação de entendimento entre eles. Ainda com esse propósito, os trechos sínteses recebem uma marcação gráfica que os diferencia dos demais parágrafos, bem como as frases sínteses e as palavras sínteses, que são grafadas com fonte diferenciada, as perguntas, que, ao produzirem a quebra na narrativa discursiva, têm a função de integrar o leitor ao texto, também recebem tratamento gráfico especial.

Sumário

capítulo 1	A administração clássica e a produção, 9
capítulo 2	Produção sob o enfoque sistêmico, 29
capítulo 3	Estrutura organizacional do setor produtivo, 43
capítulo 4	Tecnologia de produção, 65
capítulo 5	Qualidade, 93
capítulo 6	Produtividade, 151
capítulo 7	Confiabilidade na entrega, 193
capítulo 8	Flexibilidade do sistema produtivo, 229
capítulo 9	Planejamento da operação, 251
apêndice 1	Tecnologia de manufatura, 301
apêndice 2	Principais processos de transformação, 323

referências, 337

sobre o autor, 339

capítulo 1

a Administração Clássica e a Produção

O objetivo deste capítulo é fornecer embasamento teórico para o nosso estudo, para isso nos respaldamos nos principais estudiosos e nas diversas escolas de administração. Apresentaremos as escolas de estudo da tarefa e da organização, a humanística e a moderna teoria dos sistemas. Cada qual, coerente com seu tempo e contexto histórico, deu sua contribuição para o estudo da administração, sendo que algumas dessas escolas resistem ao tempo e são, ainda, muito atuais e úteis, quando pretendemos estudar as organizações.

Ao ampliarmos o nosso entendimento em relação às organizações e à evolução do pensamento administrativo, os seus sistemas e as teorias atuais sobre o assunto, estaremos enriquecendo nosso conhecimento e aperfeiçoando nossa habilidade de planejar, de administrar e de tomar decisões.

Quem conduz e arrasta o mundo não são as máquinas, mas as ideias.

– Victor Hugo –

1.1 a administração e a organização

> *A produção é a base do sistema econômico de uma nação.*

Os países desenvolvidos alcançaram o progresso com a eficiência de seus sistemas produtivos, transformando recursos de material, de energia e de horas em produtos tangíveis e intangíveis por meio da organização de pessoas e de processos produtivos e tecnológicos.

O próprio termo *país desenvolvido* é sinônimo de país industrializado. As nações que atingiram altos níveis de industrialização apresentam também as maiores rendas *per capita*, ou seja, são os países mais ricos, com condições de oferecer uma vida melhor para seus cidadãos em termos de saúde, de educação e de infraestrutura.

> *A evolução não seria possível sem uma ordenação dos esforços, do coletivo de pessoas trabalhando com um objetivo comum, ou seja, por meio de uma organização.*

A mudança do trabalho individual realizado por um artesão para um trabalho feito por um grupo de pessoas trouxe importantes consequências: de um lado, o trabalhador é separado do produto de seu trabalho; de outro, acontece uma radical alteração na produtividade. Assim, pela associação de várias pessoas realizando parte de um todo, o custo do produto final fica reduzido a níveis que propiciam sua venda em massa.

Mas, afinal, o que é uma organização?

Hampton (1992, p. 7) assim a define: "Uma organização é uma combinação intencional de pessoas e de tecnologia para atingir um determinado objetivo". Desse modo, quando as pessoas se associam para construir um bem físico, como uma casa, ou um bem intangível, como um serviço, formam uma organização. Se o objetivo é atingido ou não, ou o quanto eficientemente ele foi, depende da forma de como esse esforço foi coordenado, e essa é a tarefa da administração.

Chiavenato (2004, p. 3) afirma que "A tarefa da *Administração* é interpretar os objetivos propostos pela empresa e transformá-los em *ação empresarial* por meio de *planejamento, organização, direção* e *controle* de todos os esforços realizados em todas as áreas e em todos os níveis da empresa, a fim de atingir tais objetivos".

Vamos refletir sobre essas definições. E, uma vez que a tarefa da administração é transformar os objetivos da organização em ação, o que representa o sistema de produção nesse contexto?

> *O sistema de produção é a parte mais importante do grupo de atividades de uma empresa, que por esse motivo deve ser administrada para utilizar eficientemente os recursos disponíveis e atingir o objetivo a que se propõe.*

Alguns grandes pensadores e cientistas da administração tiveram influência direta no trabalho de administrar a produção. Ao longo dos anos, em várias fases, compatíveis com suas respectivas épocas, eles, por meio de muitos estudos e pesquisas, aperfeiçoaram as tecnologias de administração, facilitando o trabalho do administrador.

Dentre as teorias com influência direta na gestão da manufatura, destacamos as que centraram seus esforços na *tarefa*, na *estrutura organizacional*, no *ser humano* e nos *sistemas*.

1.1.1 Estudo das tarefas

O principal cientista que estudou as tarefas, no fim do século XIX e início do XX, foi Frederick Winslow Taylor (1856-1915), que criou o *taylorismo*, palavra hoje utilizada para designar a linha de estudos do trabalho de Taylor, o estudo científico da tarefa, segmento também conhecido como *administração científica*.

Por que administração científica?

Taylor, em 1911, considerava que os trabalhadores não deveriam escolher o método de seu trabalho, e, sim, que este deveria ser um método planejado e estudado por um especialista. Dessa maneira, conseguiu níveis de produtividade muito mais altos do que os obtidos com a execução aleatória da tarefa pelo trabalhador, que era baseada apenas em suas experiências passadas e na sua vontade.

Como explica o próprio Taylor, citado por Hampton (1992, p. 10), "Cada homem deve aprender como abrir mão de sua maneira particular de fazer coisas, adaptar seus métodos a muitos padrões novos e crescer acostumado a receber e obedecer a ordens, respectivos detalhes, grandes e pequenos, que no passado eram deixados ao seu próprio julgamento".

Em seu livro *Princípios de Administração Científica*, Taylor, citado por Hampton (1992, p. 10), conclui que a administração deveria ser tratada de forma científica, com experimentos estudados, repetidos, cronometrados, comprovados por sua eficiência em relação a outros, pois assim finalmente se tornavam métodos de trabalho a serem seguidos pelos executores. Além disso, defendia que os gerentes deveriam seguir seus princípios para administrar o trabalho produtivo.

Taylor, citado por Hampton (1992, p. 10), estabeleceu alguns princípios que nortearam seu trabalho. São eles:

- *eliminar a improvisação* e aplicar métodos baseados em procedimentos científicos, tais como estudo do tempo e dos movimentos;
- *selecionar os executores do trabalho* de acordo com as características exigidas e depois treiná-los para produzirem de acordo com o método planejado, desse modo, especializavam o trabalhador em determinada tarefa;
- *controlar a execução da tarefa* para verificar se está sendo executada de acordo com o padrão estudado e no tempo calculado;
- *manter a atenção com relação à exceção,* pois, uma vez padronizado o trabalho, o administrador deve concentrar-se nas exceções em relação aos parâmetros, como desvios de processo ou tempo de execução acima do determinado para verificar se o estudo da tarefa necessita ser revisado.

Trabalhadores pensantes x executores de tarefas: uma visão discriminatória

Alguns estudos de Taylor ficaram famosos, como o estudo do manuseio do ferro-gusa, em que Taylor, após estudar exaustivamente a tarefa de manusear os lingotes, chegou a um método e escolheu um operário chamado Schmidt para executar o experimento e comprovar a eficiência do método estudado. No trecho que segue, Taylor, citado por Hampton (1992, p. 11), informa a Schmidt que o seu assistente o instruirá em como realizar essa tarefa: "se você for um funcionário de valor fará exatamente como o homem lhe disser [...]. Quando ele lhe disser para pegar um lingote e caminhar com ele, pegue-o e caminhe, e quando ele disser para sentar-se, para descansar, sente-se [...]. Você fará isso durante o dia todo. E sem reclamações...".

O resultado do estudo foi um sucesso, a produção aumentou em quatro vezes no mesmo período de tempo e Schmidt, como ganhava por produção, aumentou seus ganhos.

Taylor, citado por Hampton (1992, p. 11), então, concluiu que "O perfil do trabalhador ideal para aquele tipo de trabalho de manusear o gusa regularmente é o de ser tão estúpido e fleumático que mais se pareça mentalmente com um bovino do que com qualquer outra espécie de animal".

Essa abordagem, que expressa pouca consideração ao ser humano, correspondia ao pressuposto que Taylor demonstrou em várias oportunidades com relação à sua visão do ser humano, pois considerava que os trabalhadores eram preguiçosos por natureza e, se não houvesse uma firme ação autoritária, não fariam suas obrigações, além do fato de que o trabalho estudado racionalmente *separava os trabalhadores em pensantes e em executores de tarefas.*

Para você, isso soa como algo discriminatório?

As críticas ao método tayloriano foram muitas e, em um inquérito parlamentar, quando foi interrogado sobre seus métodos, ele, então, respondeu com um exemplo real de um estudo que tinha feito na construção civil, explicando que os benefícios da aplicação de seus métodos, referentes ao trabalho diário de um operário da construção civil, fizeram com que todos ganhassem: a empresa, o funcionário e a sociedade. Na ocasião, relatou à comissão os resultados de seus estudos, por meio de dados comparativos.

Conforme Faria (1997, p. 21), o resultado correspondente a um dia de trabalho (do exemplo citado) mantendo-se os parâmetros habituais é:
- tijolos assentados: 960;
- movimentos executados: 17.280;
- horas trabalhadas: 08;
- salário: US$ 5,00.

Adotados os seus métodos, o resultado passou a ser o seguinte, conforme Faria (1997, p. 21):
- tijolos assentados: 2.800;
- movimentos executados: 14.000;
- horas trabalhadas: 08;
- salário: US$ 6,50.

Resumindo, a produtividade teve um aumento de 120 para 350 tijolos assentados por hora (291%); houve uma redução de 2.160 para 1.750 (19%) de movimentos executados; o salário diário de US$ 5,00 passou a US$ 6,50 por dia; ocorreu, portanto, um aumento de 30%. Assim, concluía que os patrões, os empregados e, principalmente, o consumidor, enfim, todos obtinham vantagens com seu método.

Outras pesquisas de Taylor ficaram famosas pelas minúcias de cada detalhe, tudo era estudado. Por exemplo, em um trabalho relacionado com a tarefa de movimentar o carvão, ele procurou medir desde o ângulo com que os operários enterravam as pás no monte de carvão, o tamanho da pá, a forma de sua empunhadura, a quantidade ótima para ser carregada de cada vez, enfim, os detalhes, que se tornavam variáveis e eram pacientemente anotados, cronometrados, alterados – procurando a melhor combinação e o modelo mais eficiente. Dessa forma, Taylor procurava a chamada *best way*, ou seja, a melhor maneira de se fazer um trabalho.

Seguidores de Taylor

> *É possível afirmarmos que os estudos científicos da tarefa contribuíram para a estruturação do sistema produtivo mesmo com uma visão tão restrita em relação ao ser humano?*

Taylor teve vários seguidores, entre eles o casal Gilbreth – Frank e Lilian Gilbreth –, que continuou o estudo da tarefa aplicando experimentos em empresas e em suas próprias vidas pessoais.

Os Gilbreth desenvolveram as unidades de trabalho – *therbligs* (esta denominação representa o nome *Gilbreth* invertido com algumas modificações). *Cada therblig significava o micromovimento que compõe uma tarefa.* Por exemplo, *therblig* – alcançar, *therblig* – agarrar, *therblig* – posicionar, *therblig* – transportar e até mesmo *therblig* para o ato de pensar, entre muitos outros.

Ao decompor a tarefa para estudá-la, a cada micromovimento identificado era associado um *therblig*, ou seja, um valor em tempo previamente padronizado para aquela microatividade, assim, com os *therbligs*, os estudos da tarefa ficaram em muito otimizados.

Embora esses estudiosos da tarefa possuam uma visão do ser humano que os separa em duas categorias, pensantes e executores, posição pela qual sofrem críticas até hoje, não podemos deixar de reconhecer *a grande contribuição que eles deram para a melhoria da produtividade, a eliminação do desperdício e até mesmo melhores condições para o trabalhador.*

Até agora falamos de tarefas. E a estrutura da organização, como um todo? A organização funciona restrita à administração de tarefas?

Os resultados da divisão do trabalho foram tão significativos que não só dividiram as tarefas como também desenvolveram os departamentos, especializando setores para a execução de processos semelhantes. *Assim estava criada a departamentalização dentro das organizações*, que persiste até os dias atuais, como o Departamento Financeiro, que executa os processos financeiros dentro de uma empresa e necessita de profissionais que sejam especializados em finanças, o que é notório quando a empresa cresce, e os processos tornam-se mais complexos. Nessa situação, o Departamento Financeiro torna a subdividir-se em Setor de Contas a Pagar, de Contas a Receber, Tesouraria etc. Similarmente as mesmas divisões e subdivisões ocorrem em todos os demais segmentos da empresa, em função do seu tamanho e da complexidade de seus processos. Assim, cada vez mais o trabalhador é especializado em sua pequena parte do processo, fazendo-a de forma mais eficiente.

1.1.2 Estudo da estrutura da organização: teoria clássica

Enquanto Taylor se dedicou ao estudo da tarefa, outro cientista preocupou-se com a estrutura da organização. Engenheiro como Taylor, Henry Fayol desenvolveu sua teoria em um trabalho chamado *Administração Industrial e Geral*, em 1916. Com grande experiência prática pessoal na administração de empresas, Fayol se preocupou com a difícil tarefa de coordenar um grupo de pessoas e de recursos e apresentou os clássicos princípios, conhecidos e praticados até os dias de hoje: planejar; organizar; comandar; coordenar e controlar. Além disso, também classificou as funções de uma empresa em seis funções básicas: técnicas; comerciais; financeiras; de segurança; contábeis e administrativas.

Princípios (Faria, 1997, p. 32)

- *Planejar*: visualizar o futuro e traçar o programa de ação.
- *Organizar*: constituir o duplo organicismo material e humano da empresa.
- *Comandar*: dirigir e orientar o pessoal.
- *Coordenar*: ligar, unir, harmonizar todos os atos e esforços administrativos.

- *Controlar*: verificar que tudo ocorra de acordo com o estabelecido.

Funções básicas (Faria, 1997, p. 32)
- *Técnicas*: relacionadas com a produção.
- *Comerciais*: relacionadas com a compra, a venda e a permuta.
- *Financeiras*: relacionadas com a utilização de capital.
- *Segurança*: relacionada com a proteção dos bens e das pessoas.
- *Contábeis*: relacionadas com os registros, os balanços e os custos.
- *Administrativas*: relacionadas com a integração, o controle e a coordenação de todas as funções anteriores.

As teorias de Taylor e de Fayol compõem a teoria clássica de administração, sendo que Fayol enunciou *14 princípios universais que a norteiam* (Faria, 1997, p. 32):

1. da divisão do trabalho;
2. da autoridade e da responsabilidade;
3. da disciplina;
4. da unidade de comando;
5. da unidade de direção;
6. da subordinação dos interesses individuais ao interesse geral;
7. da remuneração do pessoal;
8. da centralização da coordenação;
9. da hierarquia ou da cadeia escalar;
10. da ordem;
11. da equidade;
12. da estabilidade do pessoal;
13. da iniciativa;
14. do espírito de equipe.

Você já conseguiu dimensionar a abrangência dessa teoria no contexto administrativo? Na sua opinião, esses princípios, estabelecidos no início do século XX, são válidos para administrar uma empresa nos dias atuais?

A teoria clássica de administração prescreveu procedimentos que vão do planejamento ao controle e foi norteadora para as empresas, ajudando-as a se organizarem, a controlarem seus resultados. Deu, desse modo, uma enorme colaboração ao trabalho dos administradores.

1.1.3 Estudo da interação do ser humano com o ambiente de trabalho: a escola humanista

Para toda ideia inovadora ou novo movimento, logo surge uma oposição que a contraria e propõe nova alternativa, e este é o próprio mecanismo universal da evolução, e no caso da arte administrativa, foi exatamente o que ocorreu, pois, contrapondo-se à Escola Clássica, surgiu a Escola das Relações Humanas.

> a Escola das Relações Humanas negou e omitiu todos os conceitos desenvolvidos e afirmados pela Teoria Clássica – como os de organização formal, autoridade e responsabilidade, hierarquia, unidade de comando, estudos de tempos e movimentos, eficiência, departamentalização, princípios gerais de administração etc. –, para substituí-los por outros conceitos desenvolvidos a partir da Psicologia Social e Industrial – tais como organização informal, motivação, incentivos sociais, dinâmica de grupo, comunicação, liderança etc... (Chiavenato, 2004, p. 25)

A mudança aqui foi de paradigma, não apenas de sistema. Você já o identificou?

> *A Escola das Relações Humanas identificou uma outra perspectiva na relação do trabalho que se colocava além da tarefa, reconhecendo as relações complexas emocionais e sociais do trabalhador.*

Elton Mayo, psicólogo social australiano, defendia que a produtividade era mais um reflexo direto da satisfação do ser humano em seu ambiente de trabalho do que um mero estudo detalhado de tarefas.

Em 1927, ele procurou identificar a satisfação não econômica dos trabalhadores e a sua relação com a produtividade, em seu mais célebre estudo, em uma empresa de energia elétrica chamada *Western Electric Company*, na usina de Hawthorne. Esses estudos comprovaram que as relações humanas – entre os funcionários e seus grupos informais, entre funcionários e a chefia e o ambiente de trabalho – afirmavam-se como sendo muito importantes na administração de uma empresa.

Durante a pesquisa, os cientistas agiram no ambiente de trabalho com grupos de trabalhadores, variaram, por exemplo, a intensidade de iluminação e foi estabelecida a sua relação com a produtividade, sendo que concluíram nessa ocasião que, ao aumentarem a intensidade de iluminação, a produtividade do grupo aumentava, ao diminuírem ela diminuía. Mas, desconfiados dos resultados, os cientistas trocaram a lâmpada por outra de mesma intensidade e disseram que esta era de intensidade maior, no entanto a reação do grupo foi igualmente de aumento da produtividade, com o que *concluíram que havia um aspecto humano subjetivo muito importante na indução a um aumento ou a uma diminuição na produtividade.*

Foram também estudadas as condições de conforto, segurança e de fadiga dos operários, inclusive as relações informais que ocorrem no âmbito da operação de uma fábrica. As suas conclusões sobre os grupos informais e as relações que ocorrem nas empresas não são diferentes das que ocorrem na sociedade onde exista um agrupamento de seres humanos. Para o estudioso, a individualidade do trabalhador estava subjugada ao esforço grupal controlado por uma administração.

> *Portanto, a Escola das Relações Humanas considerava que não é a tarefa propriamente dita que é importante, mas sim a interação entre tarefa, trabalhador, administrador e sociedade.*

Mayo defendia que levar em consideração as atitudes dos trabalhadores compensava em termos de produtividade e dedicou-se a estudar o relacionamento das pessoas no ambiente de trabalho, sem se dedicar à tarefa em si. Na sequência, seguidores de suas pesquisas desenvolveram teorias (chamadas de *psicologia industrial*) relacionadas ao papel do ser humano nas organizações.

1.1.4 As teorias X e Y

Para McGregor (1999), "Toda decisão administrativa tem consequências sobre o comportamento. A administração bem-sucedida depende, não só, mas expressivamente da capacidade para predizer e controlar o comportamento humano".

Fundamentado nisso, McGregor separou os defensores das teorias com ênfase na tarefa e os com ênfase nas relações humanas em, respectivamente, teorias X e Y, isto é, a administração autocrática e a com ênfase nas relações humanas.

Administração autocrática

A teoria X expressa que a tradicional visão de direção e controle implica três suposições fundamentais (McGregor, 1999):

1. o ser humano médio tem uma inerente má vontade em relação ao trabalho e o evitará se puder;
2. a maioria das pessoas, devido a tal característica humana, tem de ser coagida, controlada, dirigida, ameaçada com punições para que possam ser levadas a aplicar esforço adequado na consecução dos objetivos da organização;
3. o ser humano, em média, prefere ser mandado, deseja evitar responsabilidade, tem relativamente escassa ambição e, acima de tudo, deseja segurança.

Essas suposições geram uma reação reflexa, é óbvio! Pois isso provoca um círculo vicioso. Você detectou qual é o resultado?

Um administrador, ao enquadrar-se nesses pressupostos, provavelmente se caracteriza como uma pessoa que se comporta de maneira autocrática para com seus funcionários, obcecada pelo controle e demonstrando falta de confiança. *Normalmente os funcionários reagem negativamente a esse tipo de supervisão e*, dessa forma, acabam reforçando o pensamento do supervisor, que por sua vez provavelmente imporá mais controle.

Administração com ênfase nas relações humanas

A teoria Y caracteriza-se pelos pressupostos de que (McGregor, 1999):

1. o dispêndio de esforço físico e mental no trabalho é tão natural como o divertimento e o descanso;
2. o controle externo e a ameaça de punição não são os únicos meios de se provocar esforço em prol dos objetivos da organização. O homem exercerá autodireção e autocontrole a serviço de objetivos em que esteja empenhado;
3. a dedicação a objetivos é função das recompensas associadas à sua consecução;
4. o ser humano médio aprende, recebendo as condições adequadas, não só a aceitar como a procurar responsabilidades;
5. a capacidade de exercer um grau relativamente elevado de imaginação, habilidade e criatividade na resolução de problemas da organização é distribuída amplamente e não restritamente na população;
6. as potencialidades intelectuais do ser humano são apenas parcialmente utilizadas, em função das condições da vida industrial moderna.

E, com uma administração agindo de acordo com esses pressupostos, qual a reação dos trabalhadores?

Os administradores que se enquadram nessa teoria são aqueles que se posicionam de forma diferente em relação a seus subordinados, e assim também *a reação dos liderados é mais favorável, o que leva a um comportamento de maior cooperação entre administradores e trabalhadores.*

Um bom exemplo de trabalho feito sem as tradicionais pressões negativas é o trabalho voluntário, pois o trabalhador opta por fazer uma tarefa sem que seja obrigado a isso e pela qual não será remunerado.

1.1.5 *Estudo da inter-relação e interdependência nos sistemas: Teoria Geral dos Sistemas (TGS)*

Criada pelo biólogo alemão Ludwig Von Bertalanfy (1930), a TGS procurava explicações para os fenômenos biológicos e buscava explicar como os agentes exercem controle sobre o seu ambiente e sobre o todo comum.

Essa teoria, desenvolvida para a ciência biológica, logo foi utilizada em outras áreas do conhecimento, como psicologia, psiquiatria, física e ciências sociais, em que estudiosos procuravam formular generalizações sobre como as partes e o todo se relacionam.

O melhor exemplo do mecanismo dessa teoria é o corpo humano, onde os agentes – órgãos; sistemas digestivo, circulatório e nervoso – todos sem exceção servem para um propósito: o funcionamento do corpo humano. Assim nenhum sobrepuja ao outro ou é mais importante. A interação entre os agentes, sua transação, é crucial para o todo, para o global – *o todo sempre é prioritário em relação ao individual.*

Qual o fator que determinou a expansão dessa teoria? E em que ela contribui na organização administrativa?

A expansão da *TGS* deve-se ao fato de que *sistemas aparentemente diferentes possuem a mesma lei matemática de organização*, sejam eles de bactérias, de pessoas, de livros etc. Ou seja, as equações que descrevem a competição entre algumas espécies de animais e de vegetais podem ser adaptadas em certos campos da físico-química e da economia, por exemplo.

Na psicologia, a aplicação da teoria reflete-se nos tratamentos psicológicos em família. Um eventual distúrbio em uma criança, por exemplo, pode estar no sistema "família", contexto em que ela está inserida, e não necessariamente nela de modo isolado. Daí a necessidade de tratar o sistema, entrevistando cada membro da família, formulando primeiramente um diagnóstico global, para só então tratar a criança. Da mesma forma, um distúrbio na organização, como um problema ocorrido, deve ser analisado globalmente, considerando-se todas as possíveis variáveis.

De fato, conceitos, modelos e leis similares aparecem muitas vezes, em campos distintos. Parece, portanto, que a TGS é um instrumento útil, capaz de fornecer modelos a serem utilizados em diferentes campos e transferidos de uns para outros, uma vez que essa teoria tem a capacidade de fornecer definições exatas de conceitos complexos para certos ramos da ciência, como organizações, relacionamentos humanos e ideologias.

> *No caso das organizações, a aplicação da TGS explica a interdependência dos indivíduos e dos diversos setores da empresa e, ao mesmo tempo, o fato de o sucesso de um setor não garantir o sucesso do todo.*

A empresa pode ter um excelente departamento financeiro, mas, se não produzir com qualidade, essa vantagem de nada adiantará para o seu sucesso, pois o cliente está interessado no resultado final, ou seja, na qualidade e no custo do produto resultante de toda a operação.

Pensamento linear e pensamento sistêmico

Quando não se consegue visualizar o sistema completo, tendemos a praticar o *pensamento linear* diante de um problema, pois essa maneira é muito mais simples. Todavia, o problema visto de forma linear tende a se repetir, pois, na maioria das vezes, dessa forma não se consegue atingir a causa raiz, ou seja, a verdadeira causa do problema.

Observando a sequência lógica da Figura 1.1, a tendência é concluir que o problema foi resolvido, mas existem muitos fatores não avaliados que podem alterar a solução, como: várias causas agindo para a sua ocorrência, a estabilidade da solução em função do tempo e mesmo as consequências resultantes da solução tomada.

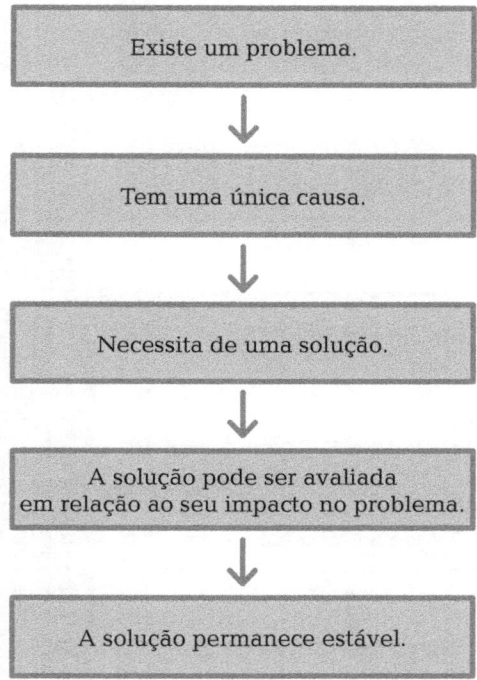

Figura 1.1

Pensamento linear

Fonte: Adaptado de Hampton, 1998, p. 24.

O *pensamento sistêmico** também se expressa na forma de administrar a empresa, considerando seus princípios no processo decisório, por exemplo, ao tomar uma decisão envolvendo um setor, faz sentido pensar que aquela terá um reflexo na organização inteira e não apenas neste.

O pensamento sistêmico é uma competência necessária para o administrador?! Por quê?

O domínio dos princípios do raciocínio sistêmico é uma competência extremamente importante para o administrador. Possuindo a competência e desenvolvendo a habilidade de aplicá-lo, o administrador consegue estabelecer inter-relações em situações de decisão que outros não veem e que o ajudam, sobremaneira, na sua função (Hampton, 1998, p. 24).

Ao considerarmos de forma sistêmica um determinado problema, poderemos optar por uma solução mais adequada para a organização e que se revele eficaz e com estabilidade no tempo.

Com visão sistêmica dos problemas e da organização, formamos uma imagem do quadro completo da situação, não apenas do problema em si.

*Sistêmico: relativo a sistema, sistemático; relativo à visão conspectiva, estrutural de um sistema.

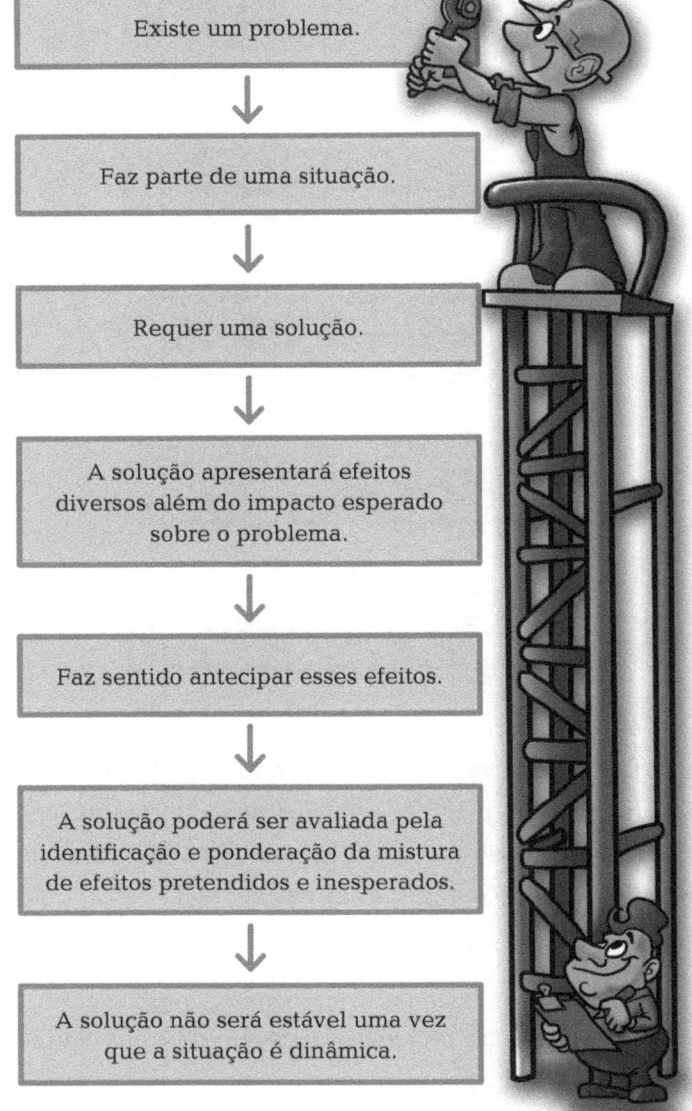

Figura 1.2

Pensamento sistêmico

Fonte: Adaptado de Hampton, 1998, p. 24.

Um exemplo clássico do não entendimento do raciocínio sistêmico foi o da corrida armamentista que aconteceu entre americanos e soviéticos e criou uma situação crítica para toda a humanidade pela maneira de pensar de ambos os lados a respeito do assunto (Senge, 2002, p. 75-86).

Do ponto de vista americano, os soviéticos eram os agressores e a expansão de armas nucleares, por parte dos Estados Unidos, era uma resposta defensiva às ameaças dos soviéticos. Do ponto de vista soviético, os Estados Unidos eram os agressores e a expansão de armas, por parte da URSS, era a resposta defensiva às ameaças dos americanos (Senge, 2002, p. 77).

Figura 1.3

Representação do pensamento linear

Essas duas visões são lineares, formam, individualmente, uma reta, mas vistas em conjunto passam a formar um sistema e como tal não é mais representado por uma reta, mas sim por um círculo de variáveis que se influenciam mutuamente.

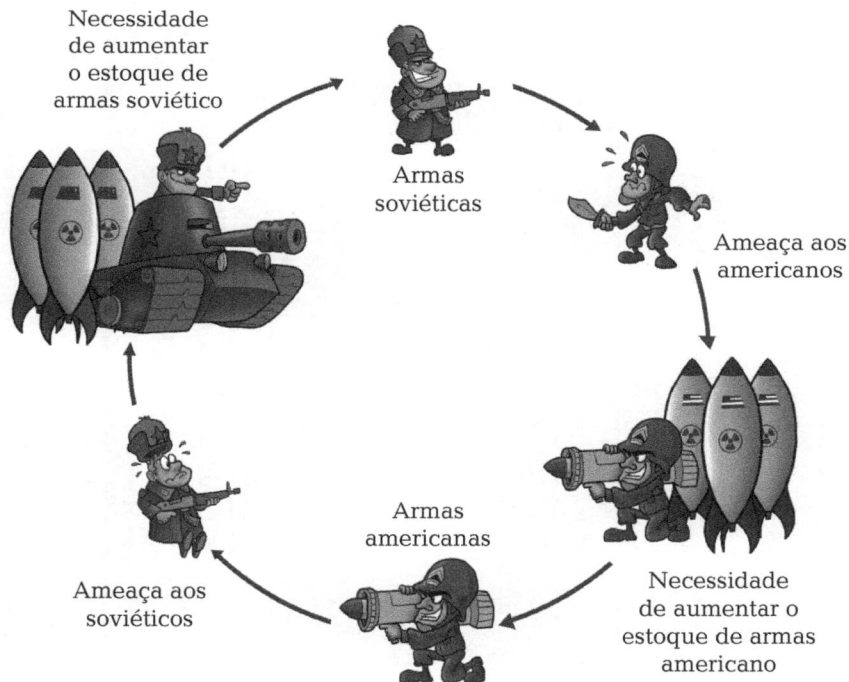

Figura 1.4

Representação do raciocínio sistêmico

Fonte: Adaptado de Senge, 2002.

O que observamos, na forma de pensar expressa na Figura 1.3, é que, por estarem ambos os lados pensando linearmente, não conseguem ver o todo sistêmico e a interação e a influência entre cada uma das partes (Figura 1.4). Assim, se não houver o entendimento e uma ação fora desse sistema (Figura 1.3), como foi o caso quando os soviéticos decidiram estabelecer um plano de redução de armas em conjunto com os americanos, *o sistema tende a perpetuar-se, pois se autoalimenta.*

Da mesma forma, muitos problemas nas empresas possuem causas que interagem e em que o pensamento linear leva a supor que foi dada a solução, mas que efetivamente o problema continua, pois sua causa raiz não foi descoberta.

exercícios

1. Qual a relação entre a produtividade de um país e seu estágio de desenvolvimento?
2. Qual definição de administração é mais adequada em sua opinião? Por quê?
3. Qual a posição de Taylor em relação à execução de uma tarefa produtiva?
4. Por que existem restrições aos estudos de Taylor em relação aos trabalhadores?
5. Quais os princípios clássicos da administração?
6. Qual a contribuição da escola humanista para a administração?
7. O que Elton Mayo concluiu com seus estudos de Hawthorne?
8. Como você compara as linhas de pensamento X e Y de McGregor?
9. Como podemos entender os conceitos de transação e globalidade da Teoria Geral dos Sistemas?
10. Por que o pensamento sistêmico é importante para o administrador?

capítulo 2

Produção sob o enfoque Sistêmico

No Capítulo 1, expusemos que a teoria dos sistemas (TGS) é uma técnica essencial para a administração. Neste capítulo, veremos mais especificamente a administração da produção sob o enfoque sistêmico, que permite que os elementos componentes do processo interajam em prol de um mesmo objetivo como auxílio para o processo racional de gestão. Apresentaremos também quais são as variáveis que influem no sistema de produção, assim como um procedimento comum que as controle.

Não tenho um caminho novo. O que eu tenho de novo é um jeito de caminhar.

– Thiago de Mello –

2.1 Produção como sistema

> *Organizações humanas podem ser mais bem compreendidas, se vistas como sistemas dinâmicos, cujos agentes integrantes, pessoas que atuam conforme regras racionais ou não, agem e interagem para sua formação (Giovannini; Kruglianskas, 2004).*

Numa fábrica, podemos considerar o fluxo de produção como um sistema no qual todas as partes devem estar perfeitamente integradas para que o todo ou o resultado final seja atingido com sucesso. Assim, o mau funcionamento ou o excesso de uma das partes afeta o sistema como um todo, que precisa, portanto, ter mecanismos autocontroladores que proporcionem *feedback* (realimentação) entre as partes, para que seja possível a correção do rumo.

Por exemplo, uma empresa da área industrial que adquire matéria-prima de um fornecedor e a transforma em produto, para depois a entregar para um cliente, é um sistema composto de partes que interagem entre si e que se realimenta das informações do mercado sobre o seu produto (*feedback*) e as internaliza, corrigindo os desvios, onde necessário, e reiniciando todo o ciclo novamente. Com essas informações, a empresa age corretivamente ou com melhorias sobre o seu produto ou o seu processo e entrega novamente o produto ao cliente – um produto melhorado, mais adequado às exigências – *esse é o ciclo positivo desse sistema, com o pressuposto da melhoria contínua.*

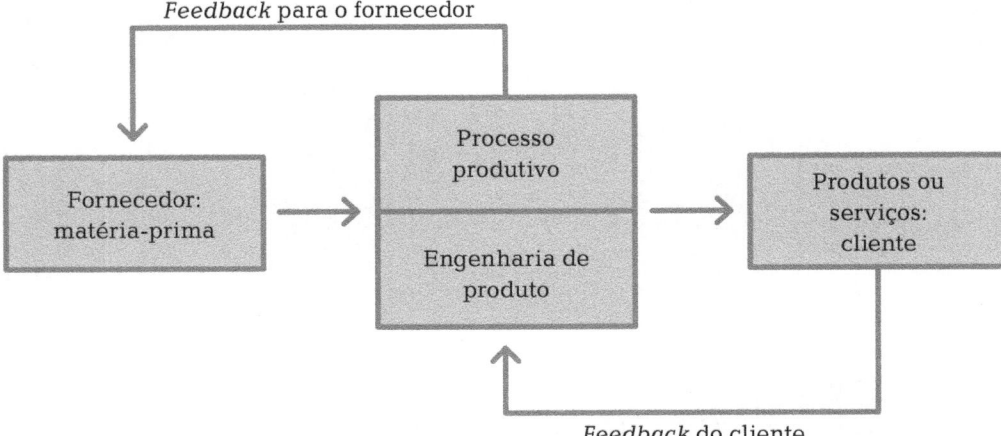

Figura 2.1

Produção como sistema

2.1.1 O raciocínio sistêmico na administração

O raciocínio sistêmico é empregado tanto no enfoque macro, com a empresa como um grande sistema, como em relação a cada um de seus elementos interagindo entre si, como vimos na figura da "Produção como sistema"; sendo também empregado na forma abstrata de um método de raciocínio de base científica, estatística e lógica, que baliza o administrador na sequência racional de seus pensamentos.

Qual a importância do raciocínio sistêmico para o administrador tomar decisões lógicas sobre os processos da empresa?

O administrador que domina e pratica o pensamento sistêmico sempre procura entender os elementos do sistema, sua interação e a relação de causa e efeito em qualquer situação, seja na ocorrência de problemas, na análise de projetos de melhorias ou de investimentos e, assim, na própria gestão de todo o processo.

O raciocínio sistêmico, embora seja nato em muitas pessoas, pode também ser adquirido, sistematizado por meio de métodos.

Assim, o administrador pode capacitar-se com tal habilidade e trazer essa forma de pensar para resolver problemas ou para tomadas de decisões, criando o hábito do pensamento sistêmico na empresa, o que implica uma forma diferente de vermos as coisas, pois ocorre uma procura constante pelo encadeamento de processos e de padrões.

Existem treinamentos teóricos e práticos do tipo tutorial, passo a passo, que induzem os participantes a pensarem sistemicamente e trazerem assim para o campo racional as relações de causa e efeito, aplicando-as em situações que ocorrem no dia a dia de suas atividades.

2.1.2 Aplicações da teoria dos sistemas na produção

> *A produção, em sua complexidade operacional – devido a muitas variáveis que agem em conjunto –, necessita ser gerida com base na lógica para proporcionar decisões racionais e não emotivas ou intuitivas.*

Os japoneses chamam a esse estilo de *Gestão de Administração por Fatos & Dados*, que se torna viável com o auxílio da teoria dos sistemas e na constante identificação das relações de causa e efeito, como nos explica Imai (1988, p. 43), ao citar Kaoru Ishikawa, "Nós devemos conversar com os fatos e os dados".

Frequentemente a causa principal não aparece na primeira resposta!

Ainda na mesma obra, Taichii Ohno, ex-vice-presidente da Toyota, dá o seguinte exemplo, sobre a descoberta da verdadeira causa da parada de uma máquina (Imai, 1988, p. 43):

Pergunta 1: Por que a máquina parou?
Resposta 1: Porque o fusível queimou devido a uma sobrecarga.
P2: Por que houve sobrecarga?
R2: Porque a lubrificação do rolamento foi inadequada.
P3: Por que a lubrificação foi inadequada?
R3: Porque a bomba de lubrificação não estava funcionando.
P4: Por que a bomba não estava funcionando?
R4: Porque o eixo da bomba estava gasto.
P5: Por que ele estava gasto?
R5: Porque entrou sujeira.

Assim foi possível identificar a verdadeira causa, bem como a solução adequada: colocar um filtro na entrada da bomba de lubrificação. Se os operários não tivessem feito essa série de cinco perguntas, eles poderiam ter optado por simplesmente trocar o fusível, sendo grande a probabilidade de este queimar novamente e a cada vez que isso ocorresse aumentaria o problema, sem que fosse corrigido definitivamente.

Essa técnica simples e efetiva busca a causa da raiz do problema por meio da elaboração de cinco perguntas sobre o problema e assim possibilita a correção definitiva da causa.

O administrador que tenha visão sistêmica leva vantagem de imediato, porque enxerga sempre o todo e as interações de suas partes. Dessa forma, ele consegue também prever as possíveis consequências de suas decisões – impactos positivos e negativos e focos de falhas no sistema.

Um erro, no sistema ou de decisão, pode ocasionar grandes prejuízos para a empresa, por isso a maioria dos administradores tende a procurar um responsável pelo erro, mas não necessariamente chega à causa geradora desse erro.

Normalmente a primeira pergunta que fazem é: *quem foi?*

A sequência natural da pergunta segue um raciocínio linear que gera como resultado a indicação de uma pessoa, um culpado.

Nessa situação, caso a empresa se satisfaça com essa resposta, acreditando ter resolvido o problema ao encontrar um culpado, a investigação para detectar a verdadeira causa do erro é interrompida e prejudicada. Além de possivelmente criar outro problema no âmbito do clima organizacional, pois a mensagem passada para a organização é a de iniquidade e injustiça, a reação normal será a de esconder os defeitos, para evitar a punição, em vez de procurar solucioná-los definitivamente.

A contraposição disso é que os administradores, ao lidarem com um ambiente complexo como é o organizacional, especialmente com a área de produção, onde existem inúmeras variáveis atuando isoladas e simultaneamente no processo, optem por encontrar a origem do erro e a eliminação do fator gerador desse erro, utilizando-se de ações coordenadas e métodos científicos.

Dessa forma, até é possível detectar que foi uma pessoa a responsável pelo erro, entretanto o processo investigatório continua com vistas a descobrir a causa geradora do problema, dando sequência a perguntas, como: O funcionário estava treinado? Conhecia o processo? Tinha informações para identificar que o processo estava errado?

Podemos então nos fazer a pergunta-chave – de quem é a responsabilidade por esses fatores: da empresa, que projeta e administra o processo, ou do operador, que o executa?

Ao entender mais profundamente essas questões operacionais, o administrador irá verificar que, na maioria das situações de erros, a responsabilidade é da administração, assim, somente após chegar a essa conclusão, poderá solucioná-los definitivamente.

Ao formularmos questionamentos coerentes, estaremos alcançando a raiz do problema e, uma vez a identificando, temos, então, as condições para não só corrigir o erro, como também informações para evitar que ele venha a ocorrer novamente.

Essa posição é puramente racional, não tem nada de humanista, pois em um processo ocorrem variáveis fora do controle do operador, e culpá-lo sem considerarmos todas as variáveis, além de não resolvermos o problema, criamos outros, como a desmotivação do operador que se julgará injustiçado.

> *Todo processo produtivo funciona como um sistema, onde agem e interagem muitas variáveis, sendo que o próprio operador é uma das variáveis.*

Existem algumas variáveis que são comuns a todos os processos produtivos industriais e devem ser analisadas sempre quando da ocorrência de um problema. Conforme Imai (1988, p. 43), tais variáveis são: *material, mão de obra, máquina, meio ambiente, medição e método*. Essa metodologia foi inicialmente proposta por Imai, como a lista dos 4Ms, adicionando como nota os dois outros Ms – medição e meio ambiente –, *tornando-se conhecida por 6Ms*.

Cada uma dessas variáveis pode ainda apresentar subvariáveis. Por exemplo, se a variável material estiver sendo analisada, pode haver causas, como ausência de especificação, dureza acima do padrão especificado, deterioração por estocagem inadequada etc. Mas vamos analisar, mais profundamente, cada uma das seis variáveis.

1. Mão de obra

Essa variável é frequentemente indicada como sendo a causa da maioria dos erros de operação. Todavia, um estudo mais profundo, para uma busca real da causa de problemas relacionados com a mão de obra, leva-nos a considerar outras causas, como treinamento, adaptação, tipo físico, competência e habilidade. Esse detalhamento pode ser operacionalizado por meio de uma *checagem que considere vários aspectos*, como os que são expressos nas perguntas a seguir relacionadas: O operador é qualificado para executar o processo? Houve seleção adequada em função da complexidade da tarefa? O operador está treinado ou apenas foi colocado ao lado de um funcionário mais experiente para aprender a operar o equipamento, correndo o risco de serem repassados vícios de operação? O operador possui as experiências necessárias, compatíveis com a tarefa? Os padrões de execução estão disponíveis de forma clara, e o operador consegue entendê-los normalmente? Os padrões de não conformidade foram informados? Portanto, há de ser perguntado:

As condições de trabalho são adequadas para a perfeita execução do processo? O operador sabe manejar os instrumentos de medida? Existe perfeito entendimento das instruções de medição e dos instrumentos adequados? Devemos ainda considerar que ventilação, temperatura, ruído e poeira em suspensão afetam o ser humano, prejudicando-o e, inclusive, o seu trabalho.

2. Material

Aparece essa variável em todo o processo de manufatura e é sempre motivo de muita atenção, pois existem muitos aspectos a serem considerados, como qualidade, especificação e condições de armazenagem entre outros. *Podemos fazer essa verificação perguntando:* Existem erros de classificação? Existem erros de especificação – o material foi especificado errado? O material está em conformidade com o que foi especificado? Não está duro demais ou sem tratamento térmico, ou, ainda, com o acabamento comprometido? O corte está correto? Possui rebarbas que podem alterar uma peça precisa ou que podem machucar as mãos do operador?

3. Máquina

A variável máquina ou equipamento é mais fácil de ser identificada, porque normalmente apresenta sinais visíveis quando há ocorrência de problemas. Entretanto, a atenção com situações, como folgas e vibrações excessivas que podem demorar a serem descobertas, é necessária. *Aqui precisamos identificar se a máquina(s):* atende às necessidades de tolerância; atende à capacidade do processo; está em perfeitas condições ou possui folgas e o operador precisa pilotar a máquina, compensando as folgas com manobras; possui nível normal de vibração e de ruído; e, ainda, se o *layout* é adequado, com espaço suficiente para ser feita a sua manutenção com facilidade.

4. Método

Um método técnico e bem estudado pode fazer a diferença para a qualidade de um processo e para a minimização de falhas. Por exemplo, a sequência de uma operação de dobra de uma chapa com furação, se feita a operação de furar após a dobra, cria dificuldade no processo, aumentando a chance de erro. Nessa variável, *é necessário observarmos e respondermos as seguintes questões:* A sequência do método está correta? Os padrões foram bem estabelecidos e estão claros para quem vai executar o processo? O método é seguro? Os instrumentos foram especificados corretamente e de acordo com as tolerâncias exigidas? O método garante a qualidade do produto? O método garante a eficiência do processo? O *layout* da área de trabalho foi bem estudado? O operador tem espaço, materiais, instrumentos e dispositivos suficientes para trabalhar? Os dispositivos e as ferramentas são adequados à execução da operação ou são improvisados pelo próprio operador, para que possa realizar sua atividade?

5. *Meio ambiente*

O meio ambiente influi na operação, tanto no aspecto físico, como frio ou calor, ventilação ou qualquer outra alteração física, quanto no sentido psicológico, de clima organizacional.

a. *Meio ambiente físico*: é o local onde acontece o processo, o qual está sujeito às condições de ventilação, temperatura, umidade e sujidade, entre outras. É uma variável importante, mas que é frequentemente descuidada, principalmente pelos técnicos, e pode ser a causa de muitos problemas se não for controlada. Por exemplo, em uma operação de pintura o índice de sujidade do ambiente, com a presença excessiva de poeira em suspensão, afetará negativamente a qualidade do acabamento. *Para esse controle, precisamos verificar o seguinte:* A temperatura ambiente afeta as peças que estão sendo executadas? A ventilação influi no processo? A sujidade do ambiente afeta o processo? A iluminação é adequada para a execução do processo e das medições? A umidade do ambiente afeta o produto que está sendo produzido?

b. *Meio ambiente organizacional*: esse é outro aspecto da variável meio ambiente que pode passar despercebido. Um ambiente organizacional desfavorável – com injustiças, racismo e outras manifestações sociais negativas – pode levar a falhas de execução do processo por parte de quem estiver sendo afetado por esses comportamentos. A rigor, o meio ambiente organizacional é a causa de erro da variável mão de obra, pois o operador é diretamente afetado por ele, e normalmente é uma causa difícil de ser identificada. Para facilitar a identificação dessa variável, podemos recorrer *às perguntas*: O gerente entende o processo como um sistema e está preparado para administrá-lo? As orientações são corretas para o operador? O supervisor é qualificado para administrar pessoas e processos? O ambiente, em termos de clima organizacional, é saudável? Os conflitos são resolvidos de forma justa? Existem pressupostos pessoais negativos por parte da supervisão? As diferenças de raça, religião e opção sexual são respeitadas? Existem condições físicas e psicológicas para o trabalho de portadores de necessidades especiais?

6. *Medição*

A medição é um fator difícil de detectar e pode ser o motivo de muitas perdas, tanto de material quanto de tempo para a solução do problema. Por exemplo, se uma medição indicar que uma peça está dentro da tolerância de medidas exigida e o instrumento de medição estiver descalibrado, indicando uma medida falsa, isso acarreta a produção de muitas peças com defeito até que seja encontrado o problema, ou seja, a falsa medida.

Outro exemplo desse importante problema: consideremos que um processo de tratamento térmico indique a temperatura do forno, com a peça a ser tratada, de 900°C; mantendo a peça no forno nessa temperatura por 20 minutos, para depois esfriar lentamente. Se houver um problema na calibragem do termômetro que indica a temperatura, e ele indicar 10°C a menos que o real, o operador será induzido a um erro que pode comprometer a peça tratada e somente será descoberto quando ela vier a falhar. Eventualmente, isso pode ocorrer quando já estiver montada no produto final. Nesse caso, o controle da calibragem constante do termômetro pode ser uma maneira de prevenir o problema.

Quanto a essa variável, devemos verificar algumas questões como: As instruções de medição estão corretas? As instruções foram feitas de tal forma que permitam o perfeito entendimento do operador? Os instrumentos são corretos ou adequados para as condições exigidas pelo projeto da peça? O erro do instrumento está de acordo com a tolerância do projeto? Os instrumentos estão calibrados adequadamente? Existe um plano de calibração na periodicidade exigida que represente garantia para o processo? Os instrumentos possuem identificação clara da próxima data de calibração, para que o operador possa, na data, enviar o instrumento para o laboratório, para que seja calibrado e reposto em operação?

Considerando todos esses pontos, podemos nos perguntar:

O que vem a ser tolerância de medição?

Um plano de calibração de instrumentos deve ser efetuado com uma certa periodicidade, por exemplo, um termômetro deve ser recalibrado a cada 200 horas de utilização, um paquímetro deve ser calibrado a cada seis meses e assim por diante, para que possam ser usados com segurança, observando a tolerância de medição que *é a faixa a maior ou menor de quanto uma dimensão pode variar em torno da medida nominal, constituindo a tolerância de medidas.*

> *Ao procurarmos a causa de um problema, devemos percorrer cada uma das possíveis variáveis que o originaram.*

Um método simples e prático para separar a causa do efeito de um determinado problema (aplicando os 6Ms), em processos da área industrial, é o *diagrama espinha de peixe* ou *diagrama de Ishikawa*, desenvolvido pelo cientista japonês Kaoru Ishikawa.

O diagrama de Ishikawa serve para ajudar a identificar a(as) verdadeira(s) causa(s) do problema, oferecendo um roteiro simples e prático de todas as possíveis causas de um processo industrial típico.

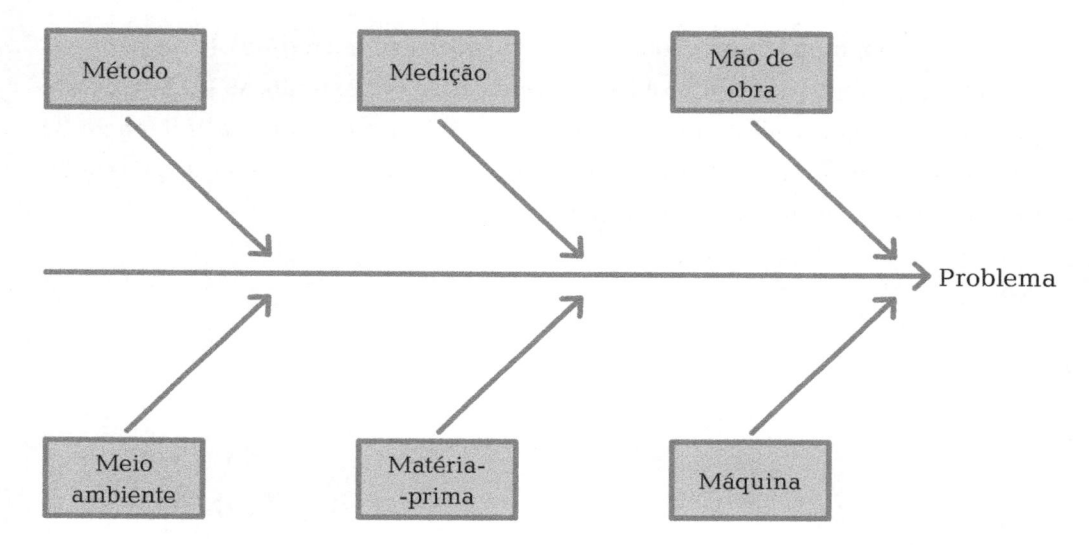

Figura 2.2

Diagrama de Ishikawa ou espinha de peixe

Essa técnica funciona da seguinte maneira: traçamos uma linha com uma seta apontando para o problema a ser estudado. Depois colocamos seis linhas inclinadas (variáveis) representando os "6Ms"; passamos, então, a testar cada uma dessas variáveis para descobrir qual ou quais delas podem estar causando o problema.

2.1.3 Produção sistema complexo

Constantemente ouvimos que a produção é um sistema complexo. Esse conceito faz sentido na prática? Qual ou quais os fatores que o justificam?

Uma metáfora utilizada pelos japoneses diz que as causas de problemas são *feras* que, quando nos deparamos com elas, devemos aprisionar, assim estarão sob controle. Entretanto, essa não é uma solução que pode ser considerada como definitiva, pois as *feras* podem fugir a qualquer momento e voltar a atuar no ambiente. Por isso devem ser mantidas sob vigília constante.

Podemos dizer, por analogia, que a produção é um sistema complexo, o qual apresenta muitas variáveis que atuam isoladamente ou interagindo em conjunto, e que o resultado oriundo desse sistema será eficiente e preciso, nos termos de suas especificações, desde que cada uma dessas variáveis esteja sob controle.

Por exemplo, numa operação em que a máquina se desregule – essa pode ser uma causa potencial de um problema de processo. No entanto, se tal fato ocorre quando da substituição de um operador por outro, portanto sob a influência da variável mão de obra, esta é que pode vir a ser a causa do problema se o operador que substituiu o titular não estiver bem treinado.

exercícios

1. Qual seu entendimento quanto à declaração de K. Ishikawa quando diz que devemos "conversar com os dados"?
2. Qual a diferença entre causas sistêmicas e especiais na resolução de um problema?
3. Quais são as variáveis comuns aos processos industriais?
4. Como o meio ambiente pode influenciar no processo?
5. O que é o diagrama de Ishikawa?

capítulo 3

estrutura
organizacional
do Setor produtivo

O objetivo deste capítulo é apresentar o mecanismo de organização das empresas no setor produtivo, as suas inter-relações e as estruturas hierárquicas; analisar o impacto dessas estruturas no seu funcionamento; descrever funções e seus objetivos e, finalmente, mensurar a organização em termos de indicadores relacionais de mão de obra.

Antes de começar o trabalho que vai mudar o mundo, dê três voltas dentro de sua própria casa.

– Provérbio chinês –

3.1 estrutura organizacional

Na produção, é necessário que respondamos a uma questão básica: quais os aspectos do sistema organizacional que viabilizam as respostas esperadas, ou seja, que possibilitam o funcionamento, o controle e a consequente obtenção de resultados?

O funcionamento ótimo do sistema *organização* depende da forma como ele é estruturado, para que permita que cada um de seus agentes tenha a *performance* esperada e que a *coordenação* destes seja eficiente.

> *Assim, os aspectos* performance *individual e de coordenação entre indivíduos e grupo de indivíduos são fundamentais para a eficácia do sistema organização.*

As organizações são estruturadas para uma determinada finalidade, seja a execução de um produto intangível – um serviço –, como o atendimento de pessoas em um hospital ou em um restaurante, seja a produção e a venda de produtos tangíveis discretos, como eletrodomésticos, sapatos e automóveis, ou fluidos, como combustíveis, detergentes e lubrificantes.

Para cada finalidade existirão necessidades específicas de processos a serem desempenhados por pessoas ou grupo de pessoas. Assim, temos o processo de venda, de produção, de recebimento, de pagamento e de entrega, entre inúmeros outros.

Cada processo exige conhecimento e habilidade de seus executores e um agrupamento de pessoas, executando processos semelhantes com a mesma finalidade, constitui-se em um departamento.

A coordenação entre as pessoas executantes de uma tarefa é realizada pela liderança do departamento, que deve otimizar a utilização dos recursos materiais e humanos para a consecução do objetivo fim do setor. Por outro lado, existe também a necessidade de coordenação entre os departamentos, que é normalmente executada pelos níveis intermediários de gerência.

Os departamentos possuem objetivos na organização. O *Departamento de Vendas* tem como objetivo todo o processo de vendas, desde análises de mercado, propaganda e contato com o cliente até a consecução final da venda. O *Departamento de Produção* tem como objetivo a transformação de insumos em produtos, e assim todos os departamentos têm objetivos que são a própria razão da sua existência.

A divisão da organização em departamentos, como vemos, segue a mesma linha da divisão das tarefas de Taylor, ou seja, a especialização em um processo maior ou processo global (assunto abordado no Capítulo 1).

Desse modo, a divisão da organização em departamentos funcionais ocasiona *fluxos de processos verticais* dentro do departamento (do nível operacional para o de coordenação e vice-versa), são os chamados *fluxos funcionais*. Mas o de interesse para o cliente é *o horizontal*, que atravessa a organização e vai desde o processo de consecução da venda até a entrega final do produto – a este denominamos de *macrofluxo principal* (Figura 3.2).

No sentido vertical, a empresa organiza-se em níveis hierárquicos, para que possa ser dirigida, coordenada e liderada para alcance dos objetivos. No mínimo a empresa necessita de *dois níveis hierárquicos*: *o operacional e o estratégico ou alta administração*.

a. *Nível operacional*: é o executor das tarefas, lida com a técnica, é o encarregado de fazer a transformação dos recursos em produtos. Nesse nível estão os técnicos que planejam, programam, transformam e controlam os recursos por meio de processos produtivos. A operação das máquinas, a linha de montagem, a estocagem de produtos e de materiais e a manutenção das máquinas são todas atividades do nível operacional. Esse é o mundo das coisas materiais, da racionalidade técnica, das medições precisas, das decisões técnicas, da transformação de matérias-primas, das rotinas operacionais. *Normalmente esse é um nível que opera como um sistema fechado, dentro dos limites internos da empresa, com os elementos interagindo entre si.*

b. *Nível estratégico*: representa a direção da empresa, é nesse nível que as decisões sobre os rumos da empresa são tomadas; é onde trabalham os proprietários, os diretores e os executivos. O sistema é analisado como um todo, em relação às informações do ambiente externo, e os executivos planejam os rumos e decidem assuntos que afetam a sobrevivência e o crescimento da empresa, como: mudanças de direção estratégica; lançamento de novos produtos; nível de rentabilidade; ampliação do parque de máquinas e demais objetivos empresariais. Como podemos observar, *esse nível opera como um sistema aberto, interagindo tanto com o ambiente interno quanto com o ambiente externo*. É dada maior atenção às ideias do que ao concreto; os executivos lidam com cenários externos da economia, fazem extrapolações, criam novas estratégias, ou seja, trabalham com a racionalidade de forma abstrata.

Em empresas de pequeno porte, esses dois níveis (operacional e estratégico) podem ser desempenhados pelas mesmas pessoas, por exemplo, o dono de uma pequena empresa pode atuar tanto na operação, executando os processos, quanto na estratégia, definindo os rumos que quer dar a sua empresa, aos seus investimentos e a sua capacidade produtiva e financeira.

Entretanto, *conforme a empresa cresce*, fica mais complexa e torna-se necessário delegar responsabilidades para outras pessoas, pois com o aumento do volume de produção surgem novos processos e decisões a serem tomadas. Nesse momento, a empresa em expansão deve contratar pessoal e executar tarefas operacionais, aumentando seu quadro com especialistas para atuarem em funções específicas, como finanças, produção, *marketing* etc. Nesse contexto, um novo nível organizacional intermediário – a gerência – passa a existir entre o estratégico e o operacional.

c. *Nível de gerência*: tem por função integrar os outros dois níveis hierárquicos, traduzir estratégias em objetivos operacionais e lidar com problemas do ambiente operacional, transformando-os em decisões executivas.

Resumindo, no fluxo vertical uma empresa média típica possui os três níveis hierárquicos básicos: *estratégico* (alta administração), *intermediário* (gerencial) e *operacional* (executor).

Primeiro, precisamos, para sermos objetivos, perguntar-nos o que representa cada nível organizacional na estrutura da empresa. Qual o reflexo da hierarquização na dinâmica do sistema empresarial? Tem razão quem diz que os vários níveis organizacionais resultam na burocratização da empresa?

Em uma hierarquia organizacional, contamos os níveis desde o funcionário da base da pirâmide até o que estiver no nível mais alto dessa estrutura. Por exemplo, cada grupo de funcionários tem um supervisor; uma certa quantidade de supervisores responde para um gerente; um grupo de gerentes responde a um diretor e, finalmente, diretores respondem para o presidente, cada nível é uma posição na cadeia de comando da empresa.

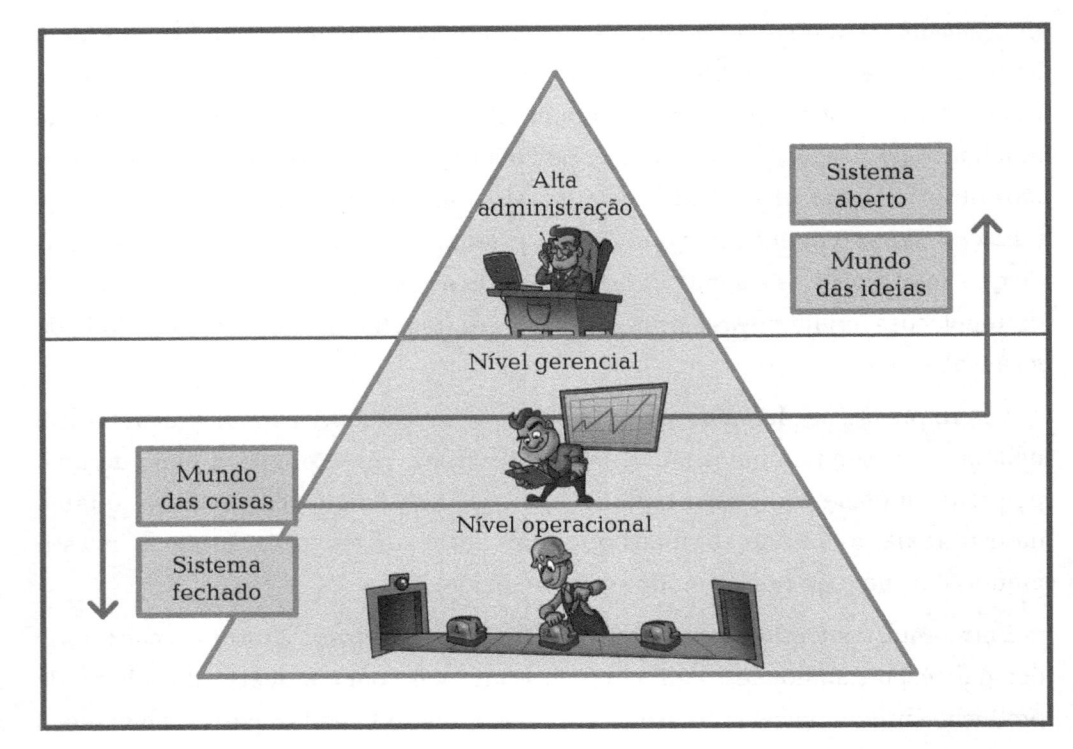

Figura 3.1
Os três níveis básicos da organização

Isso significa que os níveis organizacionais são sempre os mesmos nas empresas? Tipicamente sim, mas existem diferenças.

Várias estruturas e níveis organizacionais podem ser adotados por diferentes empresas em função do tamanho e da cultura organizacional, entre outros fatores. Muitas empresas, de acordo com seu tamanho, criam subníveis entre os três básicos, chegando a apresentar várias camadas em sua estrutura organizacional. Nisso, o que observamos é que, quanto maior a quantidade de níveis organizacionais, maiores a burocratização e a formalização dos processos.

Mas quais são os aspectos da hierarquização que trazem problemas para a empresa? Que providências se tornam necessárias em relação a isso?

Concluímos por meio de estudos e de observações que há uma *tendência pela redução dos níveis hierárquicos nas empresas*, considerando que cada nível representa um custo adicional. Além disso, muitos níveis podem vir a atrapalhar o processo operacional por implicar uma grande submissão à burocratização por meio de controles e de autorizações que acabam por dificultar tomadas rápidas de decisão.

Em uma estrutura com muitos níveis, a comunicação é prejudicada, tanto no sentido que vai da base da pirâmide para o topo quanto no sentido inverso, pois cada nível pode funcionar como filtro das informações, acabando por deturpá-las.

Assim, uma instrução ou uma orientação que vem do executivo no topo da pirâmide pode chegar distorcida no final, na base, pois terá de passar por todos os níveis até chegar ao nível operacional. Da mesma forma, uma reclamação ou uma sugestão do nível operacional, ao subir para o alto escalão, passa pelos mesmos níveis, os quais podem filtrar as informações que, assim, também podem chegar distorcidas ao executivo principal.

3.2 Macrofluxo e fluxos funcionais

> *Os departamentos atuam no sentido vertical da estrutura da empresa e os processos principais ocorrem horizontalmente.*

A pirâmide organizacional (Figura 3.2) apresenta configuração vertical, em termos funcionais ou departamentais, e o macrofluxo principal atravessa horizontalmente a organização, vencendo as fronteiras dos departamentos.

Qual a importância do fluxo para a empresa?

Esse fluxo ocorre desde o momento de entrada até o momento de saída na forma de produtos. Como as cadeias de comando gerenciam o fluxo funcional dos departamentos e não os processos principais, estes são obrigados a ultrapassar as fronteiras departamentais para sua consecução.

Por exemplo, *o macroprocesso* – venda, produção e entrega –, em seu fluxo de entrada e saída da empresa, atravessa os departamentos de vendas, planejamento, produção, qualidade e expedição, sendo que cada qual executa sua função e passa para a outra cadeia – na sequência horizontal.

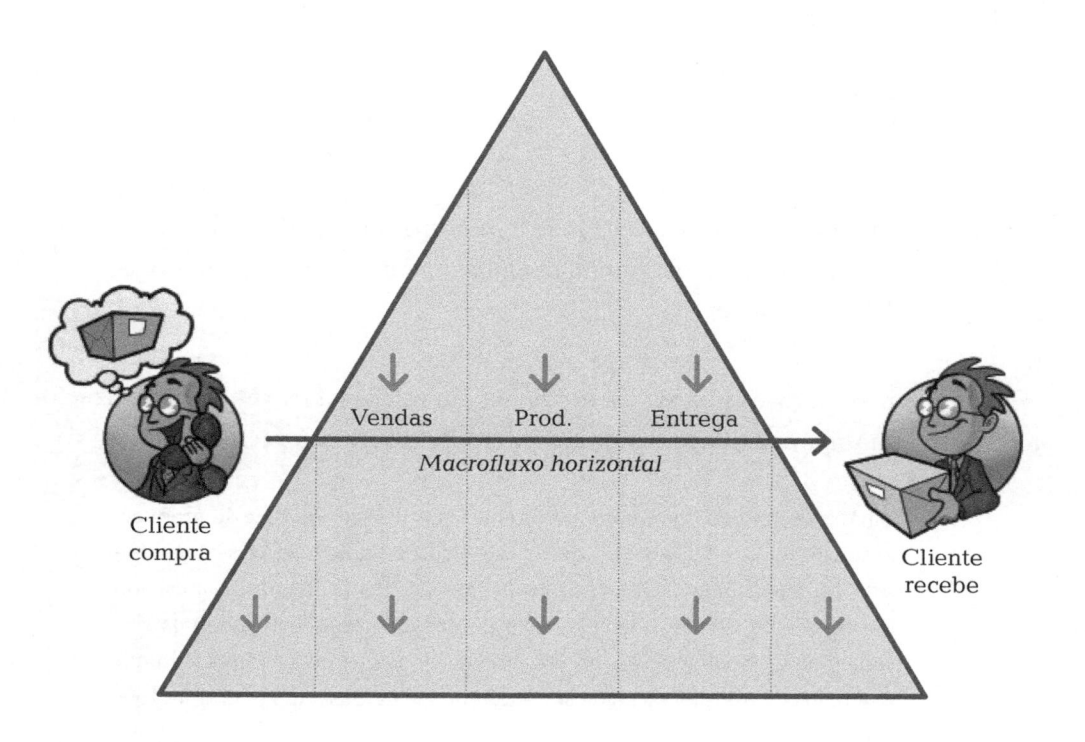

Figura 3.2
Macrofluxo e fluxos funcionais organizacionais

E o cliente? Como ele se insere nesse processo? Pode a estrutura ser um fator gerador de ineficiência, custo e demora se os departamentos se tornarem barreiras ao macrofluxo do processo principal da empresa?

Devemos novamente ressaltar que *o cliente não está interessado no processo funcional da empresa*, isto é, ele quer comprar e receber seu produto em tempo e com qualidade e custo esperados, pouco se importando pelo processo que o produto passa para chegar até ele.

Assim, se o *macrofluxo* passar por muitos departamentos e se em cada um desses houver demora, burocratização e aprovações desnecessárias, o fluxo total será muito mais demorado, prejudicando a eficácia da empresa.

Mas como romper as barreiras da estrutura funcional a fim de anular possíveis processos de ineficiência funcional?

3.2.1 A estrutura funcional: um desafio para a administração moderna

A administração moderna dedica-se a minimizar os efeitos maléficos da estrutura funcional, atentando cuidadosamente para o macrofluxo principal da empresa.

Quem percebeu essa situação de problema em relação à estrutura organizacional foram Hammer e Champy, autores do livro *Reengenharia*.

> com o crescimento do número de tarefas, os processos globais de produção de um produto ou prestação de um serviço inevitavelmente se tornaram cada vez mais complexos e a sua gestão mais difícil [...] o número crescente de pessoas no escalão intermediário do organograma – os gerentes funcionais ou de nível médio – foi um dos preços pagos pelas empresas pelos benefícios da fragmentação de seu trabalho em etapas simples e repetitivas e de sua organização... (Hammer; Champy, 1994)

A reengenharia procurou atacar justamente nos pontos onde a estrutura funcional bloqueava o fluxo principal, adicionando custos organizacionais. Ao repensar todos os processos, considerando a tecnologia atual e visando aqueles que realmente interessam ao cliente – os que adicionam valor –, as empresas que aplicaram os conceitos da reengenharia conseguiram fazer reduções drásticas de custo e experimentaram grande melhoria na produtividade dos seus processos.

"A reengenharia propriamente é o repensar fundamental e a reestruturação radical dos processos empresariais que visam alcançar drásticas melhorias em indicadores críticos de desempenho, tais como custos, qualidade, atendimento e velocidade" (Hammer; Champy, 1994). A *ideia principal da reengenharia* está em *explodir* as estruturas funcionais existentes e construir novas estruturas com base nos processos principais. Podemos afirmar isso com base em dois fatores fundamentais, que são:

- a reengenharia defende a reestruturação dos processos, não funcionalmente, mas sim uma reestruturação em função das necessidades dos clientes;
- ela procura a maneira mais adequada para atingir um objetivo, sem se preocupar com a forma como esse processo era conduzido anteriormente. Não importa como sempre foi feito, importa qual a melhor maneira de fazê-lo, consequentemente em alguns casos não existe a melhoria do processo, e sim sua extinção por completo, se for considerado não agregador de valor.

A reengenharia com sua nova visão, baseada na tecnologia atualmente disponível, e ao defender a implosão dos processos consegue obter resultados excelentes em termos de custos. Mas como tudo, em qualquer área da ciência organizacional, essa técnica deve ser aplicada com cautela, pois possui um grande potencial de impactar negativamente na empresa, se utilizada em excesso ou mal implantada, já que via de regra resulta em muitas demissões, o que normalmente é um assunto delicado.

> *A adoção radical da reengenharia pode provocar problemas estruturais na empresa.*

Embora existam muitos atrativos na reengenharia, e a própria metodologia utilizada seja muito útil para desenvolver o pensamento crítico com ênfase total nos processos principais, a consequência de sua adoção radical e equivocada por muitas empresas pode acabar por provocar problemas estruturais sérios.

Similar às pessoas que são anoréxicas, Prahalad e Hamel (1995) chamam de *anorexia corporativa* à situação de fraqueza das empresas que adotaram de forma radical os princípios da reengenharia, pois ficavam enxutas no sentido de ficarem sem a *força muscular* necessária para desenvolver suas competências essenciais, uma vez que, com a eliminação de muitos postos de trabalho, há grande número de demissões e juntamente com as pessoas demitidas esvai-se parte da memória da empresa, que assim pode perder a capacidade de enfrentar e reagir aos desafios e às mudanças.

É, portanto, necessário ponderar sobre a aplicação dos conceitos da reengenharia, com vista a conseguir o máximo de eficiência e de redução de custos sem atingir a massa crítica de inteligência e as estruturas necessárias a uma operação que enfrenta grandes desafios de competição no mundo empresarial.

3.3 Estrutura organizacional industrial

Em função de que fatos ou fatores o setor industrial de uma empresa pode ser organizado sob diferentes estruturas?

Essa organização *acontece em função de seu tamanho e de suas características*, porém existem algumas funções de produção ou de apoio que são comuns a quase todas as empresas.

Algumas definições e classificações de funções da estrutura são comumente adotadas pelas empresas para efeito de organização e como elemento facilitador das análises de custos do produto e custos de estrutura organizacional.

3.3.1 Classificação de funções de pessoal

A classificação de funções gerais de pessoal, com o objetivo de apuração de custos e de gerenciamento, é, comumente, encontrada em empresas que operam no ramo industrial. Como esclarece Bornia (2002, p. 42),

> A classificação dos custos, considerando a sua relação com o volume de produção, divide-os em *custos fixos* e *variáveis*. *Custos fixos* são aqueles que independem do nível de atividade da empresa no curto prazo, ou seja, não variam com as alterações de volume de produção, como o salário do gerente, por exemplo. Os *custos variáveis*, ao contrário, estão intimamente relacionados com a produção, isto é, crescem com o aumento do nível de atividade da empresa, como os custos de matéria-prima, por exemplo.

Assim, as classificações de mão de obra seguem o padrão de custos, e alguns autores definem custos fixos para mão de obra mensalista e custos variáveis, diretos ou indiretos, para a mão de obra horista.

1. *Mão de obra horista*: são classificados como horistas os funcionários da empresa que recebem seu salário por hora, sendo subdivididos em diretos e indiretos.

    - *Mão de obra direta (MOD)*: é todo o pessoal que possui contato direto com o produto ou a fabricação, a montagem e o acabamento. A sua quantidade varia em função do volume de produção a ser executada; por exemplo, se precisarmos de 10 funcionários horistas para produzir um produto, precisaremos de 20 para produzir duas unidades do mesmo produto. Em termos financeiros, o custo da MOD é considerado variável.

    - *Mão de obra indireta (MOI)*: é todo o pessoal que trabalha no suporte à produção, como manutenção, almoxarifado, controle de qualidade e ferramentaria, entre outros. Esse custo é considerado semivariável em relação à produção, ou seja, varia, mas não de modo diretamente proporcional.

2. *Mão de obra mensalista*: são classificados como mensalistas aqueles que recebem um salário em bases mensais. Esse custo é considerado fixo para efeito contábil, ou seja, é considerado um custo em que a empresa incorre independente das variações do volume de produção. Esse grupo constitui-se de todo o pessoal das áreas administrativas, como engenharia, finanças, contabilidade e as funções gerenciais.

3.3.2 Divisões organizacionais: exemplo de estrutura organizacional

Para melhor compreensão deste importante tópico relacionado à estrutura organizacional de uma empresa e seus índices, exemplificamos por meio de uma *estrutura organizacional real*, cujas características referenciamos como segue:

- é uma empresa de porte médio e do ramo metalúrgico;
- é fabricante de produto próprio da área agrícola;
- congrega 700 funcionários aproximadamente;
- possui produção seriada intermitente (baixo volume), em torno de 2.000 unidades aproximadamente por ano.

Escolhemos esse perfil de empresa por ser um exemplo completo e típico em termos organizacionais e industriais, ou seja, por constituir-se em setores que são comuns a outros segmentos e por apresentar as complexidades operacionais de uma organização que opera com produto seriado intermitente.

Vamos iniciar pela estrutura organizacional geral da empresa com suas divisões de produto, *marketing* e vendas, administrativa financeira e industrial.

1. *A Divisão de Produto*: projeta o produto para uma finalidade, em todos os seus detalhes; define a matéria-prima adequada; desenha cada componente com suas tolerâncias de medida; testa os novos materiais e produtos em campo; faz protótipos e testa as novas soluções de produtos.

2. *A Divisão de Marketing e Vendas*: é o setor que executa a venda do produto, para tanto faz a divulgação por meio de propaganda e eventos; realiza as vendas; cuida da rede de representantes e do pós-venda com garantia e assistência técnica do produto; analisa o mercado, a concorrência e faz previsões de vendas e participação de mercado (*marketing share*); estabelece campanhas de vendas e condições de pagamento, descontos e promoções.

3. *A Divisão Administrativa Financeira*: atua nos processos paralelos de finanças, recursos humanos, legais, contábeis e tributários; nas rotinas de recebimentos, pagamentos e contabilização; nos procedimentos de RH com folhas de pagamento, treinamento e execução; na terceirização de tarefas de segurança, limpeza e jardinagem; nos contatos com bancos e na busca de recursos ou aplicação de excedentes; providencia as informações gerenciais de lucratividade e custos, além de propor e participar nas decisões de investimentos.

4. *A Divisão Industrial*: executa a produção; administra e lidera os funcionários na realização dos objetivos relacionados à produção; faz o produto, incluindo o planejamento, a aquisição e o recebimento da matéria-prima, a verificação, a estocagem e a alimentação das áreas de operações fabris; administra a operação dos equipamentos de transformação e das máquinas; controla a qualidade dos componentes e do produto; faz a manutenção das máquinas e equipamentos e controla a produção e a eficiência dos executores e dos processos.

A Figura 3.3 (a seguir) apresenta o organograma de uma empresa que usaremos como exemplo para detalhar o objetivo deste trabalho que é a *Divisão Industrial*.

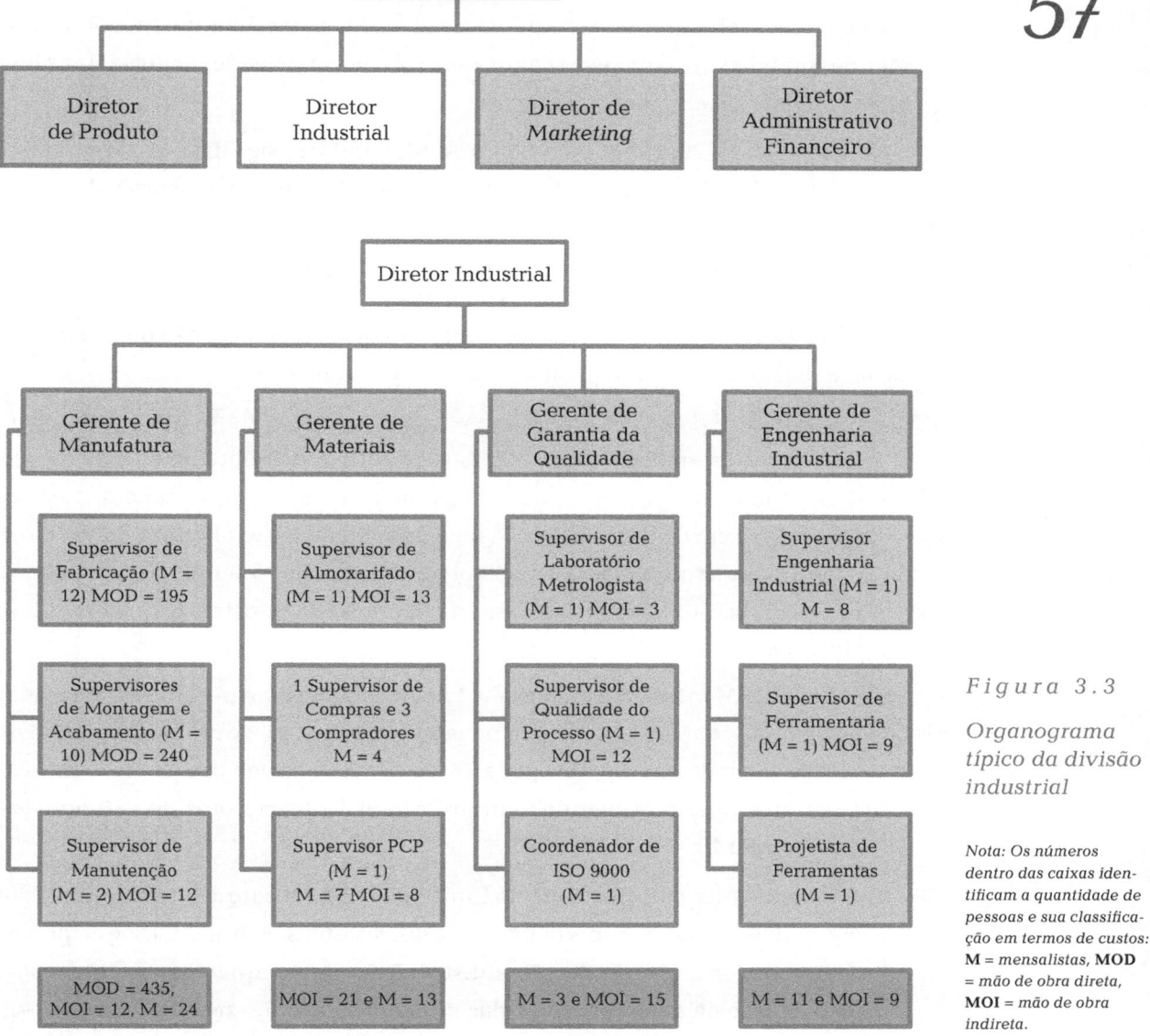

```
                          ┌─────────────┐
                          │ Presidente  │
                          └──────┬──────┘
         ┌───────────────┬───────┴───────┬───────────────┐
   ┌─────┴─────┐   ┌─────┴─────┐   ┌─────┴─────┐   ┌─────┴──────┐
   │ Diretor   │   │ Diretor   │   │ Diretor de│   │ Diretor    │
   │de Produto │   │Industrial │   │ Marketing │   │Administrativo
   │           │   │           │   │           │   │ Financeiro │
   └───────────┘   └───────────┘   └───────────┘   └────────────┘
```

```
                     ┌──────────────────┐
                     │ Diretor Industrial│
                     └─────────┬─────────┘
     ┌──────────────┬──────────┴──────────┬──────────────┐
┌────┴─────┐  ┌─────┴────┐         ┌──────┴─────┐  ┌─────┴──────┐
│Gerente de│  │Gerente de│         │ Gerente de │  │ Gerente de │
│Manufatura│  │Materiais │         │Garantia da │  │ Engenharia │
│          │  │          │         │ Qualidade  │  │ Industrial │
└──────────┘  └──────────┘         └────────────┘  └────────────┘
```

Gerente de Manufatura:
- Supervisor de Fabricação (M = 12) MOD = 195
- Supervisores de Montagem e Acabamento (M = 10) MOD = 240
- Supervisor de Manutenção (M = 2) MOI = 12
- MOD = 435, MOI = 12, M = 24

Gerente de Materiais:
- Supervisor de Almoxarifado (M = 1) MOI = 13
- 1 Supervisor de Compras e 3 Compradores M = 4
- Supervisor PCP (M = 1) M = 7 MOI = 8
- MOI = 21 e M = 13

Gerente de Garantia da Qualidade:
- Supervisor de Laboratório Metrologista (M = 1) MOI = 3
- Supervisor de Qualidade do Processo (M = 1) MOI = 12
- Coordenador de ISO 9000 (M = 1)
- M = 3 e MOI = 15

Gerente de Engenharia Industrial:
- Supervisor Engenharia Industrial (M = 1) M = 8
- Supervisor de Ferramentaria (M = 1) MOI = 9
- Projetista de Ferramentas (M = 1)
- M = 11 e MOI = 9

Figura 3.3

Organograma típico da divisão industrial

Nota: Os números dentro das caixas identificam a quantidade de pessoas e sua classificação em termos de custos: **M** = mensalistas, **MOD** = mão de obra direta, **MOI** = mão de obra indireta.

Essas estruturas dependem de parâmetros culturais, como o caso de empresas (estrangeiras) que se instalam em outros países e reproduzem suas estruturas originais; *ou parâmetros estratégicos*, como a subordinação do setor de qualidade à Gerência Geral, para dessa maneira estabelecer a absoluta independência do setor de qualidade. Assim, as estruturas organizacionais podem apresentar algumas diferenças de empresa para empresa.

No exemplo da Figura 3.3, no Setor de Manufatura, significa que existem 12 supervisores (fixos) que comandam 195 operadores (mão de obra variável).

Funções por departamentos

1. O Departamento de Manufatura abrange os setores de fabricação de componentes, de montagem e de acabamento, além do de manutenção.

a. *O Setor de Fabricação* é responsável pela produção de peças e componentes como a estamparia com processos de corte e de dobra de chapas de aço; a usinagem com processos de retífica, de tornearia e de fresagem, além de operações com centros de usinagem e de soldagem. Na empresa do exemplo, para uma produção média de 200 produtos por mês, o setor tem, em três turnos de trabalho, 12 supervisores, que lideram 195 horistas. Logo, tem: 12 M, 195 MOD.

b. *O Setor de Montagem* é responsável pela montagem de peças manufaturadas no setor de fabricação e de componentes comprados externamente, além de incluir os processos de proteção e de acabamento, como pintura. Na empresa a que nos referimos, em dois turnos, são dez supervisores de 240 horistas. Assim, tem: 10 M e 240 MOD.

c. *O Setor de Manutenção* cuida do funcionamento do parque de máquinas, dos equipamentos de transporte interno e dos sistemas de utilidades, que podem compreender a transformação e distribuição de energia elétrica, geração e distribuição de ar comprimido, das utilidades de água, sistema contra incêndio e da manutenção predial. Na empresa do exemplo, são dois supervisores (um para eletroeletrônica e um para mecânica) e 12 horistas indiretos. Ou seja, 2 M e 12 MOI.

2. O Departamento de Materiais é responsável pelo planejamento da produção, pela aquisição dos materiais e componentes junto aos fornecedores, além do recebimento, da estocagem e do controle.

Funcionalmente o Departamento de Materiais é composto por três setores: o de planejamento e controle de produção, o de compras e o almoxarifado.

a. *Setor de Almoxarifado*: cuida da manutenção e do controle dos estoques produtivos, da realização de inventários, da recepção de materiais e do controle de documentos, além dos estoques de expediente e da manutenção. Na empresa são treze horistas indiretos e um supervisor. Logo 13 MOI e 1 M.

b. *Setor de Compras*: é o responsável pelas aquisições de materiais diretos e indiretos e pelo ativo fixo da empresa, sendo composto por um supervisor e três compradores, todos mensalistas, logo são 4 M.

c. *Setor de Planejamento e Controle da Produção – PCP*: responsável pelo planejamento de materiais, pela emissão das ordens de fabricação e de compra em função das previsões de vendas e por relatar o andamento da produção aos níveis superiores. A equipe da empresa em questão é formada por um supervisor (M = 1), sete mensalistas planejadores (M= 7) e oito horistas, executando a programação direta na fábrica. Logo, de acordo com a classificação, tem: 8 M e 8 MOI.

3. O Departamento de Garantia da Qualidade – GQ – é um setor muito importante na empresa, pois:
- serve de apoio à produção na execução do produto;
- zela pela conformidade em relação às especificações, executando medições mais sofisticadas;
- audita processos;
- e serve de base para a implantação e manutenção dos sistemas de qualidade.

A *GQ, em termos de medição das especificações de qualidade*, acompanha o processo desde o fornecedor, passando pela recepção de materiais, até os processos de fabricação, de montagem e de acabamento. Para isso conta com pessoal especializado, como técnicos em controle e auditagem dos diversos processos produtivos, inclusive com laboratórios de metrologia e de ensaios de materiais.

A empresa do exemplo é composta por um supervisor de laboratório de metrologia (1 M) com três inspetores de medição (3 MOI) e por um supervisor de qualidade do processo (1 M) com 12 inspetores de processo (12 MOI), contando também com um mensalista responsável pela coordenação da aplicação da norma de qualidade ISO 9000* (1 M). Assim temos a classificação desse departamento como 15 MOI e 3 M.

* Ver Capítulo 5 – subitem 5.4: "Estratégias para a Qualidade".

4. *O Departamento de Engenharia Industrial* é responsável pelo estudo do processo, pelo estudo dos tempos, pelo projeto dos dispositivos e ferramentas e pelo desenho do *layout* (arranjo físico).

- É nesse departamento que a produção é planejada e decidido o como fazer o produto, com que equipamentos e máquinas, que dispositivos serão necessários e quanto tempo levará cada segmento do processo.
- A programação das máquinas, *Computer Numerical Control* – CNC –, e os planos de fabricação são executados por engenheiros de processo que os idealizam e fazem as folhas de processo para serem seguidas pela produção.
- A aquisição de máquinas, o aumento de capacidade, a substituição de equipamentos e a modernização do parque de máquinas são também de sua responsabilidade.
- Sob a administração desse departamento está também o Setor de Ferramentaria (em muitas empresas é um setor terceirizado), que fabrica os dispositivos e ferramentas de uso na produção.

Em nosso exemplo, existe um supervisor de engenharia (1 M), oito engenheiros (8 M), um projetista de ferramentas (1 M), um supervisor de ferramentaria (1 M) e nove ferramenteiros (9 MOI). Assim temos: 11 M e 9 MOI.

Esse exemplo nos permite estabelecer algumas relações entre estruturas e indicadores. Essas relações normalmente tomam como base a mão de obra direta e, por esta representar as atividades obrigatórias de produção, sua quantidade está relacionada diretamente com o volume de produção, dando um parâmetro entre a quantidade de *produtivos* e *não produtivos* (palavra sem relação com a produtividade como condição de desempenho).

Na Tabela 3.1, apresentamos um resumo da quantidade de pessoal necessário para a empresa utilizada como exemplo e as respectivas classificações por setor.

Essas classificações, além de servirem ao propósito dos custos, também são bastante úteis para compararmos operações similares, para tanto são estabelecidos índices entre as categorias. Por exemplo, a relação entre a quantidade de pessoas classificadas como indiretas e as diretas ou entre os mensalistas e a mão de obra direta. Dessa maneira, utilizando essa classificação, temos uma relação entre a quantidade de pessoas que atuam diretamente no processo e as de suporte.

Setor	Direta (MOD)	Indireta (MOI)	Mensalista (M)	Total
Fabricação	195		12	207
Montagem	240		10	250
Produção Total	**435**		**22**	**457**
Manutenção		12	2	14
Materiais		21	13	34
Garantia de Qualidade		15	3	18
Engenharia Industrial		9	11	20
Total	**435**	**57**	**51**	**543**

Tabela 3.1

Classificação de mão de obra de uma empresa típica

A utilidade desses índices é permitir situar a empresa e avaliar a sua evolução no tempo em relação a ela própria, além de possibilitar a comparação com outras para estabelecer um parâmetro de *performance* de custos.

A seguir calcularemos alguns índices:

- relação entre mão de obra indireta e mão de obra direta: MOI/MOD 57/435 = 13,1% ou 7,6 operadores diretos para cada funcionário indireto;
- relação entre mensalistas e mão de obra direta: M/MOD 51/435 = 11,7% ou 8,5 operadores diretos para cada mensalista;
- relação entre o total de mensalistas e mão de obra indireta contra o total de mão de obra direta: (M + MOI)/MOD = (57 + 51)/435 = 108/435 = 24,8%, ou seja, 4,03 operadores diretos para cada funcionário de suporte indireto e mensalista.

A preocupação da administração é manter sempre os trabalhadores não ligados diretamente à produção (mensalistas e mão de obra indireta) em quantidade mínima possível, a fim de evitar custos.

Vamos explicar melhor com um exemplo: imagine duas operações similares: A e B. A *operação A* possui 100 pessoas na fábrica, trabalhando diretamente na produção, dez no suporte (manutenção, almoxarifado e qualidade) e cinco mensalistas no escritório. Agora tomemos a *operação B*, que possui os mesmos 100 funcionários diretos na produção e 15 indiretos, além de 20 mensalistas nos escritórios.

Considerando-se que os 100 funcionários das duas fábricas produzem o mesmo volume de produção, *vamos comparar as duas operações,* respondendo às seguintes questões: *Qual é a de menor custo? Qual consegue fazer um preço menor? Se você fosse o dono da organização B onde concentraria seus esforços para reduzir os custos?*

Evidentemente que a operação *A* é muito mais produtiva, conseguindo fazer o mesmo volume de produção com menos custos indiretos e assim pode repassar essa vantagem para o cliente por meio de um preço menor, complicando ainda mais a concorrente *B*, que, além de um custo maior, ainda poderá provavelmente perder vendas.

exercícios

1. Por que a organização de uma empresa por departamentos segue a linha de pensamento de Taylor?
2. Qual a diferença entre os níveis estratégico e operacional na estrutura de uma empresa?
3. Como você entende os níveis hierárquicos de uma empresa?
4. Por que o macrofluxo horizontal representa os interesses do cliente?
5. Cite alguns exemplos de custos fixos em uma empresa.
6. Como é classificada a mão de obra que está em contato direto com o produto e varia em função de seu volume?
7. O pessoal do Setor de Manutenção de uma empresa pode ser classificado como MOD?
8. Os funcionários do Setor de Usinagem de uma fábrica são classificados como: MOI, MOD ou mensalistas?
9. Como a contabilização do pessoal em cada classe de custo pode ajudar o administrador?
10. Entre duas operações semelhantes, a que possui menor número de mensalistas e de mão de obra direta é a que tem melhor estrutura de custo?

capítulo 4

tecnologia
de produção

Neste capítulo, veremos um conjunto de fatores da produção que possuem efeitos diretos na organização da empresa e no custo do produto fabricado, como a diversidade de tipos de produção, a quantidade de produtos a serem produzidos, os tipos de produtos e a sua tecnologia de fabricação, além do nível de padronização dos processos.

Se o homem não sabe a que porto se dirige, nenhum vento lhe será favorável.

– Sêneca –

4.1 Classificação dos tipos de produção

A tecnologia de produção define a maneira como o bem será produzido, se de forma unitária ou seriada com altos volumes, se necessitará de processos padronizados ou será produzido por encomenda sob um projeto específico, se a fábrica será dedicada a um único produto ou a vários simultaneamente, se o processo será em lotes ou contínuo, enfim o tipo de produção a ser operacionalizada.

> *Os tipos de produção são classificados de acordo com a tecnologia empregada, assim, podemos ter para um mesmo produto formas diferentes de fabricá-lo.*

Os produtos podem ser iguais e servir para a mesma finalidade, mas a tecnologia de produção pode ser diferente em função das quantidades a serem produzidas. Por exemplo, um fabricante artesanal de sapatos produz um produto não padrão sob medida para o cliente, enquanto um sapato produzido por uma empresa que opere com grandes quantidades é confeccionado com a tecnologia da produção em série, para, dessa forma, auferir ganhos de escala.

O baixo volume de produção implica organizações simples e processos pouco padronizados; já um *grande volume de produção* exige organizações complexas, alto nível de padronização de processos e do produto, além de máquinas especiais, tudo para viabilizar economicamente a alta produção.

Por outro lado, a *produção contínua* opera com grandes volumes de produção, pois estes fluem pelos sistemas ininterruptamente, mas muito pouca ou nenhuma variedade é possível, pois a fábrica é criada para produzir apenas um tipo de produto e qualquer alteração implica alterar a fábrica.

> *O produto, o volume e a variedade requerida são condições primárias para definirmos que tipo de produção deve ser empregado.*

Além disso, temos algumas *decisões* a serem tomadas, quando da fabricação de um produto, as quais irão impactar no tipo de produção. Decisões em relação ao projeto do produto, volume e à tecnologia de manufatura, a saber:
- projeto do produto: como será o produto, o seu projeto, de que materiais será composto, quais as tolerâncias de fabricação, quais normas deverão ser seguidas e que variedade de modelos serão ofertados;
- volume: qual a quantidade de produtos a serem produzidos por unidade de tempo: dia, mês ou hora;
- tecnologia de manufatura: como será fabricado, que tecnologia de manufatura será empregada, que máquinas e quais processos serão utilizados na fabricação.

De acordo com essas informações, podemos, então, *projetar a fábrica e seus processos produtivos*. Pode ser uma fábrica com tecnologia de produção contínua, como é o caso das fábricas de refrigerantes ou de óleo combustível, que são projetadas inteiramente para fazer apenas um produto, ou uma fábrica de produtos discretos, cujo volume justifique a padronização dos processos, ou, ainda, um projeto de uma operação para a produção de um bem unitário e único, como é o caso da construção civil ou de foguetes; enfim, a tecnologia de produção a ser empregada é definida em função dos fatores acima enumerados.

4.1.1 Relação entre os tipos de produção e a organização

A pesquisadora britânica Joan Woodward, citada por Hampton (1992), após estudar o efeito dos volumes na organização e pesquisar a relação entre o tipo de produção e a organização, concluiu que, ao eliminar as diferenças entre produtos e empresas, resultavam apenas três grandes categorias de empresas: *unitárias, de produção em massa e por processamento* (conforme Quadro 4.1).

Assim, de acordo com a tecnologia empregada na produção, foram correlacionados aspectos organizacionais comuns entre empresas da mesma categoria para fazer a pesquisa.

- Nesse estudo, as classificações consideravam que as empresas que se situavam na categoria de *produção unitária* tinham como característica o fato de que *o projeto era vendido antes de a produção ser executada,* isto é, como uma máquina especial sob encomenda.

- Já nas categorizadas como de *produção em massa,* em que a quantidade de produtos idênticos é alta, ocorre que *o produto primeiro era fabricado para depois ser vendido ao mercado,* como sapatos, fogões e automóveis.

- Finalmente, nas empresas com *produção contínua* ou por processamento, *o desenvolvimento do produto vinha antes das vendas.* É o caso, por exemplo, de um novo tipo de óleo automotivo, em que uma amostra do produto é primeiro testada e somente após a sua aprovação é que é feito o projeto da fábrica, o qual deve considerar as características do produto e volumes planejados.

Tipo de Produção	*Sequências de Funções Empresariais*		
	Processo inicial	*Intermediário*	*Final*
Unitária Construção, equipamento aeroespacial, máquina dedicada a um produto etc.	Vendas	Desenvolvimento	Produção
Em massa TV, tratores, sapatos, roupas etc.	Desenvolvimento	Produção	Vendas
Por processamento Óleos lubrificantes, produtos químicos de limpeza etc.	Desenvolvimento	Vendas	Produção

Quadro 4.1

Relação sequencial entre as funções empresariais e o tipo de produção

Fonte: Adaptado de Hampton, 1992.

As *características comuns* entre as empresas de mesma classificação são denominadas de *demandas situacionais,* ou seja, originadas do processo empregado na produção. Assim, a pesquisa de Woodward demonstrou que as mesmas tecnologias de produção implicam demandas situacionais semelhantes e consequentemente organizações semelhantes.

O mesmo estudo também estabeleceu correlações entre os diversos tipos de tecnologia empregada na produção e os níveis hierárquicos da organização, concluindo que a *produção unitária* é a que apresenta a menor quantidade de níveis hierárquicos (em torno de três níveis); seguida da *produção em massa,* com a média de quatro níveis; por último, a *produção por processamento* com maior quantidade de níveis, chegando esta até seis linhas de comando. Essas quantidades de níveis sofreram ao longo do tempo reduções significativas como consequência do enxugamento das empresas visando à redução dos seus custos fixos.

A tecnologia de produção também influencia outras áreas da organização, como a de recursos humanos. Um estudo com mais de 300 grupos de funcionários da indústria revelou que a tecnologia influenciava fortemente os padrões de formação dos grupos e dos relacionamentos. Também mostrou que, por meio do posicionamento das pessoas, no sistema de trabalho, a tecnologia não só determinava as necessidades de cada trabalhador e influenciava suas interações como também confrontava cada grupo com condições e problemas diferentes e inerentes ao trabalho (Hampton, 1992).

4.1.2 Outras classificações dos tipos de produção

Além da classificação proposta por Woodward, outros autores perceberam a necessidade de definir novas classificações que permitissem o estudo mais aprofundado das características de cada uma.

Entre as várias formas de classificação da produção, as mais conhecidas são as que se fundamentam em fatores relativos ao grau de padronização dos produtos, ao tipo de operação e à natureza dos produtos (Tubino, 2000).

- *A classificação quanto à padronização* divide os produtos em duas categorias: padronizados, quando existe um padrão para que um produto seja sempre idêntico aos outros, e sob encomenda, quando é específico para atender a uma necessidade ou a uma especificação prévia do cliente.

- *Segundo a classificação quanto ao tipo de operação,* os sistemas de produção podem ser classificados em dois processos: produção de produtos discretos que se constitui de unidades isoladas, como peças para uma geladeira, um veículo ou um sapato (os quais podem, ainda, ser subclassificados em processos repetitivos em massa, em lotes e por projeto), e o outro processo é a produção de produtos de forma contínua que são produtos que no resultado não podem ser identificados individualmente, como produtos químicos, refrigerantes, lubrificantes e papel.

- Finalmente, *de acordo com a natureza do produto*, essa classificação considera dois tipos de produção: a de bens manufaturados ou tangíveis e a de serviços ou bens intangíveis.

Assim, podemos generalizar, para melhor entendimento, os principais sistemas de produção, como na figura *Classificação dos sistemas de produção*.

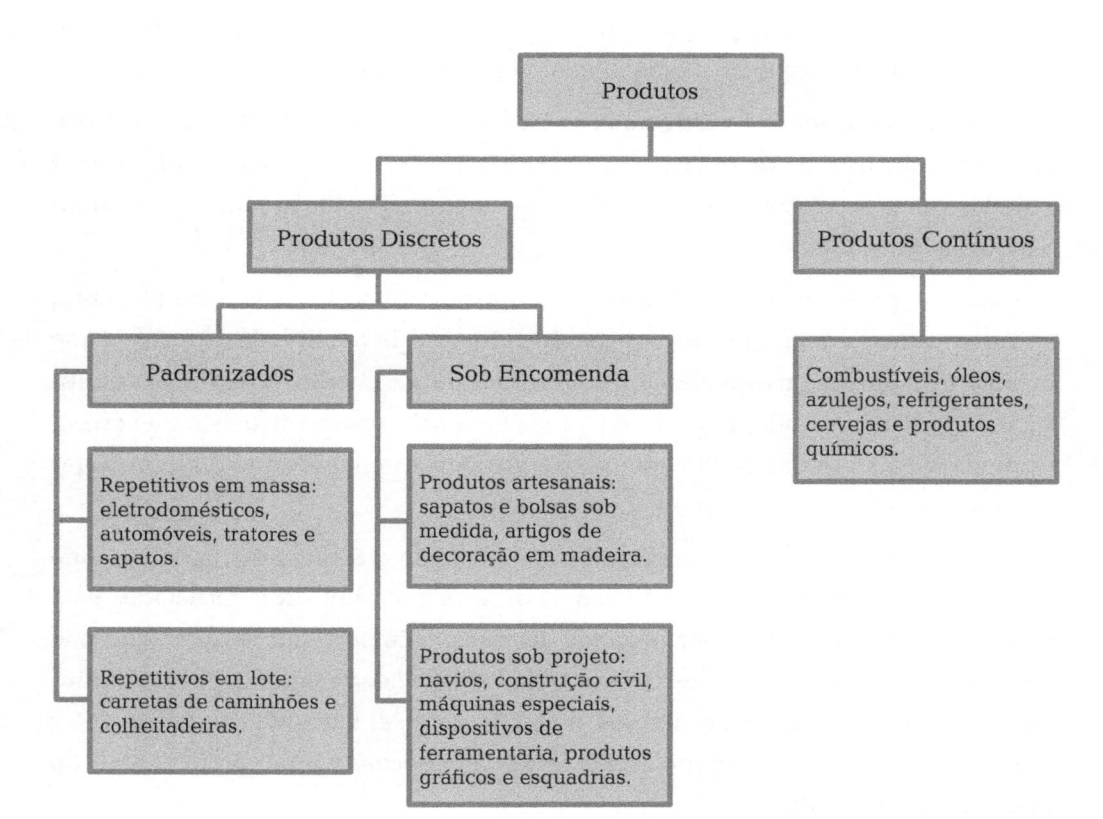

```
                            Produtos
                               |
              +----------------+----------------+
              |                                 |
      Produtos Discretos                Produtos Contínuos
              |                                 |
      +-------+-------+                 Combustíveis, óleos,
      |               |                 azulejos, refrigerantes,
 Padronizados   Sob Encomenda           cervejas e produtos
                                        químicos.
 Repetitivos em    Produtos artesanais:
 massa:            sapatos e bolsas sob
 eletrodomésticos, medida, artigos de
 automóveis,       decoração em madeira.
 tratores e
 sapatos.

 Repetitivos em    Produtos sob projeto:
 lote:             navios, construção civil,
 carretas de       máquinas especiais,
 caminhões e       dispositivos de
 colheitadeiras.   ferramentaria, produtos
                   gráficos e esquadrias.
```

Figura 4.1

Classificação dos sistemas de produção

Embora alguns autores, como Tubino (2000), prefiram distinguir a produção em massa da produção por lotes repetitivos, neste estudo vamos considerar a produção em lotes como um caso particular da produção em massa para quantidades consideradas baixas, mas ainda feitas em série.

Assim, estudaremos a seguinte *classificação de tipos de produção*:
- artesanal;
- sob projeto ou sob encomenda;
- em massa;
- contínua.

Produção artesanal

Nesse sistema, *o produto é fabricado um por vez*, pode ser desenvolvido ou mesmo alterado à medida que é produzido e, sendo específico para determinada utilização, o volume normalmente é unitário, portanto um produto sempre é diferente do outro. O artesão não possui padrões fixos nem de medida, nem de modelos; sendo muitas vezes o produto feito sob medida para o cliente. A produção de roupa sob medida de um alfaiate é um exemplo de processo artesanal.

A produção artesanal é o sistema mais antigo de produção, desde que o homem começou a utilizar ferramentas, como auxílio para fazer utensílios ou armas que o ajudassem nas tarefas diárias de sobrevivência, sua produção pode ser considerada como artesanal.

A fabricação de sapatos, de roupas e de utensílios domésticos, no passado, eram tipicamente artesanais e dependiam essencialmente da habilidade do artesão que os fabricava, pois eram especialmente ajustados para o cliente. A pequena quantidade de produtos e a adaptação ao cliente faziam do artesão um artista que criava e produzia baixa quantidade e que servia aos poucos clientes que podiam pagar os altos custos típicos desse modelo de produção.

As ferramentas e máquinas utilizadas na produção artesanal do final do século XIX e início do século XX eram de uso geral, e os materiais eram fornecidos pela natureza ou trabalhados pelos próprios artesãos. É importante lembrar que não devemos confundir a produção artesanal com simplicidade, uma vez que um produto artesanal nem sempre é simples, podendo vir a ser bastante complexo, neste caso, executado por um conjunto de artesões, obedecendo a um projeto geral do objeto a ser produzido.*

Em seu livro *A Máquina que Mudou o Mundo*, que tem como base um estudo sobre a produção de veículos, realizado por professores do Instituto de Tecnologia de Massachusetts (Massachusetts Institute of Technology – MIT), Womack, Jones e Roos descrevem a empresa Panhard Levassor, conhecida como P&L, fabricante artesanal de automóveis do fim do século XIX:

> A força de trabalho da P&L, compunha-se na maior parte, de artesãos habilidosos, montando cuidadosamente à mão um pequeno número de carros [...]. Tais trabalhadores conheciam com minúcia os princípios de mecânica e os materiais com que trabalhavam. Além do mais, muitos eram seus próprios patrões, muitas vezes trabalhando como empreiteiros independentes na fábrica P&L ou – o que era mais frequente – proprietários independentes de instalações fabris às quais a companhia encomendava componentes ou peças

* *Produção artesanal: poucos produtos para poucos clientes.*

específicas [...] diferentes fornecedores, utilizando medições ligeiramente distintas, produziam as peças [...]. Quando estas peças chegavam ao salão de montagem final da P&L, suas especificações eram na melhor das hipóteses aproximadas. A primeira tarefa dos habilidosos montadores consistia em ajustar as peças até chegar à perfeição. (Womack; Jones; Roos, 1992)

A montagem do veículo nesse sistema era um inacreditável ajuste de componentes que eram fabricados isoladamente, sem um sistema comum de medidas, o que obrigava o montador final a ajustar as peças individualmente com limas de aço, duas a duas, até o seu encaixe completo.

Ainda, havia o problema das dimensões que variavam conforme os componentes eram ajustados, como explica o mesmo estudo de Womack, Jones e Roos (1992): "Tal processo de ajustes sucessivos poderia provocar, no final, o que chamamos hoje de um 'susto dimensional', pois, quando os ajustadores acabavam de adaptar a última peça, o tamanho do veículo completo podia diferir bastante de um outro construído conforme idêntico projeto."

Na produção artesanal industrial, em que o ofício se confunde com a arte, podemos concluir que o fator principal reside na habilidade e na criatividade do profissional artesão, valendo-se este apenas de sua habilidade e de sua experiência, sem fórmulas ou padrões.

As limitações desse sistema restringem os produtos artesanais a pequenos segmentos da sociedade ou a um *hobby* de poucos. Atualmente *a produção artesanal* da área de manufatura é representada por produtos de folclore, artigos típicos de regiões e confecção de roupas, entre outros semelhantes.

Características da produção artesanal: esse tipo de produção distingue-se por:
- *mão de obra habilidosa*, a qual normalmente se desenvolve a partir do estágio de aprendiz;
- *utilização de máquinas* de uso geral, que fazem operações básicas de corte, furação e torneamento ou fresa;
- *volume de produção* unitário ou muito baixo;
- *não padronização* de produtos e falta de um sistema de medição comum;
- *alto custo* do produto.

Como você pode inferir, era alto o grau de realização do profissional artesão*, pois o produto nascia dele e dependia inteiramente de suas habilidades, portanto podia orgulhar-se de o fazer por completo.

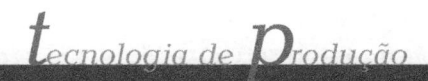

* *O artesão é um artista habilidoso que se orgulha da sua obra.*

Produção unitária sob projeto

A produção sob projeto difere da artesanal por ter como base um projeto concebido para um produto, como um prédio, uma ponte sobre um rio, um aparelho de aeração de esgotos montado na própria obra ou a estrutura metálica de uma ponte.

A variedade de produtos é, normalmente, função inversa do volume, pois alta variedade implica maior dificuldade de padronização e consequentemente é viável apenas em volumes baixos.

A variedade na produção sob projeto é alta, pois o produto é função do projeto e, de acordo com todas as exigências solicitadas pelo usuário, sob medida para aquela aplicação, podendo, por vezes, ser alterado durante a sua produção (até certo estágio) em razão de situações não previstas.

Figura 4.2
Construção de uma ponte – produção unitária sob projeto

Características desse tipo de produção:
- os produtos são projetados para uma finalidade específica;
- são produzidos unitariamente na maioria dos casos ou em um lote realizado a partir do mesmo projeto;

- empregam mão de obra especializada;
- e os processos utilizam equipamentos de uso geral.

Você afirmaria que, nesse processo, ao contrário da produção artesanal, existe algum vestígio de padronização?

Embora o produto em si não seja padronizável, pois ele tem uma aplicação única, muitas de suas partes podem ser comuns a outros produtos e muitas soluções podem ser iguais, se o conjunto possuir as mesmas funções.

A modularização, por exemplo, *limita a variação das características dos produtos*, ou seja, por serem produzidos em módulos, podem ser executados em quantidades maiores, pois vários produtos podem utilizar os mesmos módulos, ganhando em escala.

Assim, na construção de uma ponte metálica, a utilização de elementos de ligação, como parafusos, suportes, chapas de ligação e mesmo perfis metálicos, é exemplo de padronização de componentes ou de módulos e reduz os custos. No caso de um prédio de apartamentos, padronizam-se as esquadrias, as portas e os painéis elétricos dos apartamentos do próprio prédio e em outros de projetos semelhantes, permitindo a compra ou a fabricação em lotes maiores e a consequente otimização dos custos.

Há uma busca sempre que possível pela padronização.

As possibilidades *arranjos físicos da produção* sob projeto são restritas, pois o pessoal da produção quase que obrigatoriamente atua em volta ou sobre o produto. A construção ou montagem é realizada no lugar definitivo, sendo impossível ou muito difícil removê-lo ou reaproveitá-lo por inteiro, em alguns casos, partes podem ser reaproveitadas, como as construções metálicas parafusadas.

Os produtos discretos sob encomenda também podem ser de características precisas e de tamanho pequeno. Estes são produtos normalmente processados em equipamentos universais, os quais exigem alto nível de habilidade da mão de obra para sua operação. Um exemplo desse modelo de produção sob projeto e sob encomenda é o praticado pelas ferramentarias, em que, embora possuam itens padronizados, como colunas, pinos de fixação e bases, o produto é feito realmente de acordo com a aplicação específica do cliente: uma ferramenta de estampagem, um molde de fundição ou um dispositivo de usinagem de uma determinada peça.

As principais características *da produção sob projeto* são:
- a *fabricação* obedece a um projeto de produto;

- o *produto* é especificado pelo cliente, podendo ser estudado, calculado e custeado antes que se inicie a sua produção;
- a impossibilidade de *padronização* total do produto (pode ocorrer parcialmente), sendo possível apenas a de alguns componentes;
- a *produção*, quando de grande porte, é feita por pessoas e equipamentos em sua volta e no seu local definitivo, uma vez que seu transporte completo é difícil;
- o *reaproveitamento da produção* é muito difícil e, quando isso ocorre, é apenas parcial e em poucos casos;
- o *custo é alto*, pois necessita de mão de obra especializada;
- a *organização* trabalha com especialistas de projeto altamente qualificados e profissionais de montagem ao estilo artesão, devido à variedade de processos;
- o *prazo de entrega* é um dos principais objetivos.

Podemos inferir que *os executores têm relativa motivação* para o trabalho, porque a tarefa pode ser diferente a cada obra e existe o senso de participar da construção e visualizar a conclusão completa de um bem.

Produção em massa

> *A produção em massa tem como característica constituir-se em um sistema de produção de grandes volumes de produtos idênticos.*

Na produção em massa os processos são previamente estudados e padronizados, para exigir o mínimo possível de habilidade e esforço do profissional que irá executá-lo, permitindo assim a utilização de mão de obra pouco especializada na maioria das atividades da produção. Essa condição aliada a outras – como a padronização da matéria-prima, utilização de máquinas de grande potencial de produção – *permite que esse sistema facilite a minimização de custo do produto*.

A produção em massa (seriada) propriamente dita surgiu no início do século XX pela iniciativa do empreendedor Henry Ford, que praticou a produção em massa com a *divisão do trabalho e a padronização* para atingir grandes volumes de produção a menores custos. Além disso, Ford também teve a grande ideia de criar a *linha de montagem*, fazendo com que o montador, em vez de trabalhar em volta do produto, ficasse num posto de trabalho e o produto se movesse em esteiras, indo até ao montador. Com esse conceito inovador, na época, conseguiu ampliar a produção pelo simples aumento de estações de trabalho e especializou os montadores em partes diversas do processo.

Figura 4.3

Henry Ford e o modelo T

O fato de o veículo mover-se ao longo da linha propiciou o controle do volume de produção e ganhos de escala, pois, quanto maior o número de estações, maior a subdivisão de tarefas, menor o tempo de processo por produto e por estação, consequentemente, maior a quantidade de veículos produzidos. Com esse procedimento o volume passou a ser uma variável controlada pela administração da produção.

O processo de produção em massa apresenta vantagens concretas se comparado com os demais?

Nesse processo, o posto de trabalho pode ser minuciosamente projetado para uma única operação com equipamentos de auxílio, dispositivos, ferramentas, processos estudados e padronizados, além de *layout* (arranjo físico) adequado. Tudo isso com a única finalidade de montar um componente específico em determinada estação de produção. Nessa operação, o montador não precisa ter muita habilidade ou conhecimento, basta o treinamento rápido para que ele fique apto a executar a função repetitiva de montagem simplificada.

O custo da mão de obra pode, assim, ser drasticamente reduzido, pois um ajustador com muita habilidade pode ser facilmente substituído por um montador sem conhecimento ou experiência anterior.

Por todas as suas características, ficam evidentes os motivos que fizeram com que a produção seriada seja, destacadamente, a mais utilizada por toda a indústria e responsável pela disponibilidade de produtos dos mais variados. Entre as *características da produção em massa destacam-se*:

- a fabricação intermitente realizada em lotes com a montagem, na maioria das vezes, sequencial e em linha;
- a exigência de mão de obra pouco habilidosa, treinada para a execução de tarefas repetitivas;
- a existência de uma evidente baixa motivação para o trabalho;
- a tendência à supervisão autoritária, estilo X (administração autocrática);
- a padronização das tarefas e dos processos;
- a padronização da matéria-prima;
- a padronização das peças;
- os estudos de tempo e de métodos para cada micromovimento;
- a separação dos que pensam daqueles que fazem;
- as máquinas de uso geral são rápidas e por vezes dedicadas, em função dos volumes;
- os altos volumes de estoques;
- os grandes lotes de fabricação;
- o desperdício excessivo no processo;
- a organização conta com muitos setores de apoio à produção;
- um ferramental dedicado a cada operação.

Você já ouviu falar sobre os problemas sociais que a produção em massa pode trazer? Acredita nisso?

A redução dos custos de fabricação de produtos de consumo, que se tornaram acessíveis à grande maioria da população, trouxe novos costumes e conforto para todos. Por outro lado, *o trabalhador*, que antes era um artesão e podia orgulhar-se de seu trabalho, passou a fazer apenas uma pequena parte deste, e isso de forma repetitiva e monótona, sem necessidade de habilidade ou de conhecimento, ou seja, *passou a ser um componente do sistema produtivo*.

Essa condição social do trabalhador, considerado como componente econômico da produção, foi genialmente ilustrada por Charlie Chaplin em seu filme *Tempos Modernos*, onde demonstrou que a produção em massa que revolucionou o processo produtivo trouxe também consequências sociais (negativas) para os trabalhadores dessas indústrias.

No entanto, mesmo a produção em série apresenta diferenças em relação às quantidades. Vamos exemplificar, para melhor visualizarmos as *diferenças* ocasionadas pelos volumes *em produções seriadas*, com a comparação entre três indústrias, todas fabricantes de produtos similares, automotrizes, mas de volumes diferentes: produção de colheitadeiras, de tratores e de automóveis.

Sendo, nesse caso, a *indústria de colheitadeiras* – a de baixo volume, *a indústria de tratores* – a de volume médio e *a indústria automobilística* – a de alto volume.

É importante observarmos que esses volumes, embora próximos da realidade, são ilustrativos e referem-se a empresas instaladas em nosso país, ainda assim as condições e os volumes podem variar acima ou abaixo dos exemplos, de empresa para empresa, de acordo com o mercado.

1. Produção em massa de baixo volume

Classificaremos como de baixo volume uma produção intermitente de produtos padronizados, com *média de 2.000 a 5.000 unidades por ano*.

A fabricação de colheitadeiras agrícolas, que gira em torno de 2.500 unidades/ano, servirá de exemplo desse volume. *Uma operação de produção com esses volumes, embora em série, encontra dificuldades*. Uma delas é a definição de seus equipamentos, que não podem ser dedicados (máquinas feitas sob encomenda para a fabricação de uma peça específica), pois não justificariam os custos de aquisição do equipamento. Assim são utilizadas máquinas universais (máquinas de uso geral, como centros de usinagem, tornos, furadeiras etc.), consequentemente o tempo de execução é maior e o nível dos operadores é mais alto por ser necessário habilidade de produção em diferentes peças. Variáveis estas que impactam diretamente na complexidade da manufatura e no custo do produto, além de existirem dificuldades, pelo mesmo motivo – o de baixo volume –, com fornecedores que exigem lotes mínimos de matérias-primas ou de componentes mais custosos.

Em *uma indústria fabricante de colheitadeiras*, que opere nesses níveis, um observador pode perceber que não há muitos robôs operando na área de soldagem ou na pintura a não ser que seja por motivo de proteção aos trabalhadores que executam atividades nesses ambientes hostis. Da mesma forma a linha de montagem dificilmente pode ser automatizada, pois o ritmo de produção de cada meia hora ou de uma hora por posto não justificaria tal investimento. Já no setor de usinagem pode haver muitas máquinas operadas por comando numérico (CNC) que permite fazer várias peças diferentes com a alteração do programa da máquina.

2. Produção em massa de volume médio

Classificaremos como de volume médio a produção de produtos padronizados com *15.000 a 20.000 unidades por ano*.

Consideraremos, no momento, a produção de tratores que opera com volumes acima de 10.000 unidades/ano. Nesse caso, a empresa pode adotar lotes maiores, justificando-se assim economicamente a utilização de alguns equipamentos dedicados, de alta produção, para o fabrico de peças comuns a vários modelos, assim, somados os volumes, eles atingem quantidades que justificam a automatização. *Esses processos podem ser automatizados com vantagens, pois reduzem significativamente os custos.* Os custos com fornecedores ainda são altos nessa proporção de volumes, existindo exigência de lotes mínimos que elevam a quantidade de material em estoque, além das dificuldades, nesse caso específico, com os fornecedores que são comuns às indústrias de alto volume – os quais, normalmente, priorizam estas em detrimento de produções médias.

Em *uma indústria de tratores*, um observador pode ver algumas máquinas do tipo *transfer*, dedicadas à produção de família de componentes, de alta produtividade, mas também notará que existem, como na fábrica de colheitadeiras, muitas máquinas de usinagem CNC, embora com menos peças por equipamento. Nesses volumes, justifica-se a automatização da linha de montagem com esteiras ou com correntes transportadoras, e o sistema de pintura pode ser realizado com robôs de forma programada e na sequência da própria linha de montagem.

3. Produção em massa de alto volume

Classificaremos como de alto volume a produção de produtos padronizados *acima de 200.000 unidades por ano*.

A indústria automobilística é um exemplo desse tipo de produção, pois produz grandes volumes de produtos idênticos. Como mencionado anteriormente, esses números se referem à realidade de nosso país, em outros países, a indústria automobilística pode ser bastante diferente. A produção americana, por exemplo, é muitas vezes superior à brasileira, como reflexo do tamanho daquele mercado.

A produção em massa apresenta redução no custo unitário por produto, como consequência, principalmente, do grande volume de produção, o que justifica investimentos em máquinas dedicadas em todo o seu processo de fabricação. São equipamentos produzidos sob encomenda para a produção de componentes específicos. Por exemplo, os fabricantes de automóveis encomendam máquinas projetadas exclusivamente para a fabricação de uma peça ou família de peças

(peças semelhantes que apenas diferem em algumas medidas). Essas máquinas não produzem outras peças, por isso são dedicadas, e, se o projeto da peça mudar, a máquina não servirá mais.

Um componente produzido em uma máquina dedicada ou em uma linha dedicada, como as *linhas transfer* (sequência de máquinas em que a matéria-prima é alimentada no início da linha e automaticamente transferida de uma estação próxima até a peça ser finalizada), o componente pode ser produzido até dez vezes mais rápido do que se tivesse sido feito em equipamentos de utilização geral.

Figura 4.4
Indústria automobilística

O tipo de fábrica a que nos referimos na produção em massa com alto volume constitui-se de muitas linhas transfer e com movimentação de material automatizada, bem como de robôs para operações repetitivas, como as de solda a ponto (na própria linha de montagem), e nos processos de pintura, as linhas frequentemente são totalmente automatizadas, correndo a grandes velocidades. Ainda poderão ser observados equipamentos CNC, mas para a produção de poucas peças diferentes. Nesse contexto, o setor que apresenta maior semelhança aos anteriores é provavelmente o de estampagem de peças em prensas, pela dificuldade de automatização desses processos. Assim, várias empresas já empregam o sistema de seleção, alimentação e corte denominado *Flexible Manufacturing System* (FMS), onde as chapas são automaticamente selecionadas no estoque de matéria-prima e transportadas através de um carro-robô chamado *Automatic Guided Vehicle* (AGV) para uma máquina de corte a *laser* que executa qualquer geometria de corte programada.

Produção por processamento contínuo

> *A produção por processamento ocorre quando o seu processo é contínuo, ou seja, inicia-se em um equipamento e é transferido através de tubulações para o seguinte e, assim, sucessivamente.*

O material, quando líquido ou pastoso, flui através do sistema, sofrendo alterações em seu estado físico ou químico e sendo alterado por adição de componentes ou submetido a diferenças de temperaturas ou processos, como aeração, alta rotação e filtração. Um exemplo são as indústrias de processamento de produtos químicos, como a produção de óleos, refrigerantes, detergentes e produtos para limpeza.

Na mesma categoria, podemos incluir a indústria de papel, onde a produção de papel inicia-se com a receita de uma pasta que é processada continuamente e transforma-se em um produto sólido – o papel.

Em razão de sua característica de processamento contínuo, com menos necessidade de mão de obra e mais controle por instrumentação, a estrutura organizacional desse tipo de empresa apresenta grande quantidade de níveis e alta qualificação de técnicos. Nessa operacionalização, *o controle da qualidade é geralmente automatizado*, pois o controle do processo pode ser feito por instrumentos e análises de amostras da produção, sendo *o planejamento relativamente simples*, pois o número de itens para serem processados é baixo. Por sua vez *a manutenção de uma planta de processamento contínuo é complexa*, pois o sistema todo simplesmente não pode parar.

Figura 4.5
Produção de papel

Algumas dentre as características da produção por processamento são:

- a fábrica é projetada para o produto;
- o arranjo físico já nasce com a fábrica;
- os funcionários são qualificados para operar instrumentos;
- há necessidade de laboratórios de análises de amostras da produção;
- o alto nível de pessoal da manutenção tem relevância e importância na operação.

Assim, a Engenharia de Manutenção precisa desenvolver metodologias sofisticadas de controle, possuir equipamentos e instrumental precisos e, normalmente, realiza a manutenção em uma parada programada anualmente para revisão geral.

4.1.3 Relação entre os tipos de produção

As principais características de um sistema produtivo são:

- o volume de produção: quanto maior o volume, maior a chance de redução de custo e maior a padronização do quadro e do processo;
- o grau de padronização: quanto mais padronizado o produto e o processo, mais facilitada a gestão da produção;
- a flexibilidade: quanto menor for o volume, mais fácil para mudar de um modelo para o outro, sendo assim mais flexível;
- o custo: o custo é a função direta da padronização e do volume.

A figura a seguir demonstra a relação entre os tipos de produção, o volume, a flexibilidade e o custo.

Tipos de produção	Alta variedade / Nenhuma padronização	Vários produtos / Baixo volume	Poucos produtos importantes / Altos volumes	Alto volume / Alta padronização
Manufatura artesanal: produção unitária	Produtos sob medida			
Produção seriada baixa (lotes)		Colheitadeira		
Produção em série			Linha de montagem de automóveis	
Produção contínua				Fábrica de cerveja

Alta flexibilidade — Alto custo do produto

↓

Baixa flexibilidade — Baixo custo do produto

Figura 4.6 — Tipos de produção, flexibilidade e custo

Fonte: Adaptado de Chase; Jacobs; Aquilano, 2006, p. 174.

4.2 função produção

A função produção em uma empresa representa mais do que transformar materiais em produto, pois a *maneira* como essa transformação é realizada implica consequências vitais para a empresa, tanto positivas quanto negativas.

São positivas, quando a *produção* é realizada de tal forma que passa a representar uma *vantagem competitiva* para a empresa, ou seja, ela consegue fazer a conversão de materiais em produtos melhor e mais eficientemente do que os concorrentes, gerando diferencial em termos de qualidade do produto, de custo ao cliente, de eficiência na entrega e na flexibilidade para reagir às mudanças do mercado.

As consequências são negativas quando o resultado da função produção é rejeitado pelo cliente, seja por falta de confiabilidade no produto, seja pelo não atendimento a tempo, ou, ainda, pelo preço, quando resultado de uma operação com muitos desperdícios, inevitavelmente repassados ao custo do produto. *Assim, a função produção, nos seus aspectos negativos, pode ser uma fonte inesgotável de problemas e até mesmo prejudicar a empresa em seus resultados e imagem.*

> *Considerando as consequências que traz para o resultado final,*
> *é muito importante operar a função produção da empresa de forma séria*
> *e competente, atentando cuidadosamente para as variáveis que influem*
> *nesse complexo sistema e que afetam sua performance.*

Esse é um processo que se viabiliza quando são adotadas as melhores práticas gerenciais, implantando-as na organização, reconhecendo as exigências do cliente e motivando colaboradores competentes a agirem no seguimento das operações e, assim, aperfeiçoar o produto e o processo continuamente.

Surge um questionamento objetivo em função de tais informações: Como operacionalizar a função produção para atingir eficiência? Será que é possível uma empresa manter sob controle os procedimentos salutares da função produção e eliminar todos os que são considerados negativos?

Basicamente, *podemos dizer que as necessidades dos clientes se refletem nos produtos*: boa concepção da ideia, bons projetos bem desenhados e bem dimensionados. Porém, de nada adianta um projeto excelente se a fabricação for deficiente, se o produto não funcionar devido às especificações de engenharia não terem sido seguidas pela manufatura. Por esse motivo *é importante o gestor da produção distinguir quais exigências dos clientes dependem de seu trabalho e como fazer para atendê-las.*

> *Ao captar, organizar e estabelecer uma hierarquia de necessidades, o gestor deve reconhecer em quais processos deve agir para atender às necessidades dos clientes.*

Todavia, o trabalho de detecção em campo deve ser feito, primeiramente, completo, envolvendo produto e processo, para somente depois separar quais fatores são referentes ao projeto do produto e quais são inerentes ao processo produtivo.

A internalização das exigências do cliente deve ser feita de forma constante e rotineira e não esporádica e acidental. Devemos, nessa atividade, perceber, o mais rápido possível, qualquer insatisfação e/ou alteração do mercado, da concorrência e do ambiente, para mais rapidamente reagirmos a elas.

A captação das informações do mercado normalmente segue esta sequência: estabelecer processos para descobrir as necessidades do cliente, traduzir as necessidades dos clientes e internalizar as informações nas organizações, conforme especificaremos.

Primeiro, estabelecer processos para descobrir as necessidades do cliente por meio de mecanismos de detecção, como pesquisas, entrevistas, índices de participação no mercado (*market share*) e índices de reclamação, entre outros.

Segundo, traduzir as necessidades dos clientes, cuidando para que não exista diferença entre a *linguagem* do cliente e a da empresa, estabelecendo as unidades de medida, que podem ser concretas ou abstratas.

Unidades de medidas concretas	Unidades de medidas abstratas
Tecnológicas simples e diretas (peso, forma, cor etc.).	Cortesia
	Tato
Tecnológicas não diretas (calor, capacitância e corrente elétrica).	Prontidão
	Rapidez
Tecnológicas relacionadas com desempenho (eficiência de consumo e potência esperada), erros e falhas (quantidade de defeitos, de falhas no campo e interrupção do funcionamento), conforto e praticidade de uso.	*Design*
	Harmonia
	Percepção do cliente

Quadro 4.2

Tradução das necessidades dos clientes

Terceiro, *internalizar as informações na organização* para *feedback* do desenvolvimento do produto e do processo ou para outros setores de atendimento ao cliente.

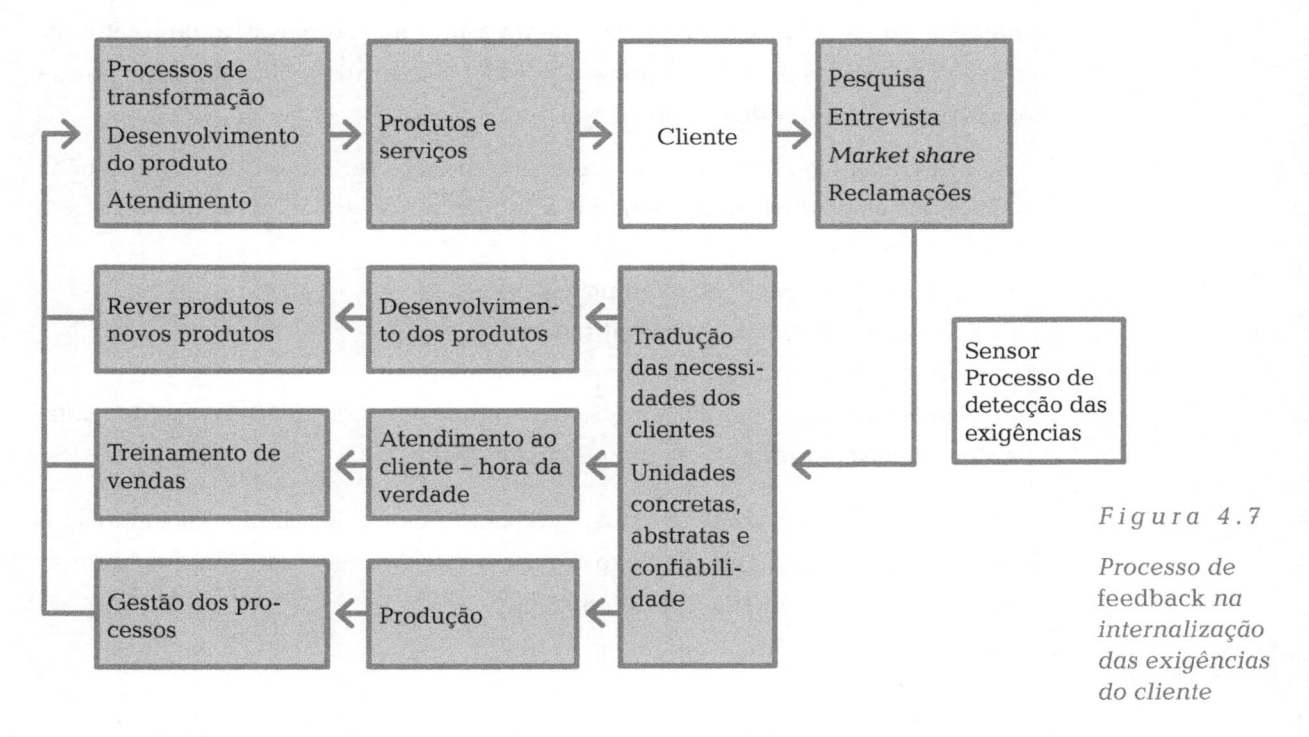

Figura 4.7

Processo de feedback *na internalização das exigências do cliente*

Assim, *uma reclamação precisa ser filtrada*, para ser enviada para o Departamento de Manufatura ou do Projeto do Produto, ou de Atendimento de Vendas, sendo que, nessa categoria, englobamos todas as formas de atendimento, desde o contato com o cliente, a qualidade no atendimento, as condições de pagamento e as redes eficientes de distribuição e representantes.

Normalmente *os sensores captam as informações de várias causas*, tais como um problema de campo com uma falha repentina ou uma série de falhas, uma reclamação de durabilidade, uma queda inesperada nas vendas, uma série de modelos com venda maior ou um modelo específico sem vendas no período de alta.

> *São inúmeras as informações captadas pelo sistema de sensores e dirigidas à empresa. O passo seguinte é classificar e dirigir as informações aos setores interessados pelo tipo de informação captada.*

É imprescindível que a empresa dedique a devida atenção às informações, sendo costumeiro empresas em que a alta direção exige tomar conhecimento imediato delas, para que possa dar início e ou seguimento à reação apropriada.

Uma vez internalizadas as informações obtidas pelos sensores externos, existe a necessidade de classificarmos essas informações, para que sejam enviadas para o setor responsável, visto que elas chegam de diversas fontes e, às vezes, combinadas entre si. Algumas empresas tratam a informação por meio de relatórios, outras, em reuniões periódicas com o alto escalão executivo, para tratar do que se convencionou chamar de *voz do cliente*.

As *principais exigências da voz do cliente* podem ser resumidas em algumas ou em todas as condições relacionadas a seguir, sendo que elas expressam que *o cliente espera que*:

- o produto funcione e pelo tempo esperado;
- o produto seja esteticamente agradável;
- o produto seja entregue no tempo estabelecido;
- as alterações de demanda por diferentes modelos sejam atendidas rapidamente;
- tudo isso seja realizado ao menor custo possível.

Na figura a seguir, analisaremos o impacto dessas demandas na empresa e depois na manufatura, além do fluxo dessas demandas internalizadas na empresa e transformadas em objetivos de produção:

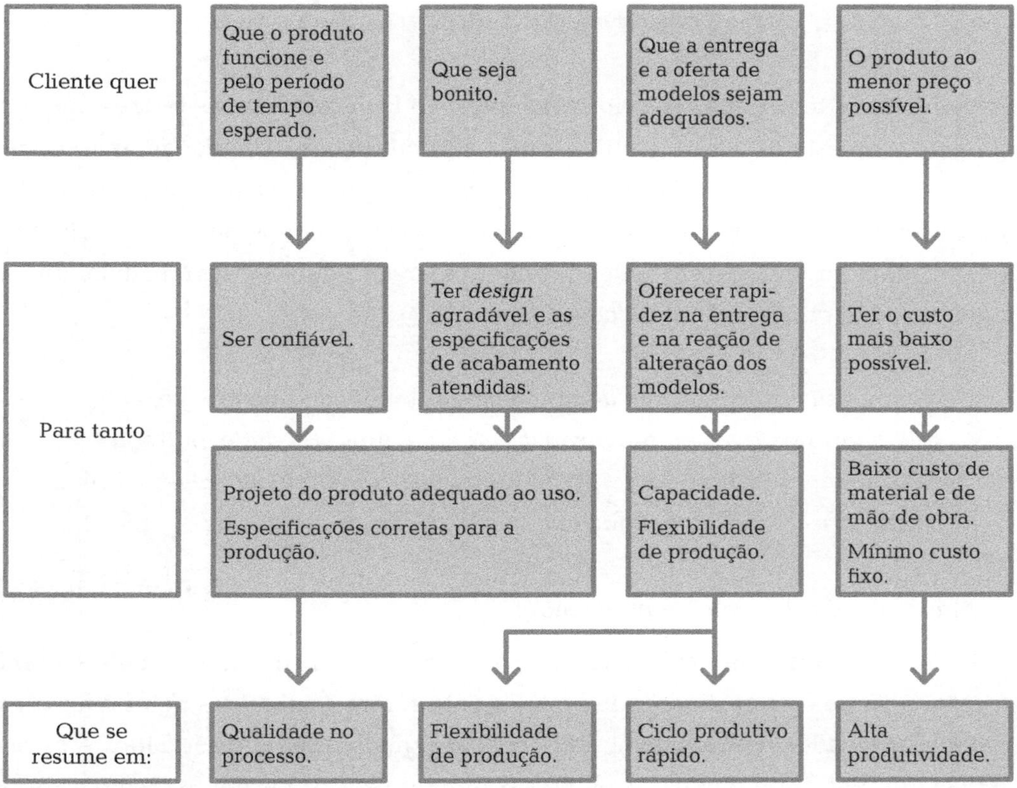

Cliente quer	Que o produto funcione e pelo período de tempo esperado.	Que seja bonito.	Que a entrega e a oferta de modelos sejam adequadas.	O produto ao menor preço possível.
Para tanto	Ser confiável.	Ter *design* agradável e as especificações de acabamento atendidas.	Oferecer rapidez na entrega e na reação de alteração dos modelos.	Ter o custo mais baixo possível.
	Projeto do produto adequado ao uso. Especificações corretas para a produção.		Capacidade. Flexibilidade de produção.	Baixo custo de material e de mão de obra. Mínimo custo fixo.
Que se resume em:	Qualidade no processo.	Flexibilidade de produção.	Ciclo produtivo rápido.	Alta produtividade.

Figura 4.8

Exigências do cliente e objetivos da produção

Como podemos verificar, existem características que dependem da *performance* da produção e outras que não dependem desta, e sim de outros departamentos, como Engenharia de Produto e Vendas e de Atendimento Direto ao Cliente.

Entre as características que não dependem da produção, podemos citar:
- o projeto de funcionamento do produto e as especificações de tolerâncias de componentes;
- a especificação de materiais e de tolerâncias adequados;
- o *design* do produto e as especificações corretas de acabamento;
- o projeto de produto com bom custo/benefício;
- o treinamento dos vendedores.

Entre as características que dependem diretamente da boa performance *da produção, podemos identificar:*
- a fabricação de acordo com as especificações;
- o acabamento de acordo com as especificações;
- a alta produtividade na produção, obtendo custos reduzidos;
- a rapidez na entrega;
- a flexibilidade na mudança de modelos.

4.2.1 Estratégias de produção

A manufatura tem como objetivos principais, ao transformar a matéria-prima em produto, que este esteja de acordo com as especificações – *qualidade*; que o processo de transformação seja executado com o mais baixo custo – *produtividade*; que a sequência dos processos seja realizada no menor tempo possível – *ciclo produtivo rápido* e entrega eficiente, quando o mercado quiser outro modelo, que a mudança seja rápida – *flexibilidade*.

> *Assim, estão traçados, em decorrência das exigências do cliente, os principais objetivos da produção: qualidade, produtividade, entrega e flexibilidade. Para atingi-los, o administrador da produção necessitará de estratégias de gestão adequadas.*

Mas o que é estratégia de produção?

Como vimos anteriormente, as empresas americanas do pós-guerra enfatizaram a estratégia de ofertas de grandes volumes até serem combatidas pelas empresas japonesas focadas na qualidade e no custo, as quais tinham prioridades e estratégias diferentes, tanto para as empresas quanto para os países. Portanto, cabe à estratégia de produção estabelecer políticas e planos amplos para utilizar os recursos de uma empresa para melhor sustentar sua competitividade em longo prazo (Chase; Jacobs; Aquilano, 2006).

Em seu contexto, a empresa necessita decidir qual estratégia de produção adotar. Mas, e se for mais de uma?

O principal é a identificação de quais escolhas são prioritárias e entender as consequências de cada uma (Chase; Jacobs; Aquilano, 2006). Por exemplo, a empresa pode decidir por ser fornecedora de produtos de alta qualidade com preços os mais baixos possíveis, mas há momentos em que precisa optar por um em detrimento de outro. Chase, Jacobs e Aquilano (2006) explicam essa situação com o conceito de *trade-offs*:

> A noção de foco e *trade-offs* da produção são centrais ao conceito de estratégia de produção. A lógica fundamental é que uma operação não pode ter o desempenho excelente em todas as dimensões competitivas. Consequentemente a gerência tem que decidir quais os parâmetros de desempenho que são fundamentais para o sucesso da empresa e em seguida concentrar os recursos da empresa nestas características específicas.

Exemplificando, uma empresa *focada na velocidade de entrega* não consegue ser muito flexível em relação à oferta de uma grande variedade de produtos, da mesma forma *a alta qualidade* é vista como um *trade-off* para o custo baixo.

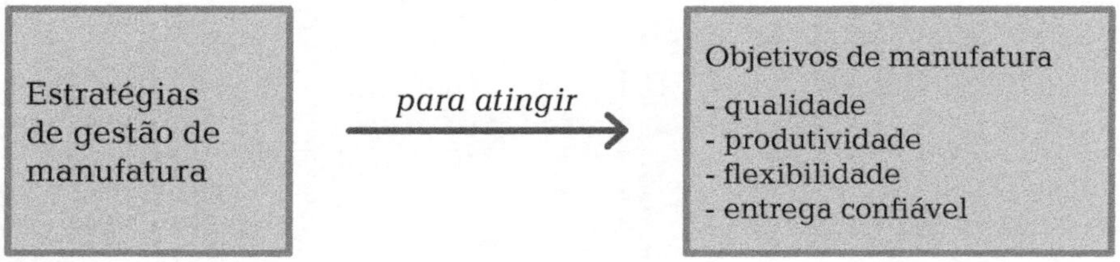

```
┌─────────────┐                    ┌──────────────────────┐
│ Estratégias │                    │ Objetivos de manufatura│
│ de gestão de│   para atingir     │ - qualidade          │
│ manufatura  │ ─────────────▶     │ - produtividade      │
│             │                    │ - flexibilidade      │
└─────────────┘                    │ - entrega confiável  │
                                   └──────────────────────┘
```

Figura 4.9
Estratégias de produção

A empresa sempre deve procurar atingir todas as quatro competências ao máximo, porém, se tiver sua estratégia principal bem focada, as decisões serão facilitadas e a estratégia escolhida será sempre bem sustentada, mesmo que por vezes tenha que abandonar outras estratégias temporariamente, uma vez que escolhas estratégicas implicam renúncias estratégicas (Corrêa; Corrêa, 2004, p. 57). Nessa situação mercadológica, os conceitos de *trade-offs* são mais realistas que as posições estratégicas japonesas, pois estas almejavam atingir sempre todas as dimensões simultaneamente. No entanto, essa constatação não deve ser entendida como sendo o abandono total de todas as outras dimensões em favor de uma escolhida.

As posições estratégicas não são sustentadas quando existem compromissos em outras posições, assim os trade-offs *ocorrem quando as atividades não são compatíveis.*

exercícios

1. Um mesmo produto pode ser produzido com tecnologias de produção diferentes em função do volume?
2. Existe relação entre os tipos de produção e as funções empresariais de vendas, produção e desenvolvimento?
3. Em sua opinião, a tecnologia de produção seriada ou artesanal, ou por processamento influi na estrutura da organização?
4. Dê alguns exemplos de produtos discretos.
5. Quais as características da produção artesanal?
6. A produção artesanal pode ser empregada para produtos complexos?
7. Quais as características de um sistema de produção unitário?
8. O que você entende por produção seriada?
9. Quais as características da produção em massa?
10. Por que os ganhos de escala impactam nos custos?

capítulo 5

qualidade

O objetivo deste capítulo é dar ao leitor embasamento teórico e exemplos práticos das técnicas desenvolvidas de medição e de melhoria da qualidade dos processos, propiciando assim estrutura conceitual para aplicação das metodologias na gestão estratégica da produção com qualidade.

Errar é humano, mas, quando a borracha se gasta mais do que o lápis, você está positivamente exagerando.

– J. Jenkins –

5.1 Aspectos gerais da qualidade

> *Qualidade é a condição necessária para garantir o sucesso de uma operação de produção. Produzir com qualidade é fator-chave para a competitividade das empresas, no entanto não podemos planejar a qualidade se não entendemos o seu significado.*

O significado do termo *qualidade* possui várias interpretações, sendo importante sua compreensão e definição, pois uma definição equivocada pode gerar problemas para a empresa. Por exemplo, se a qualidade for considerada como algo abstrato, não existirão técnicas que levem a ela, ou, se qualidade for considerada a perfeição, nutrimos a sensação de que ela nunca será alcançada e as consequências dessas definições refletem-se na *Gestão da Qualidade* (Paladini, 2002).

Juran (1990a) define qualidade por meio de vários de seus aspectos arrolados em desempenho do produto e ausência de deficiências.

- *O desempenho do produto*: sua funcionabilidade deve ser pelo menos igual ou superior à do concorrente. Por exemplo, o consumo de combustível de um motor é característica decisiva (como fonte de competição) para o desempenho do produto no mercado, uma vez que os clientes comumente comparam com as qualidades dos concorrentes, e tais comparações tornam-se fatores de decisão.

- *A ausência de deficiências*: fatores como entregas atrasadas e problemas de funcionamento geram um conjunto de fatores que resultam na insatisfação com o produto e em consequentes reclamações e devoluções.

É importante notar que a conformidade do produto contra um padrão não garante o seu sucesso. É possível haver um produto que, embora não apresente deficiências em relação ao seu projeto, não tenha boas vendas, isso pode acontecer em razão de um melhor desempenho do produto do concorrente ou de um *design* diferente deste, ou quaisquer outros fatores que o cliente julgue importantes.

A definição de qualidade colhida da Norma Técnica Brasileira que se referenciou na ISO 9000 é a seguinte (ABNT, 2000):

- *qualidade*: grau no qual um conjunto de características inerentes satisfaz a requisitos;
- *características*: propriedades diferenciadoras;
- *classe*: categoria ou classificação atribuída a diferentes requisitos da qualidade para produtos, processos ou sistemas, que têm o mesmo uso funcional.

A manufatura usualmente considera três dimensões da qualidade (Hall, 1988, p. 40): a com base em padrões de adequação ao uso, a com base na confiabilidade e a com base na consistência.

a. *Com base em padrões de adequação ao uso, temos:*
   - padrões de forma: dimensão, configuração, densidade, aparência etc.;
   - padrões de conveniência: funcionamento adequado, geometria consistente, intercambiabilidade e resistência;
   - padrão de função: desempenho satisfatório do item, quando usado na aplicação do consumidor.

b. *Com base na confiabilidade*: essa dimensão da qualidade ocorre, quando o produto funciona conforme o esperado, durante um período razoável, ou seja, a probabilidade de funcionamento correto, durante um período específico de tempo, é alta.

c. *Com base na consistência*: a qualidade aqui está relacionada ao fator mínimo de desvio dos padrões, todas as unidades devem possuir os mesmos atributos, funções e desempenho, com pouca variação entre elas – sem defeitos.

5.2 histórico e fases do controle da qualidade

O controle da qualidade de produtos, na produção primitiva, fazia parte da própria tarefa de produzir. O artesão escolhia, de acordo com a sua habilidade e preferência, as suas ferramentas de trabalho, o método de fabricação e como controlá-lo. A qualidade do produto resultava da perícia do artesão, que aplicava engenho e arte à sua manufatura.

Durante a fase inicial da produção em massa, e por muito tempo, o controle da qualidade foi realizado sob a forma tradicional, denominada inspeção, que consiste em alocar pessoas capacitadas para diferenciar um produto ruim de um bom, inspecionando suas características de acordo com um padrão.

No auge da produção em massa, após a Segunda Guerra, as empresas levaram ao limite o conceito tayloriano de divisão da tarefa e separação dos funcionários em *pensantes* e *executantes*, colocando inspetores para verificar o trabalho dos operadores. Essa clara divisão entre funcionários trazia em si o pressuposto de que os operários de produção, por serem pessoas sem instrução, simples executores de operações repetitivas, não eram capazes de fazer de forma adequada o seu trabalho. Por esse motivo, *achava-se necessário colocar outros, com melhores condições, para verificar a qualidade do produto.*

Assim, a administração achava normal e perfeitamente aceitável que o executor do processo não o controlasse, e, ao colocar outro funcionário para verificar a qualidade do trabalho, concluíam que estavam resolvendo o problema de qualidade da empresa. Caso isso ainda não fosse suficiente, colocavam mais inspetores checando o trabalho dos próprios inspetores.

Na produção industrial em massa, fabrica-se em série, com emprego de complicadas máquinas-ferramenta. O processo produtivo decompõe-se em operações elementares, e, nesse mecanismo operacional, algumas ou apenas uma delas é realizada por determinado operário, que faz assim uma parte do produto, da peça ou do componente, quase nunca um artigo completo. Várias peças produzidas muitas vezes em fábricas e localidades diferentes são reunidas em uma linha de montagem. Para que a montagem aconteça sem transtornos, as peças de um dado tipo devem ser intercambiáveis. Isso significa que as características de precisão das peças devem estar dentro de uma faixa de variação que permita montá-las com as demais peças do conjunto projetado.

Faz menos de dois séculos que começaram *a produção em larga escala e a utilização de peças intercambiáveis*, naquela época, a ideia generalizada era a da possibilidade de se produzir peças de características invariáveis ou dimensões exatas. *Com a normalização das tolerâncias, começou a generalizar-se a ideia de elaboração de especificações de fabricação.* Nascia, então, a noção de que, além da especificação de fabricação, era necessário criar a especificação de aceitação. Isso levou os técnicos a esboçarem gráficos de controle de fabricação, considerando que, mesmo em um processo de produção aparentemente sob controle, inevitáveis variações ocorrem.

> *A partir das técnicas industriais japonesas, a qualidade experimentou notável desenvolvimento com a aplicação de metodologias estatísticas no controle do processo e com a participação dos funcionários.*

O que tornou possível o aparecimento *do controle estatístico de qualidade* foi o desenvolvimento – iniciado na época – da teoria exata da amostragem, acompanhado do desenvolvimento das técnicas estatísticas em variados domínios científicos.

Esses estudos de aplicação da estatística foram adotados e desenvolvidos pelos técnicos japoneses após a Segunda Grande Guerra, e foi com o apoio de consultores americanos, como W. Edwards Deming e Joseph M. Juran, e de japoneses, como Kaoru Ishikawa e Taiichi Ohno, que a aplicação de várias técnicas foi popularizada, principalmente a gestão por fatos e dados objetivos, as técnicas de separação da causa e efeito na solução de problemas e o controle estatístico do processo (CEP).

Todavia, poucas empresas americanas adotaram de imediato as novas técnicas em suas operações correntes, muito embora os estudos iniciais tenham sido de autores americanos, e, enquanto isso, os japoneses mergulhavam na sua aplicação como uma verdadeira mania nacional. O próprio governo nipônico estimulou as novas técnicas por meio da divulgação em revistas e rádios, bem como entre as empresas em seminários com os dirigentes e também recorreu à instituição de um prêmio para as melhores empresas que praticavam *a manufatura de excelência*, que passou a chamar-se *Prêmio Deming de Qualidade*, em homenagem ao Dr. Edwards Deming.

O cenário econômico do pós-guerra mostrava um mundo de uma época diferente, com os países industrializados destruídos – Alemanha, Itália, Inglaterra e o próprio Japão –, a concorrência praticamente inexistente e a demanda de produtos para uso mundial e para reconstrução dos países destruídos era muito maior que a oferta. Esse desequilíbrio entre a oferta e a demanda fazia com que o único supridor capaz – as indústrias americanas – possuísse total controle da oferta. O resultado era uma forte ênfase das empresas nos altos volumes de produção para suprir de qualquer forma um mercado sedento por produtos, por esse motivo não havia muito interesse em desenvolver novos métodos de melhoria da qualidade nos Estados Unidos durante o período correspondente aos anos 1950 e 1960.

A ênfase, no pós-guerra, era notadamente na produção, na relação cliente-produtor, e o produtor era francamente favorecido.

Todavia, *logo a reação dos países reconstruídos do pós-guerra fez-se notar*, principalmente do Japão, que desenvolveu as técnicas de qualidade e produtividade de forma tão eficiente, que esta passou a ser considerada como uma nova revolução industrial. Nesse contexto, *a filosofia da qualidade total*, com a participação dos trabalhadores e as técnicas estatísticas aplicadas aos processos, levando a uma nova maneira de administrar as empresas – inicialmente as industriais e, posteriormente, as de serviços – trazia resultados surpreendentes.

A ênfase no cliente mudou o paradigma anterior, e este (o cliente) passou a ser a parte mais importante na relação com o produtor.

O resultado foi uma oferta de produtos japoneses de alta qualidade a preços reduzidos que conquistaram o mercado e desbancaram empresas americanas tradicionais. Assim, a partir das técnicas industriais japonesas, o controle estatístico da qualidade passou a ser mais popularizado e sua aplicação generalizou-se na maioria das empresas, principalmente nas que desejavam um diferencial de qualidade em seus produtos. Nesse período, o *Controle Total da Qualidade* (*Total*

Quality Control – TQC) evoluiu para uma gestão mais abrangente da empresa e passou a denominar-se *Gerenciamento Total da Qualidade* (*Total Quality Management* – TQM).

O TQM é um conceito abrangente que envolve, além de aspectos da qualidade, também atividades de benchmarking, processo este que avalia os produtos ou serviços ou parte de processos de empresas que são líderes no mercado. *O TQM é também fortemente manifestado nas pessoas que participam da empresa*, sendo essa uma característica que permeia todas as técnicas japonesas e que é demonstrada pela participação dos colaboradores na solução dos problemas da fábrica, no trabalho em grupo, no controle do processo pelo próprio operador, no incentivo à ajuda ao colega cujo processo apresente problemas.

A intensa concorrência com competidores em abrangência mundial levou os governos dos países a se preocuparem com a competitividade de suas empresas. Surgiram, em decorrência, sistemas de avaliação da *excelência empresarial* em nível nacional, os quais avaliam as empresas como um todo, não só a área fabril. Programas como o Prêmio Malcolm Baldrige, criado, em 1987, nos Estados Unidos, o Prêmio Nacional da Qualidade, no Brasil, e o próprio Prêmio Deming, no Japão, são exemplos desse incentivo patrocinado pelos governos e apoiado pelas próprias empresas que são as maiores interessadas.

Mas a história da evolução da qualidade continua a ser escrita no dia a dia das empresas, e na sua competição pelo mercado surgem novas tecnologias na forma de máquinas, de robôs, de novos materiais (mais facilmente trabalhados), além de dispositivos e *softwares*, que auxiliam no controle dos processos. Da mesma forma, os gestores, sempre em busca de uma forma melhor de produzir, estão atentos a novidades na área de gestão de processos e de pessoas, selecionando as técnicas que realmente possam ajudá-los a fazer a diferença.

5.3 Organização da qualidade

É possível afirmarmos que um setor próprio que trate especificamente e em tempo integral dos assuntos relacionados à qualidade é necessário para as organizações?

Sabe-se que não é pela existência de um setor da qualidade que a empresa irá fazer produtos com qualidade, pois esta é realmente gerada na execução dos processos, ou seja, na produção, todavia, um setor estruturado de *controle da qualidade (CQ)* ajuda a empresa no sentido de monitorar, auditar, inspecionar, gerar informações e estatísticas de apoio gerencial, estabelecendo inclusive regras relativas à qualidade. Nesse contexto, outra questão torna-se pertinente: *afinal quais são as responsabilidades do Departamento de Controle da Qualidade?*

O Setor da Qualidade deve ser estruturado para auxiliar a empresa na verificação de seus processos. Para tanto, necessita de um quadro de profissionais que executem tarefas de auditagem de processos, de plotagem de indicadores, de análises laboratoriais e de metrologia, quando for o caso.

A estrutura do departamento também deve contemplar recursos para a verificação da conformidade dos fornecedores e finalmente esse setor deve ser o gestor do sistema de qualidade, como a norma ISO 9000.

5.3.1 Organização do Departamento do Controle da Qualidade

O Departamento de Controle da Qualidade cuida da administração da qualidade, dentro da empresa.

Principais atividades do CQ:

- *executar* a auditoria dos produtos acabados para certificar se as especificações de engenharia estão sendo seguidas;
- *verificar* a conformidade dos processos de fabricação, montagem e acabamento;
- *operacionalizar* os laboratórios de metrologia na execução de medições sofisticadas e os laboratórios de materiais incumbidos de verificar as condições físicas e químicas dos materiais utilizados pela empresa na elaboração dos produtos;
- *averiguar* a qualidade do material, dos componentes e dos serviços de fornecedores externos, sempre de acordo com as especificações da engenharia do produto;
- *estabelecer* os planos de qualidade, que consistem na elaboração de padrões de qualidade e numa organização adequada;
- *manter* o registro do desempenho da qualidade;
- *fazer* a avaliação do desempenho da qualidade;
- *determinar*, em conjunto com a manufatura, as causas de problemas e as ações corretivas e preventivas necessárias;
- *guardar* documentos, certificados, históricos de *performance* internos e de fornecedores;
- *coordenar* o sistema de qualidade da empresa;
- *responder* pela validação da conformidade dos produtos e dos serviços adquiridos de fornecedores e pelo estabelecimento do programa qualidade assegurada.

Mas, qual a importância efetiva do CQ no sistema produtivo?

O *Departamento de Controle da Qualidade colabora efetivamente com a qualidade*, não só executando as verificações das especificações, mas também dando apoio à produção durante a execução dos processos, fornecendo dados de monitoramento, gráficos de registros e medições de preparação da *primeira peça do lote*. Evidentemente, o *setor produtivo* necessita possuir as precondições para a execução da transformação da matéria-prima em produto com qualidade, tais como máquinas ajustadas e bem conservadas, métodos e dispositivos bem projetados, especificações de engenharia claras e corretas e condições de produção adequadas.

Foi possível observarmos, pelo que já foi comentado, que é esse um sistema amplo e complexo, o de controle da qualidade, e abrange vários setores de uma empresa em um esforço comum e cooperativo. Mas, na prática, há condições de determinar por quais objetivos ele responde?

Embora as funções de inspeção do processo estejam cada vez mais sendo executadas pelo próprio operador de produção, em muitos casos ainda é o profissional da área de qualidade que as executa, principalmente quando são exigidas máquinas especiais de medição, como as máquinas tridimensionais, ou que dependam de cálculos ou habilidades específicas.

Os inspetores têm treinamento e conhecimento suficientes para medir com precisão uma peça, ler e interpretar os desenhos de fabricação, confrontando com o exigido pelas especificações da engenharia.

Inspeção é a atividade de controle da qualidade que visa determinar a aceitabilidade do produto.

Existe uma gama enorme de tipos de especificações, e, por esse motivo, normalmente o inspetor de processos, tal como o operador, especializa-se em algumas delas. Por exemplo, medições de processo de usinagem, de estamparia, de pintura, de tratamento térmico, de proteção superficial, de metrologia e de metalografia.

Enfim, podemos concluir que por meio de todos esses procedimentos o CQ tem como objetivo estabelecer, melhorar e assegurar a qualidade da produção em níveis econômicos que satisfaçam os desejos dos clientes.

Interações do Departamento de Controle da Qualidade com outros setores

O Departamento de Controle da Qualidade interage com vários outros na estrutura organizacional. Via de regra, o CQ recebe as especificações da Engenharia de Produto e interage com o Departamento de Produção, controlando a conformidade do trabalho executado contra as especificações; isso ocorre também, da mesma forma, com o Setor de Compras, controlando a qualidade dos produtos e serviços comprados, e com Vendas e Assistência Técnica, procurando obter o *feedback* do cliente em relação aos produtos fabricados.

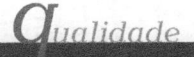

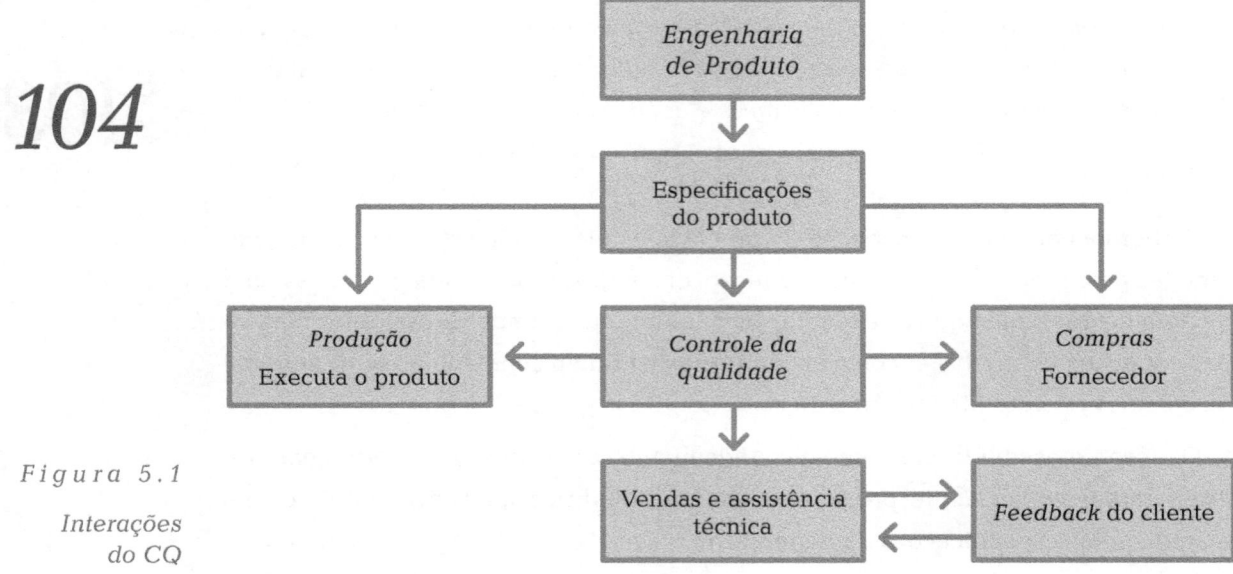

Figura 5.1
Interações do CQ

```
                    ┌─────────────────┐
                    │  Engenharia     │
                    │  de Produto     │
                    └────────┬────────┘
                             ▼
                    ┌─────────────────┐
            ┌───────│ Especificações  │───────┐
            │       │   do produto    │       │
            │       └────────┬────────┘       │
            ▼                ▼                ▼
    ┌──────────────┐  ┌──────────────┐  ┌──────────────┐
    │   Produção   │◄─│ Controle da  │─►│   Compras    │
    │Executa o     │  │  qualidade   │  │ Fornecedor   │
    │produto       │  └──────┬───────┘  └──────────────┘
    └──────────────┘         ▼
                    ┌──────────────────┐      ┌──────────────────┐
                    │Vendas e assistên-│─────►│                  │
                    │cia técnica       │◄─────│Feedback do cliente│
                    └──────────────────┘      └──────────────────┘
```

Será que podemos inferir, com base no que estudamos, que o controle da qualidade se aplica a todas as características de um produto, procurando comparar o real com um padrão definido e mensurável?

5.4 Características da qualidade ou especificações

As características da qualidade são os critérios sob os quais o produto é julgado pelo consumidor: a altura, as dimensões, o acabamento, a cor, o cheiro, a densidade, a viscosidade, a dureza etc. Um automóvel, por exemplo, possui inúmeras características agrupadas nas categorias seguintes: desenho ou estilo, material, engenharia, funcionamento etc.

5.4.1 Nível de qualidade/padrão de qualidade – defeito

O nível ou padrão de qualidade trata da superioridade do projeto, do estilo, do material empregado e de outras características em relação a outros produtos com finalidade semelhante:

- um veículo de luxo possui padrão de qualidade melhor que outro de classe popular;
- uma passagem de primeira classe tem maior nível de qualidade do que uma passagem de turismo;
- uma camisa de R$ 300,00 tem maior padrão de qualidade do que uma de R$ 50,00;
- assim, também, uma peça com tolerância dimensional de mais ou menos 0,001 mm (um milésimo de milímetro) tem maior padrão de qualidade do que outra com tolerância de 0,1 mm (um décimo de milímetro).

Você diria que o padrão de qualidade é determinado pelo mercado?

A determinação do padrão de qualidade a ser alcançado é de grande importância e deve atender às necessidades e às exigências do mercado. Resumindo, podemos dizer que os padrões de qualidade são as metas de qualidade que o produtor se propõe a alcançar.

Por muitas características, principalmente as de natureza técnica, os padrões de qualidade devem obrigatoriamente ser mensuráveis, caso contrário não serão padrões e não poderão ser seguidos. Por exemplo, estabelecer que um produto seja *bom* ou de *qualidade* é subjetivo, e não possível de ser controlado, assim é necessário procurar maneiras de traduzir a informação em fatores mensuráveis.

- *Fatores mensuráveis* permitem o estabelecimento da diferença da realidade do produto contra o padrão estabelecido.
- *O desvio em relação ao* padrão de qualidade preestabelecido, fora das tolerâncias de projeto, chama-se *defeito* ou, na definição da ISO 9000, chama-se *não conformidade*.

Mas na operacionalização, no dia a dia, como a empresa consegue certificar-se da constância da qualidade de seus processos?

5.5 Estratégias para a qualidade

As estratégias para atendimento dos objetivos de qualidade são ações gerenciais de aplicação ou desenvolvimento de sistemas que permitem à empresa certificar-se da constância da qualidade dos seus processos para atingir seus objetivos.

Os teóricos que colaboraram com a revolução da qualidade possuíam diferentes ideias e métodos de como avaliar, controlar e melhorar os produtos. Assim, várias estratégias relacionadas à qualidade foram desenvolvidas e podem ser *ferramentas importantes* para se obter e garantir de forma sustentada a qualidade do produto:

- *implantação e manutenção* de um Sistema de Qualidade tipo ISO 9000 ou outros semelhantes, como o QS 9000 e o ISO/TS 16949;
- *adoção* de filosofias e práticas desenvolvidas com sucesso, como o Controle Total da Qualidade (TQC) e o Gerenciamento Total da Qualidade (TQM);
- *aplicação* de técnicas específicas e modelos que auxiliam na detecção e na prevenção de defeitos e erros na operação, como os dispositivos à prova de falhas (Poka Yoke) e a administração visual (Andon);
- *incentivo e aplicação* de técnicas com base na ciência e em fatos e dados, como a aplicação de estatística em várias situações do cotidiano da empresa.

5.5.1 Sistemas de qualidade

Falamos durante todo este capítulo em sistemas de qualidade, mas em que de fato consiste um sistema de qualidade?

Algumas empresas desenvolvem seu próprio sistema de qualidade de acordo com seus objetivos e sua cultura empresarial, mas muitas adotam sistemas já conhecidos, testados e aceitos, como a *ISO 9000*, que é amplamente adotada principalmente por ser um padrão reconhecido e acreditado internacionalmente.

> *Um sistema de qualidade é um conjunto de regras ou procedimentos, que procura padronizar e assim garantir que as principais exigências de qualidade sejam seguidas, e o sejam de forma consistente.*

Por exemplo, as empresas precisam ter certeza de que os materiais e os serviços que recebem dos fornecedores estão de acordo com o que foi solicitado. Como existem muitas variáveis, e por vezes são processos de recebimento executados por diferentes pessoas, existe a necessidade de padronizar o procedimento para receber os materiais.

> *A padronização dos processos serve para termos certeza de que todos saibam o que fazer e como fazer todas as atividades relacionadas com a produção do produto durante o processo, estabelecendo um procedimento, por escrito, e mostrando claramente quais são os passos a serem seguidos.*

No caso do exemplo acima, um procedimento de recebimento de materiais contempla atividades de confirmação da existência do pedido de compra, da quantidade especificada pelo pedido, da verificação das especificações do material contra os padrões definidos para este, da existência de um certificado de origem e o próprio processo de preenchimento de formulários que irão informar a organização daquele recebimento específico, assim todo o processo de recebimento passa a ser padronizado e sempre será repetido da mesma forma.

Uma vez estabelecidos os passos, os procedimentos realmente viabilizam o processo de forma clara e objetiva, mas aqui surge uma questão sobre a qual precisamos ponderar: como sabermos quando esses procedimentos se fazem necessários?

Os procedimentos são necessários sempre que uma atividade é crítica para a qualidade, seja ela qual for, e, uma vez identificada a atividade, ela é padronizada na forma de procedimento escrito ou de um fluxograma de processo (que pode substituir o procedimento) e seu seguimento é periodicamente auditado. Assim, temos certeza de que a atividade crítica estará sendo *sempre* efetuada na forma como foi planejada.

Norma ISO 9000

No caso da norma *ISO 9000:2000*, o conjunto de procedimentos está contido no *Manual da Qualidade* da empresa, o qual serve para organizar de forma hierárquica todos os procedimentos e instruções de trabalho, pois existe uma hierarquia de regras e o nível maior é a própria norma. O Manual da Qualidade se espelha na norma e já contém regras específicas da empresa; e os procedimentos que refletem o manual e as instruções de trabalho ajudam o executor por meio de informações operacionais adicionais (Maranhão, 2001).

A norma ISO 9000:2000 apresenta os oito princípios da gestão da qualidade que norteiam esta última revisão. São eles: foco no cliente, liderança, envolvimento das pessoas, abordagem do processo, abordagem segundo um sistema de gestão, melhoria contínua, tomada de decisões e benefícios mútuos. Esses princípios são considerados críticos para a qualidade nas atividades de gestão (Maranhão, 2001, p. 11).

- *Foco no cliente*: as empresas devem atender seus clientes em suas necessidades atuais e futuras, e é o cliente quem define os requisitos que deseja e estabelece os padrões de qualidade.

- *Liderança*: os líderes estabelecem a unidade de propósitos da organização para o alcance de seus objetivos.

- *Envolvimento das pessoas*: as pessoas, em todos os níveis, são a base da organização e o seu envolvimento possibilita que as suas habilidades sejam utilizadas a favor da organização.

- *Abordagem do processo*: os resultados são alcançados mais eficientemente se as atividades e os recursos forem gerenciados como processos.

- *Abordagem segundo um sistema de gestão*: tem o objetivo de identificar, entender e gerenciar os processos e sua inter-relação.

- *Melhoria contínua*: é uma meta constante para a organização.

- *Tomada de decisões*: deve ser baseada em fatos reais.

- *Benefícios mútuos*: referem-se ao relacionamento produtivo com os fornecedores.

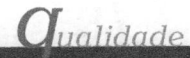

Diretrizes gerais da norma ISO 9.000

As diretrizes gerais da norma procuram cobrir os principais pontos críticos que influem na qualidade dos processos de uma empresa.

Norma ISO 9000 → Manual de Qualidade → Procedimentos Operacionais → Instruções de Trabalho

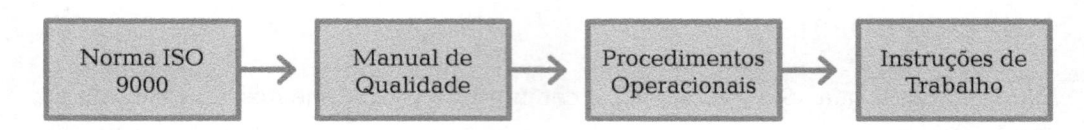

Figura 5.2
Hierarquia dos documentos

A filosofia básica é a de idealizarmos um padrão ou um conjunto coerente de metarregras, que é a norma, como se fosse a Constituição de um país, depois desenvolver o *manual da qualidade*. Este já no nível dos processos específicos da empresa, mas respeitando os requisitos gerais do primeiro nível, como se aqueles fossem as leis, posteriormente, elaboram-se os *procedimentos* que informam as regras específicas de cada processo em questão e, por último, as *instruções de trabalho*, que servem ao propósito de fornecer os detalhes que os procedimentos não cobriram, e são um importante apoio no nível operacional.

Assim, os procedimentos explicitam, por exemplo, a responsabilidade da alta administração e como a organização trata o rigor na cópia dos procedimentos, precavendo-se de que não exista documento obsoleto sendo seguido ou servindo como base para auditorias internas. Além disso, os procedimentos estabelecem as regras para o acompanhamento das disposições de materiais e produtos não conformes, a verificação formal de que todos os participantes do processo entendem a política de qualidade da empresa e a seguem e outros pontos vitais descritos detalhadamente na norma. Não nos aprofundaremos mais no que diz respeito aos sistemas de qualidade com padrão ISO 9000 por haver farta e rica literatura específica com todos os detalhes, para as empresas que desejam implantá-la.*

Outros sistemas de qualidade

Os sistemas de qualidade, no caso de normalização, nem sempre são uma unanimidade entre os fabricantes, principalmente para efeito de fornecimento.

* *Recomendamos leitura de BALLESTERO, M. E.* **Administração da qualidade e da produtividade:** *abordagens do processo administrativo. São Paulo: Atlas, 2001.*

As grandes indústrias automobilísticas desenvolveram, a princípio, seus próprios sistemas, considerando que a ISO 9000 não seria suficiente para suas demandas, exigindo assim que os fornecedores se adaptassem àqueles. Assim surgiram os sistemas Q 101 da Ford, Meta da Excelência (*Target for Excellence*) da General Motors e o Manual de Qualidade Assegurada dos Fornecedores (*Supplier Quality Assurance Manual*) da Chrysler. Posteriormente, esses três fabricantes decidiram compatibilizar esses conjuntos de procedimentos em apenas um, dando origem à *QS 9.000*.

Dessa maneira, os grandes fabricantes americanos conseguiram padronizar seus sistemas, mas ainda restou um grande problema, os sistemas europeus, que também possuíam suas próprias exigências para com seus fornecedores. Foi então que *a TS 16.949 foi desenvolvida com o objetivo de ser a norma de fornecimento para as montadoras em nível mundial.*

A TS 16.949 focaliza:
- a melhoria contínua;
- a prevenção de defeitos;
- a redução de desperdício;
- o controle rigoroso dos instrumentos de medição;
- além de exigências da área de recursos humanos, como gestão de competências de funcionários e treinamentos.

5.5.2 Qualidade Total (Total Quality Control – TQC)

Na produção em massa do pós-guerra, a tônica maior era a capacidade de detecção de falhas. Já no TQC, a ênfase é claramente na prevenção.

A prevenção de defeitos realizada por meio de técnicas e princípios racionais leva a operação a um nível superior, pois, enquanto estamos conseguindo prevenir, significa que o defeito não ocorreu. Na *detecção*, o defeito já aconteceu, e a perda é um fato real.

Diante disso, seria válido afirmarmos que, com o conceito de qualidade total e produção enxuta, a revolução japonesa trouxe novas regras para a concorrência mundial?

A definição de qualidade total de Masaaki Imai em conjunto com o Kaizen, outro conceito também japonês, refletem bem a filosofia do TQC:

As implicações do TQC, no Japão, foram que esses conceitos ajudaram as empresas japonesas a gerarem uma maneira de pensar orientada para o processo e a desenvolverem estratégias que assegurassem o contínuo melhoramento, envolvendo as pessoas de todos os níveis da hierarquia organizacional. O recado do KAIZEN é que nenhum dia deve passar sem que algum tipo de melhoramento tenha sido feito em algum lugar da empresa. (Imai, 1988, p. 3)

Kaizen significa *melhoria* em japonês, ou seja, a melhoria contínua e as atenções totais ao processo, considerando que um bom resultado de qualidade de um produto é a consequência de um bom processo.

A ênfase no processo é realmente a contribuição principal à evolução da manufatura mundial dada pelos japoneses?

O TQC trouxe não só a ênfase no processo, mas, sobretudo, o seu controle racional por meio da estatística, pois o entendimento ampliado do que é um processo e de como ele varia levou ao desenvolvimento de maneiras de como controlá-lo, para obter um nível ótimo de qualidade.

> *Este é o sentido principal embutido no TQC: a prioridade em tratarmos o processo de forma científica, observando todas as possíveis variações durante a sua execução.*

O TQC teve originalmente seus princípios definidos por Armand Feigenbaum (1994), do Instituto de Tecnologia de Massachusetts (Massachusetts Institute of Technology – MIT) e *é um sistema efetivo para integrar os esforços de vários grupos dentro de uma organização* no desenvolvimento da qualidade, na manutenção da qualidade e no melhoramento da qualidade, de maneira que habilite *marketing*, engenharia, produção e serviço com os melhores níveis econômicos que permitam a completa satisfação do cliente.

Vários cientistas japoneses também teorizaram sobre o TQC, colaborando na sua sedimentação no Japão como uma verdadeira mania nacional. Kaoru Ishikawa foi um dos principais, ele iniciou o movimento Company Wide Quality Control (CWQC), ou seja, *controle total da qualidade na empresa toda* e, assim, ampliou em três novas dimensões o conceito original de Feigenbaum. Conforme Corrêa e Corrêa (2004), as novas dimensões são as seguintes:

- A primeira dimensão estabeleceu que *o treinamento em técnicas estatísticas e de soluções de problemas* deveria ser adotado pela empresa como um todo, não só pelos engenheiros da qualidade; isso se deve ao fato de Ishikawa ter notado que a maioria dos problemas de produção, em torno de 95%, poderia ser resolvida com as chamadas *Sete Ferramentas da Qualidade*, portanto todos deveriam saber como fazer uso delas.
- A segunda dimensão refere-se à *responsabilidade pela qualidade*, estendendo esta a todo o ciclo industrial, ou seja, ao Departamento de Marketing, Engenharia, Compras, Engenharia de Manufatura, Supervisão de Fábrica, Inspeções e Testes, Expedição e Instalações e Serviços.
- A terceira dimensão é descrita como sendo a auditoria realizada pela alta gerência, a participação ativa dos dirigentes e o comprometimento inequívoco destes com a qualidade.

Aperfeiçoamento sistêmico da qualidade

A atividade de aperfeiçoamento da qualidade não pode ser pontual, deve ser sempre um esforço sistêmico, ou seja, deve seguir um modelo geral de melhoria que compreende (Feigenbaum, 1994):

- *o estabelecimento* de padrões para o processo, o produto e os custos;
- *a avaliação* da conformidade do produto manufaturado contra os padrões estabelecidos;
- *o agir*, quando for necessário corrigir os desvios do padrão, os problemas e principalmente as suas causas;
- *o planejar* para o melhoramento, que significa desenvolver um esforço contínuo para melhorar os padrões de custo, de processo, de desempenho, de segurança e de confiabilidade do produto.

Você já observou que essa sequência de ações integradas com o objetivo da melhoria contínua lembra sempre um sistema, um ciclo virtuoso?

Ciclo de Deming

Deming (1990) introduziu uma nova abordagem na administração, com base na filosofia da qualidade, e definiu-a como sendo o saber profundo, que é composto de quatro elementos: *visão geral de um sistema, teoria da variabilidade, teoria do conhecimento e psicologia.*

Desenvolveu também uma concepção sistêmica no sentido de um fluxo interdependente de ações que geram um contínuo melhoramento, o chamado *Ciclo de Deming para a Qualidade*, que é composto de quatro quadrantes (Deming, 1990):

- *no primeiro* (*plan* = planejar) temos, por exemplo, o planejamento do processo e da atividade;
- *no segundo* (*do* = executar) está a execução do processo conforme o planejado;
- *no terceiro* (*check* = verificar) vem a verificação do processo contra o especificado;
- *no quarto quadrante* (*act* = agir), finalmente, o agir no sentido de corrigir o que foi verificado, o que, ligado ao primeiro quadrante, o do planejar, inicia novamente o ciclo, tornando-se *um sistema de melhoria contínua.*

Esse ciclo tornou-se conhecido como *PDCA*, que são as iniciais das palavras em inglês de cada quadrante do Ciclo de Deming, e a sua aplicação é muito importante porque leva à raiz de um sistema de qualidade. Trouxe para a prática um método simples e racional aplicável a qualquer atividade da indústria e mesmo fora dela, pois o ciclo ajuda o gestor a procurar sempre a melhoria contínua.

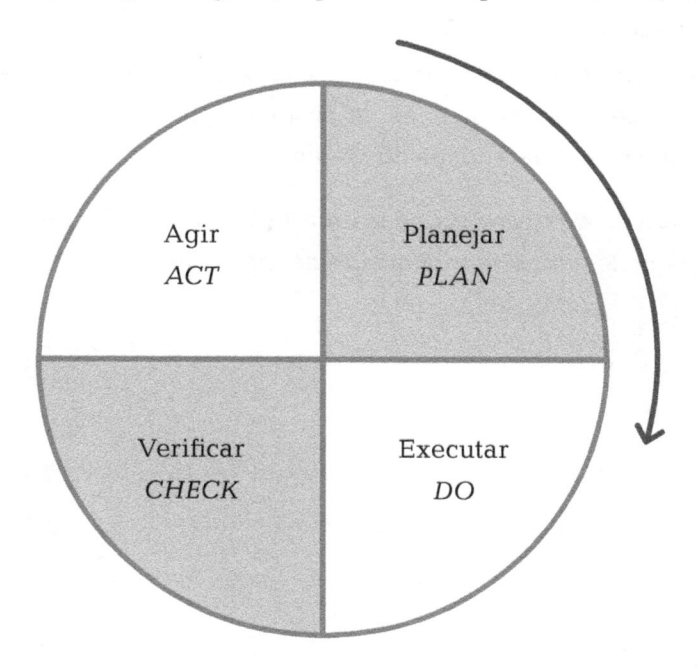

Figura 5.3
Ciclo de Deming ou ciclo PDCA

Deming foi também, e principalmente, o grande defensor da abordagem estatística de aplicação na qualidade baseada na evidência estatística. Sua teoria separava as chamadas *causas especiais de ocorrência eventual* das causas comuns ou naturais do processo.

- Seu foco principal estava na redução das variações do processo para se atingir a qualidade (Deming, 1994).
- Um dos elementos mais importantes na teoria de Deming é o conceito de variabilidade dos processos e a sua capacidade estatisticamente definida.

Você concorda que a visão sistêmica contempla a interdependência entre os componentes dos agentes em prol do objetivo maior do sistema, no caso, a organização?

5.5.3 As sete ferramentas da qualidade

Os departamentos atuam no sentido vertical da estrutura da empresa e os processos principais ocorrem horizontalmente.

Mas por que ferramentas?

Devemos tal analogia ao fato de essas técnicas serem tão importantes quanto o são as ferramentas na execução de um trabalho. Mas apenas a ferramenta não resolve! Nem melhora o processo. Quem faz isso são as pessoas, que podem se apoiar nas ferramentas e utilizá-las como auxílio para detectar os problemas, para prevenir as falhas, para ajudá-las a se decidirem ou para visualizarem melhor um determinado fator.

Como, então, implantarmos o sistema de prevenção nos processos produtivos?

O conceito de prevenção pode realmente ser implantado na prática, auxiliando o gestor a identificar as causas dos problemas, dando condições para que sejam eliminadas e evitar que reapareçam. E, também, principalmente, fazer o gerenciamento de fatos e dados, além da aplicação de técnicas estatísticas para que façam parte da rotina de todos que atuam na produção. As ferramentas (técnicas) são:

- folhas de verificação;
- diagrama de processos;
- gráfico de Pareto;
- diagrama de causa-efeito;
- diagramas de correlação;
- histograma;
- cartas de controle dos processos.

Folha de verificação

A folha de verificação consiste em uma planilha preparada para o levantamento de dados de um determinado problema. É o primeiro passo em qualquer atividade de qualidade, seja no caso de dados de rejeição, seja no caso de entradas para gráficos de Pareto ou de causa-efeito. Principalmente os dados estatísticos devem ser colocados na planilha, pois, por vezes, simplesmente sua ordenação e organização já induzem a uma solução ou a uma conclusão.

Diagrama de processos

Representações gráficas dos processos:
- diagrama de processos;
- fluxograma de processos.

Diagrama de processos: o seu objetivo é o de listar todas as fases do processo produtivo, permitindo uma rápida visualização e entendimento, facilitando assim sua análise. Os símbolos utilizados em um diagrama de processo são de significados universalmente aceitos e cada um representa uma atividade padrão, comum a todos os processos, como transportar, receber, inspecionar, operar etc. (Quadro 5.1)

Na Figura 5.5 é apresentado um exemplo de um diagrama de processos, no qual é focalizada uma fabricação de clipes.

Atividade	Símbolo
Operação	●
Transporte	→
Aguardar	◗
Armazenar	▼
Inspecionar	■

Quadro 5.1

Símbolos de um diagrama de processos

Fonte: Juran, 1990b, p. 22.

25 m	→	Vá até a porta da garagem.	Deixar a varanda e andar 25 m até a porta da garagem (ato de transporte ou movimentação).
	●	Abra a porta.	Abrir a porta é uma operação.
3,0 m	→	Vá até o armário de ferramentas.	Andar 3,0 m até o armário é uma unidade de transporte.
	●	Abra a porta.	Esta é uma operação.
3,0 m	→	Vá até a torneira.	Transporte.
	●	Ligue o esguicho à torneira e abra-a.	Esta é uma operação.
	●	Regue o jardim.	Inicia a operação principal de regar o jardim.

Figura 5.4

Exemplo de diagrama de processos do cotidiano

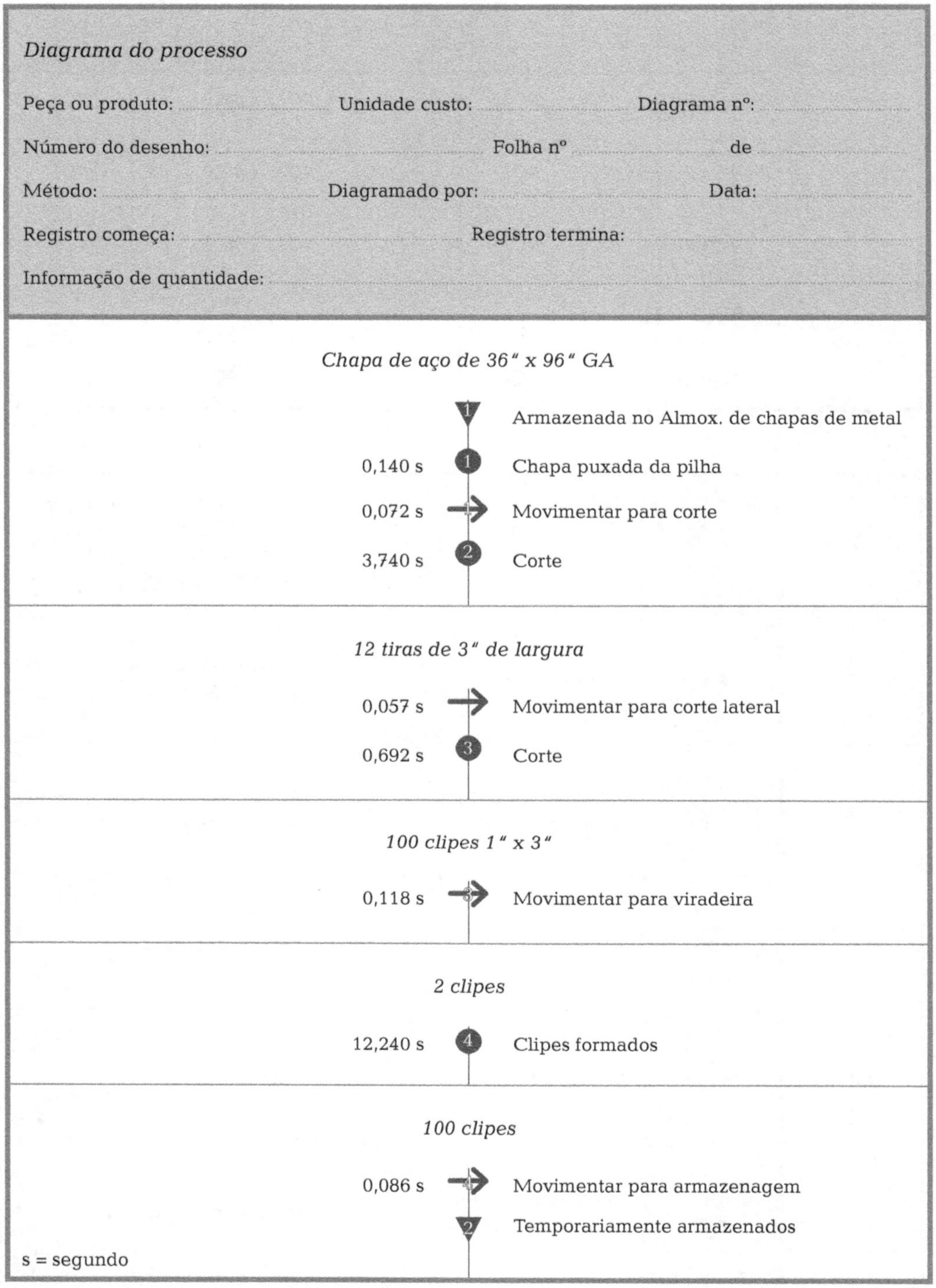

Diagrama do processo

Peça ou produto: .... Unidade custo: .... Diagrama nº: ....

Número do desenho: .... Folha nº .... de ....

Método: .... Diagramado por: .... Data: ....

Registro começa: .... Registro termina: ....

Informação de quantidade: ....

Chapa de aço de 36" x 96" GA

	▽1	Armazenada no Almox. de chapas de metal
0,140 s	● 1	Chapa puxada da pilha
0,072 s	→	Movimentar para corte
3,740 s	● 2	Corte

12 tiras de 3" de largura

| 0,057 s | → | Movimentar para corte lateral |
| 0,692 s | ● 3 | Corte |

100 clipes 1" x 3"

| 0,118 s | → | Movimentar para viradeira |

2 clipes

| 12,240 s | ● 4 | Clipes formados |

100 clipes

| 0,086 s | → | Movimentar para armazenagem |
| | ▽2 | Temporariamente armazenados |

s = segundo

Figura 5.5

Diagrama de processos de uma produção de clipes

Outro instrumento similar ao diagrama de processos, e por vezes confundido com este, é o fluxograma de processos.

Fluxograma de processos: é sua característica (do fluxograma) ajudar o gestor a visualizar e mapear o processo em seu fluxo e em sua organização, tanto administrativa quanto abstrata; serve também como auxiliar na padronização de atividades, por vezes podemos utilizá-lo como substituto ou complemento a um procedimento do sistema de qualidade.

O fluxograma de processos utiliza outros símbolos com significados diferentes, assim é que o losango é empregado como ponto de decisão, o retângulo como atividade e símbolos de início e de término. Como afirma Juran (1990b, p. 22), que utiliza esse instrumento frequentemente em seus trabalhos, "O fluxograma é a maneira mais eficaz de identificar os clientes e seguir o produto e ver o que é afetado por ele [...] é também a maneira gráfica de visualizar etapas de um processo".

O fluxograma é, também, um instrumento muito utilizado por analistas de softwares, por permitir uma visualização do fluxo e suas derivações, facilitando a análise do sistema.

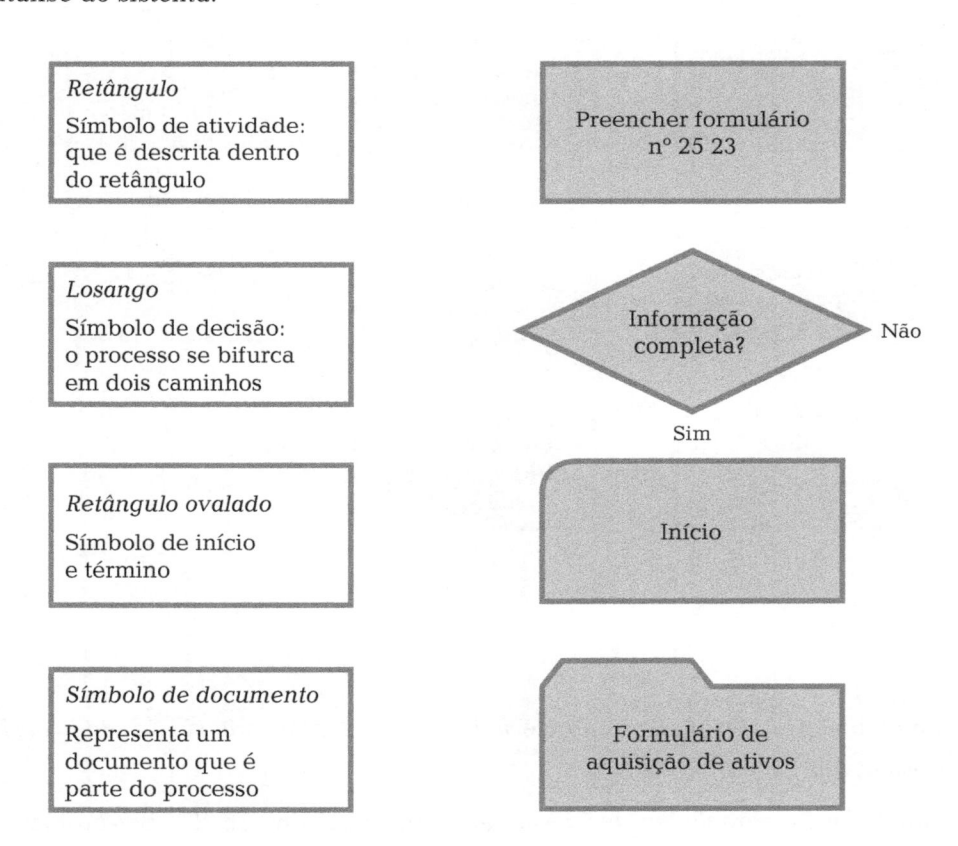

Figura 5.6

Principais símbolos do fluxograma de processos

Apresentamos a seguir, como exemplo, um fluxograma de processos de requisição de materiais, onde são usados esses símbolos, que pode substituir um procedimento escrito.

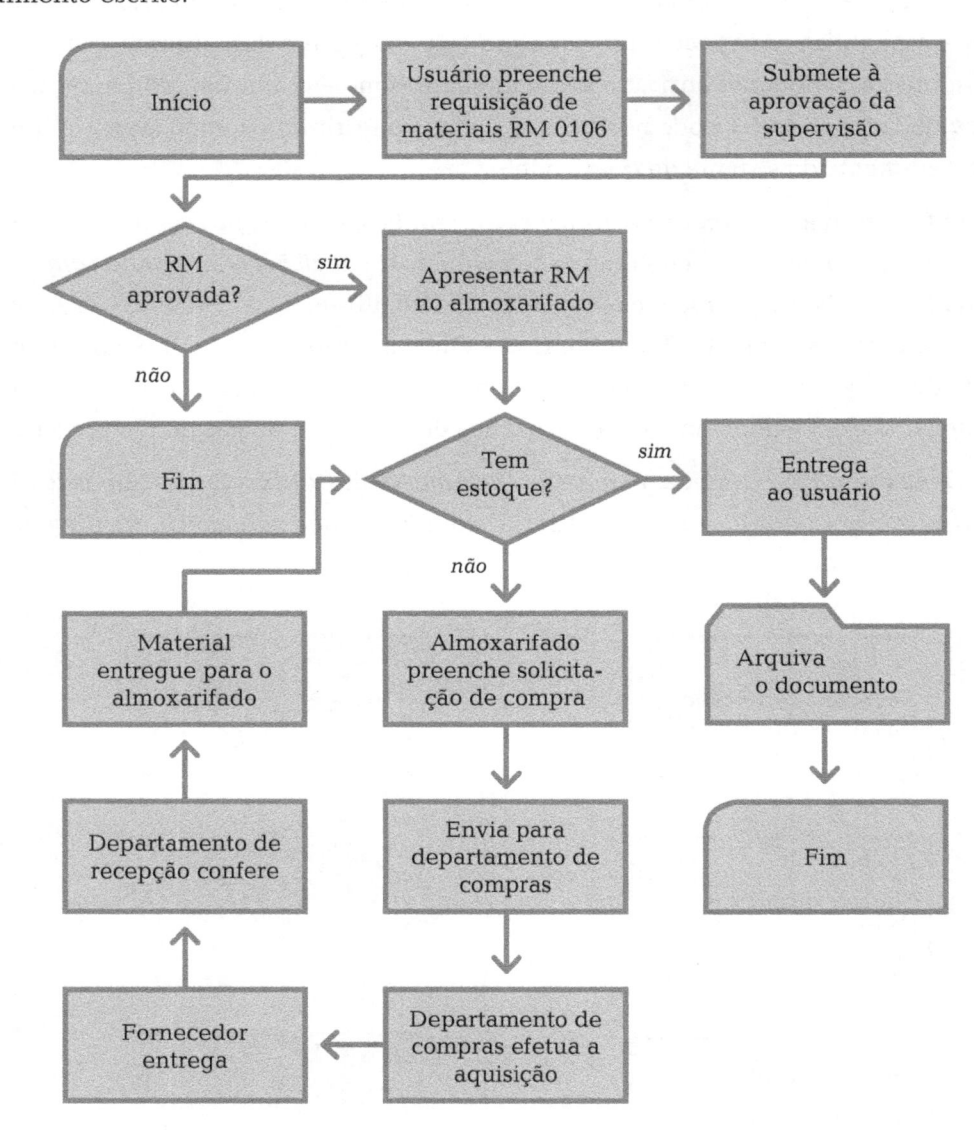

Figura 5.7
Exemplo de um fluxograma de um processo de requisição de materiais

Análise de Pareto

Essa metodologia possui como característica a rápida interpretação dos dados prioritários em um dado problema.

A *hipótese da regra de Pareto* é formulada considerando que 80% dos problemas provêm de 20% das fontes e que a maneira mais produtiva de atacar os defeitos é atacar a causa dos 80%, porquanto, ao concentrarmos os esforços em alguns problemas vitais, estes, uma vez resolvidos, têm grande impacto.

De acordo com Corrêa e Corrêa (2004, p. 213), o gráfico de Pareto tem sua origem no século XVI e resultou dos estudos do italiano Vilfredo Pareto, que demonstrou a sua constatação de que cerca de 80% da riqueza mundial estava nas mãos de 20% da população. Essa proporção (80/20) ocorre com frequência também na análise de várias situações de muitas operações. Por exemplo, 80% do valor dos estoques é composto por 20% dos itens e 80% das causas dos problemas de qualidade de um produto possuem a mesma origem.

Análises desse tipo levaram à conclusão de que existem, em várias circunstâncias, poucos itens vitais e muitos itens triviais, de modo que a classificação deles, na forma de um gráfico, auxilia na análise e visualização dos que são prioritários.

> *O diagrama de Pareto é uma classificação simples de dados, como defeitos e reclamações ou problemas (por categoria), que demonstra a prioridade por quantidade de incidência (ocorrência) por categoria.*

Suponha você, por um momento, que em uma empresa surjam várias reclamações por diferentes motivos, o que acaba por confundir o gestor. Nesse caso, o método de Pareto obriga a fazer perguntas, como: Qual o de maior intensidade? Qual o item com maior número de reclamações? Assim, uma vez identificado o problema, o gestor pode atacá-lo de imediato, resolvendo-o e atendendo ao maior número de itens prioritariamente.

A simples classificação dos defeitos por categoria estimula o gestor a perguntar por que ocorreu cada defeito, o que pode levar a soluções (ideias) para evitá-los. Tais estatísticas descritivas são fáceis de entender e podem levar a muitos aperfeiçoamentos, mesmo quando manipuladas por pessoal sem o conhecimento estatístico ou matemático, pois "A estratificação é a ferramenta mais importante do gerente" (Campos, 1992).

Ainda que seja simples, essa técnica exige treinamento, não porque seja difícil entender, mas porque o hábito da pesquisa da causa lógica, em conjunto com essa ferramenta, deve ser incutido em todos os níveis da organização.

A seguir apresentamos um exemplo de gráfico de Pareto aplicado em peças usinadas com problemas, mostrando que o problema maior é o de falhas de porosidade no material, representando isoladamente 70% do total de 4 grupos de falhas encontradas e consequentemente é o primeiro problema a atacarmos, pois é ele que ocasiona o maior número de defeitos.

Gráfico 5.1

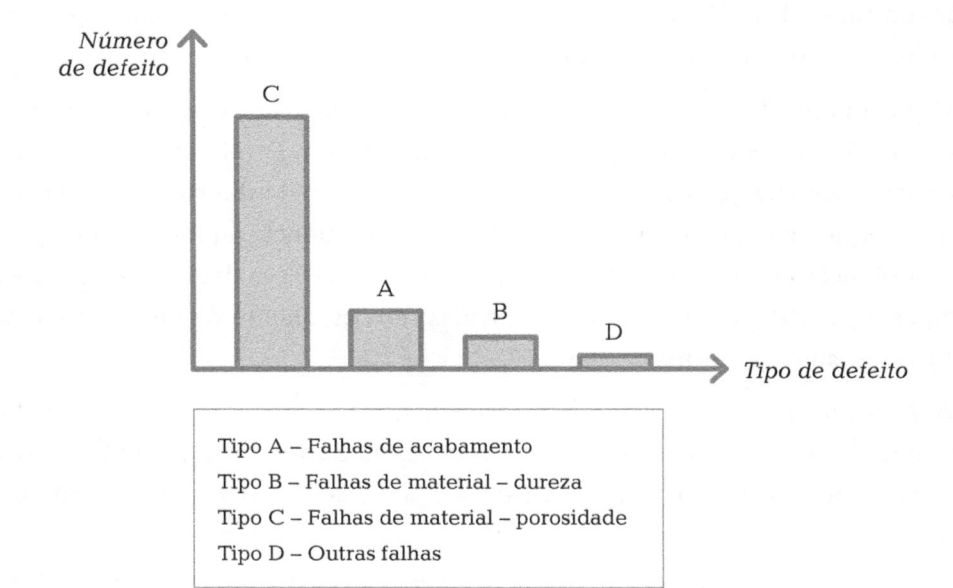

Gráfico de Pareto de problemas de peças usinadas

Número de defeito

Tipo A – Falhas de acabamento
Tipo B – Falhas de material – dureza
Tipo C – Falhas de material – porosidade
Tipo D – Outras falhas

Tipo de defeito

O gráfico de Pareto também pode ser usado na forma de dados percentuais.

No Gráfico 5.2 temos, como exemplo, problemas de um processo de pintura, com percentuais de causas de defeitos e não de número de causas. As causas dos problemas, relacionadas por meio de uma folha de verificação, indicam que a causa A (qualidade da tinta) responde por 35% dos casos, a B (aplicação da tinta pelo pintor) responde por 25%, a C (sujidade do ar) por 20%, a D (problemas do equipamento) por 10% e a E (outras causas) responde por 10%. Assim, para resolvermos 90% dos problemas potenciais, devemos atacar as causas A, B, C e D prioritariamente.

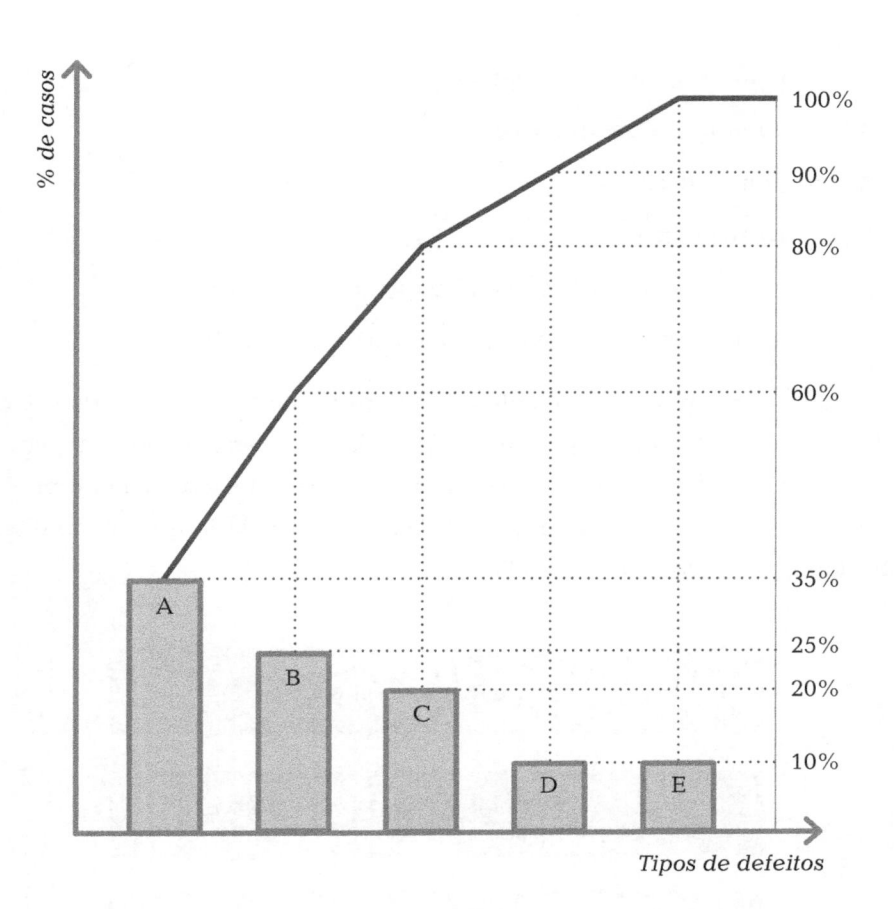

Gráfico 5.2

Gráfico de Pareto de um processo de pintura

Diagrama de causa-efeito e métodos de soluções de problemas

O diagrama de causa-efeito ou diagrama de Ishikawa, como visto no Capítulo 2, serve para direcionar o processo de resolução de problemas, separando as causas do efeito indesejado que é o problema.

Ao motivarmos os funcionários da empresa a usar a metodologia de Ishikawa, estaremos fomentando uma cultura na empresa de procurar sempre a causa dos problemas. No gráfico chamado de *espinha de peixe*, podemos ver todas as variáveis e testar cada uma delas de modo a identificar a causa real do problema. No Capítulo 2, pudemos verificar várias alternativas dos chamados *6Ms* que compõem o diagrama.

Mas, além do gráfico de Ishikawa, outra técnica usada em conjunto, na fase investigatória do problema, é a chamada *5W1H*. Recebeu esse nome em relação direta com as suas seis palavras, cujas iniciais em inglês são cinco *W* e uma letra *H*, respectivamente (Campos, 1992).

- *What* – O quê? Qual é o problema?
- *When* – Quando? Com que frequência ocorre?
- *Where* – Onde ocorreu?
- *How* – Como ocorreu?
- *Why* – Por que ocorreu? Em que circunstâncias ocorre?
- *Who* – Quem participará das ações de correção e controle?

Essas técnicas, simples e eficientes, fazem parte da *metodologia de solução de problemas*, que nada mais é que uma sequência a ser seguida passo a passo para se chegar à causa raiz de um problema. A metodologia de solução de problemas ao estilo japonês utiliza-se de algumas das ferramentas da qualidade (Campos, 1992), como mostrado na Figura 5.8.

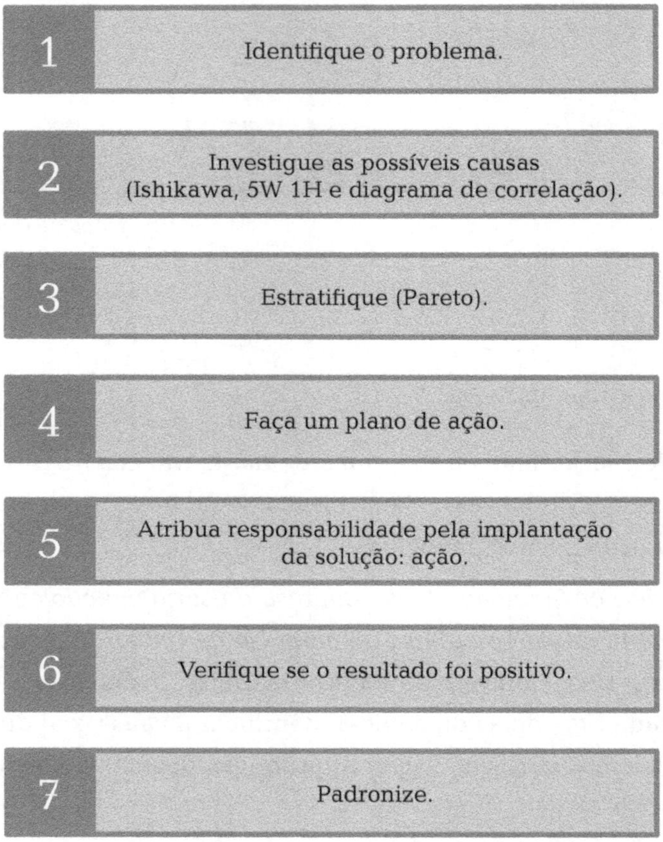

1	Identifique o problema.
2	Investigue as possíveis causas (Ishikawa, 5W 1H e diagrama de correlação).
3	Estratifique (Pareto).
4	Faça um plano de ação.
5	Atribua responsabilidade pela implantação da solução: ação.
6	Verifique se o resultado foi positivo.
7	Padronize.

Figura 5.8
Método de Solução de Problemas

Fonte: Adaptado de Campos. 1992.

Diagramas de correlação

> *Os diagramas de correlação são usados para determinar as possíveis relações entre as variáveis e o tempo (correlação temporal) e entre duas variáveis (correlação causal).*

São úteis para estabelecermos se existe relação entre duas variáveis. Por exemplo, se observarmos o Gráfico 5.3, veremos que, quando a temperatura aumenta, os defeitos de pintura também aumentam. Essa análise nos leva a concluir que existe uma forte correlação entre essas duas variáveis, procuramos, então, a solução na manutenção da temperatura para evitar defeitos (Ballestero, 2001; Corrêa; Corrêa, 2004).

Esse instrumento também é chamado de diagrama de dispersão, pois pode indicar a correlação e a não correlação que nesse caso seria a dispersão dos dados, o que provocaria a não relação entre as variáveis. Assim, oferecidos dois conjuntos de dados, plotando-os em um gráfico, com abscissas e ordenadas, podemos concluir se existe ou não uma correlação entre os dois conjuntos.

Ainda com relação ao Gráfico 5.3, consideremos a relação entre temperatura e defeitos de pintura, sendo que sabemos que a temperatura influi na viscosidade da tinta e esta por sua vez na qualidade da pintura. Para constatar se realmente existe essa correlação viscosidade tinta/qualidade da pintura, podemos estabelecer um teste em que a temperatura varia, ou seja, medimos a espessura de tinta depositada, que é um dos parâmetros verificados na qualidade da pintura, e, se constatada uma correlação, podemos concluir com certeza que pode existir um problema de qualidade em função de um aumento da temperatura na cabine de aplicação e principalmente podemos definir que faixa de temperaturas é adequada ao processo.

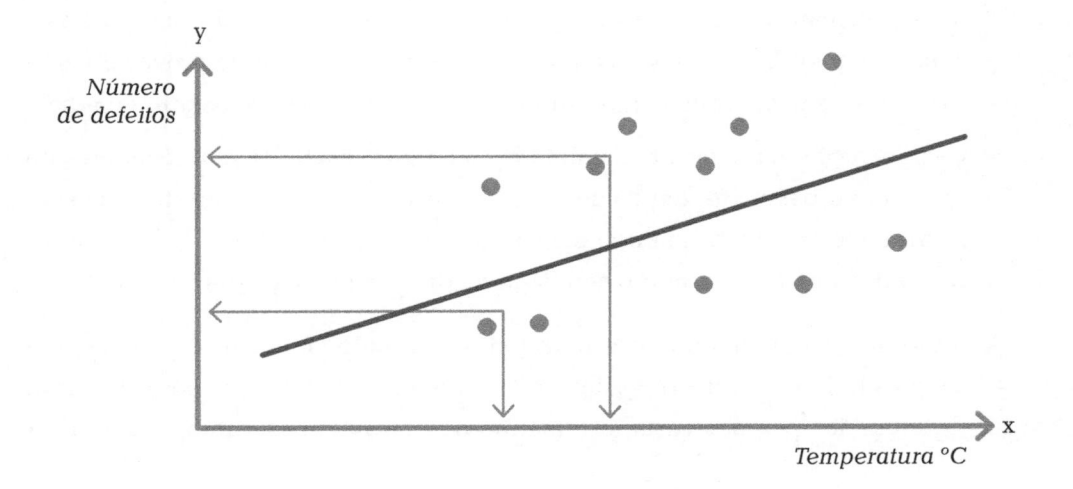

Gráfico 5.3

Diagrama de correlação de duas variáveis de pintura

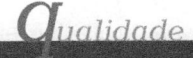

A relação entre variáveis pode ser de qualquer tipo, como:
- desgaste de pneus por km rodado X pressão;
- desgaste de pneus por km rodado X peso da carga transportada;
- resistência à tração de um aço X diâmetro;
- vazamentos de um bloco de motor X porosidade por mm² da matéria-prima;
- avanço de máquina X rugosidade da peça.

Conceitos estatísticos aplicados à avaliação da qualidade

Vamos recordar alguns conceitos estatísticos, para entendermos melhor as ferramentas histograma e cartas de controle do processo. Você já percebeu que as folhas de uma mesma árvore possuem diversos tamanhos? E que esta variação na dimensão é similar de uma árvore para outra da mesma espécie? Essa distribuição de tamanhos implica algumas folhas com pequeno tamanho, outras com o tamanho máximo, e muitas com o tamanho médio. E a altura das pessoas? Podemos afirmar que não existe uma regularidade absoluta tanto na natureza quanto nos processos criados pelo homem, observamos no caso dos processos industriais, que a variação faz-se clara no resultado desses, pois inúmeras causas não detectadas produzem pequenas alterações de uma unidade para outra.

1. Conceito de variabilidade

O entendimento desse conceito é fundamental para a absorção completa e a aplicação com êxito das técnicas da qualidade total. Não é necessário ser um matemático ou um estatístico para entender e aplicar os conceitos de variabilidade dos processos. Assim, apresentaremos um exemplo do cotidiano para introduzir a variabilidade.

Variabilidade na prática, um exemplo do cotidiano

- Se você tivesse participado de uma festa e alguém depois lhe perguntasse: "Qual era a altura das pessoas que lá estavam?" Sua resposta provavelmente seria: "Havia pessoas de várias alturas" ou "A maioria era de estatura média".
- Mas, se você tivesse estado em uma festa na qual participavam jogadores de um time de basquete, em comemoração, certamente sua resposta à mesma pergunta teria sido: "A maioria era composta de pessoas altas" ou "A estatura média das pessoas era muito acima da média das pessoas que conheço".

A noção de variabilidade existe para todos nós, pelo menos na forma de *sentimento*, pois tudo na natureza varia. Como sabemos, a altura das pessoas varia, a inteligência das pessoas varia, o tamanho de um animal de uma mesma raça varia, o tamanho de uma fruta, tudo varia, embora dentro de certos limites e para uma mesma *população*.

População aqui definida como sendo o universo estatístico.

Assim, podemos dizer que o tamanho das folhas de uma árvore varia de uma para outra, mas para a mesma população, ou seja, da mesma árvore, havendo, portanto, sempre um limite superior e inferior para o tamanho das folhas.

> *A variação que acontece na natureza obedece a um padrão*
> *que é denominado de curva normal ou curva do sino,*
> *pois o seu formato é similar ao de um sino.*

Essa curva possui no centro as médias de ocorrências que possuem maior frequência e nas bordas direita e esquerda as menores frequências de ocorrências. Se medirmos a altura de um grupo de pessoas, como foi o exemplo citado (da festa), e organizarmos os dados, poderemos obter uma tabela, como a que segue.

Nome	Altura	Somente homens	Somente mulheres	Diferença entre cada homem e a média masculina de 1,71 m	Diferença entre cada mulher e a média feminina de 1,63 m
José	1,67	1,67		-0,04	
Carlos	1,72	1,72		+0,01	
Marlene	1,59		1,59		-0,04
Débora	1,64		1,64		+0,01
Carol	1,63		1,63		0,00
Marcos	1,70	1,70		-0,01	
Marcelo	1,73	1,73		+0,02	
Guilherme	1,75	1,75		+0,04	
Afonso	1,68	1,68		-0,03	
Marta	1,56		1,56		-0,07
Aparecida	1,63		1,63		0,00
Alfredo	1,77	1,77		+0,06	
Bruna	1,68		1,68		+0,05
Margarete	1,69		1,69		+0,06
Médias	1,67	1,71	1,63		

▢ Limites superiores e inferiores

Tabela 5.1

Estatística de alturas

Como as alturas dos homens são maiores do que as alturas das mulheres, o correto é separarmos as duas *populações*, colocando os dados em duas categorias e estabelecendo as médias de cada uma delas e, assim, concluímos que a média masculina é de 1,71 m e a média feminina é de 1,63 m.

Devemos notar que essa é uma parcela do universo estatístico da altura de todas as pessoas, por esse motivo chamamos de *amostra* ao subconjunto finito da população.

Podemos dizer o quanto existe de diferença entre cada um e qual é a média do grupo?

Sim, podemos afirmar que Alfredo é o mais alto do lado masculino, pois está 6 cm acima da média de seu grupo. José está 4 cm abaixo da média do grupo, enquanto Afonso está 3 cm abaixo da média. Já Marcelo está 2 cm acima da média e Guilherme está 4 cm acima da média. Do lado feminino, Marlene está 4 cm abaixo da média, enquanto Débora está 1 cm acima da média etc. Nesse exemplo, Marta representa a menor altura; Margarete, a maior, e as alturas de Aparecida e Carol estão na média das alturas encontradas.

Esse exemplo serve para demonstrar de forma objetiva que existe uma faixa de altura e que sempre haverá a mínima, a máxima e a média.

2. Variabilidade dos processos

No caso dos processos industriais, existe também a variabilidade de seus parâmetros. Quando se corta uma barra de aço em pedaços de 30 cm para posteriormente fazermos a usinagem dos pedaços transformando-os em eixos, nunca teremos todos os pedaços com 30 cm, por mais que se tente sempre haverá uma variação, pode ser de 1 cm a mais ou a menos. Assim, a entrada dos eixos para o processo seguinte de usinagem terá de considerar essa variação originada no corte. Por sua vez, a própria usinagem também terá suas variações. As causas das variações são muitas, mas para os processos industriais ocorrem principalmente as variações de medidas devido aos processos e também a variações dos próprios instrumentos, as variações de temperaturas nos ambientes de montagem fina, além das ocasionadas por máquinas com folgas em seus elementos mecânicos e por montadores e operadores sem conhecimento do processo.

Imaginemos, para exemplificar, o seguinte processo, que é muito simples:

- um carpinteiro é solicitado a cortar, com um serrote, uma viga de madeira em 20 pedaços com 15 cm cada um.

Certamente, para executar sua tarefa, o marceneiro irá primeiro marcar a viga com seu lápis, os lugares do corte de cada pedaço, ou seja, de 15 cm em 15 cm, com a ajuda de seu *metro* de madeira. Em seguida, irá iniciar o trabalho norteando-se pelas marcas feitas e serrando os pedaços, e, após algum tempo, teremos 20 pedaços de madeira com 15 cm de comprimento.

Mas será que realmente esses pedaços estão com essa medida?

A resposta é: *depende!*

Depende da forma com que medimos e da precisão do instrumento, e contra essas medidas teremos também uma especificação do que é esperado em termos de precisão. Se usarmos o mesmo instrumento, o *metro de madeira articulado*, as medições revelarão que certamente os pedaços de madeira estarão com medidas aproximadas a 15 cm, sendo uns com um pouco mais e outros com um pouco menos. *Isso porque existem variáveis agindo tanto no processo quanto na medição.*

Na medição, nesse exemplo, o instrumento possui uma baixa confiabilidade, pois a marcação das medidas no *metro de madeira* é pintada e possui pouca precisão de um risco da graduação para outro. O material de que é feito está sujeito a variações por umidade e temperatura, e as articulações possuem folgas que alteram as medidas.

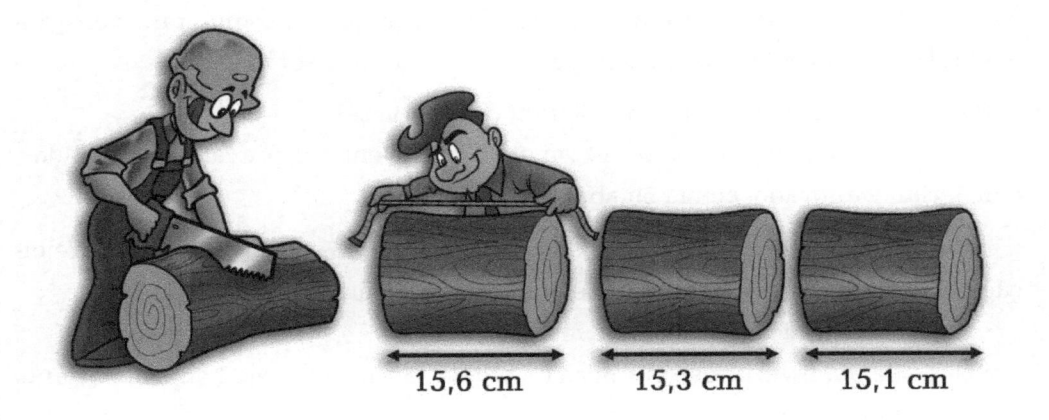

Figura 5.9

Exemplo de variações de processo

As variações de tamanho ocorrem no processo quando, ao posicionar o serrote para executar o corte, o marceneiro pode fazê-lo um pouco à direita ou um pouco à esquerda da linha traçada pelo lápis. A própria linha tem uma espessura de aproximadamente 1,5 mm, devido à ponta do lápis, e o serrote também possui uma espessura de lâmina e o corte dificilmente será exatamente perpendicular à viga, podendo sair um pouco cônico para fora ou para dentro, gerando lados desiguais.

Ainda em relação à medição, se usarmos um instrumento com maior precisão que nos dê uma leitura com até décimos de milímetro, como é o caso do paquímetro (instrumento de medição utilizado na indústria mecânica), as medições serão muito diferentes, pois estaremos medindo com precisão de décimos de milímetros.

Considerando os dados vistos até aqui, você usaria instrumentos sofisticados para medir um processo manual?

Primeiramente, precisamos saber da condição de uso do material para então saber qual tolerância ou especificação do produto. Se for uma utilização mais precisa, como um calço para uma máquina, devemos utilizar uma tolerância mais apertada e rever o processo para consegui-la, mas, se for para simplesmente servir de peso, usaremos uma tolerância mais aberta.

- Uma tolerância mais aberta exige um processo menos sofisticado e normalmente menos custoso.
- Uma tolerância mais apertada, como mencionado no item Nível de Qualidade, significa uma exigência maior de qualidade no processo.

Portanto ninguém vai sair medindo um processo manual, com tão pouca precisão, com instrumentos sofisticados, não faria sentido. As tolerâncias, no caso, podem ser expressas em décimos ou centésimos da medida nominal, no nosso caso, de 15 cm. Assim, devemos indicar para o marceneiro quanto a mais e a menos será aceitável na medida do pedaço de madeira a ser medido.

Por exemplo, uma medida com tolerância poderia ser:

15 cm + - 1 cm, ou seja, vai de 14 cm até 16 cm. Dentro dessa faixa de medidas, o material é aprovado; acima ou abaixo é rejeitado.

No nosso exemplo, se precisarmos procurar por um eventual problema de rejeição de peças, seguiremos os 6Ms (relembrando o conceito do Capítulo 2):

- *material*: variações da viga de madeira;
- *mão de obra*: variações oriundas do ato de serrar feito pelo homem, portanto dependentes de sua habilidade;
- *medição*: variações surgem em decorrência do tipo de instrumento usado e da precisão com que é feita a medição, ou seja, a forma como a peça foi medida;
- *meio ambiente*: um dia com alta umidade ou com variações de temperatura pode afetar a medição;
- *máquina*: no exemplo, é o serrote, que pode variar se estiver, por exemplo, com o fio gasto, afetando assim o corte.

Em um processo industrial, tecnologicamente mais sofisticado, é necessário lidar com muitas causas que podem potencialmente levar a defeitos no produto, pois é executado por pessoas comandando máquinas, fazendo peças e medindo sua conformidade contra um padrão ou uma especificação que inclui uma tolerância a ser obedecida.

O que pode variar no processo? O que pode dar errado? Como prevenir a ocorrência de um defeito?

- A pessoa pode ser mais hábil ou menos hábil; pode estar bem treinada ou pode cometer uma falha por distração, entre outros fatores.

- A máquina pode não estar ajustada ou ser perfeita para o processo, ou pode haver folgas que resultem em variações na sua *performance*, o operador pode estar comandando a máquina de forma incorreta ou pode a máquina estar obsoleta e exigir do operador muita habilidade para pilotá-la, corrigindo seu processo sempre que ela tende a sair fora do previsto etc.

- A medição pode estar sendo realizada com um instrumento preciso ou descalibrado, e o operador pode ou não saber ler a medição de forma correta, sendo que esses são alguns entre os fatos que podem ocorrer.

Somente nesse exemplo, encontramos muitas possibilidades de variação e, o que é mais complexo, elas podem ser combinadas entre si, gerando outras variações, além das acima mencionadas. Imaginem um problema de variação da máquina combinado com uma deficiência do operador, o quanto complexo seria chegar à causa dos problemas.

O entendimento da variabilidade dos processos é muito importante para a função maior do TQC que é a prevenção.

Uma vez entendida a variabilidade do processo, vamos introduzir outro importante conceito: o da distribuição frequencial.

3. Distribuição frequencial

A distribuição frequencial pode ser usada diretamente no estudo das variações de qualidade do produto porque indica de que forma as medidas variam (Moreira, 2004). Esse processo, conforme veremos no desenvolvimento deste item, é executado através de cinco passos distintos, mas interligados numa sequência ou encadeamento de ações-padrão.

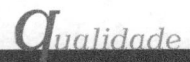

O *primeiro passo* para obtermos uma melhor ideia dessa variação será registrar os valores num diagrama de frequência. Vamos acompanhar a exemplificação no processo a seguir descrito:

- consideraremos um processo de usinagem com a sequência de medições do diâmetro de um eixo usinado por torneamento, cuja especificação é de 50,012 mm (lê-se 50 milímetros e 12 milésimos) com tolerância de mais ou menos 0,005 mm (de 50,007 a 50,017);
- as amostras foram obtidas de grupos de cinco medições cada, retiradas do processo após a usinagem estar completa;
- Agora, consideraremos, para simplificar, os valores em inteiros em vez de decimais. Assim, por exemplo, o diâmetro medido 50,007 é representado como 07, e 50,008 como 08 e assim sucessivamente.

As ocorrências observadas, no que foi exposto, estão organizadas na Tabela 5.2.

Nº das amostras	1	2	3	4	5	6	7	8	9	10	11	12	13	14	15	16	17	18	19	20	21	22	23	24	25
Valores medidos	8	13	11	11	9	13	10	12	13	9	8	13	11	11	9	13	10	12	13	9	13	10	12	13	9
	10	11	10	12	14	8	14	11	14	10	10	11	10	12	14	8	14	11	14	10	8	14	11	14	10
	11	12	13	12	10	7	13	9	12	11	11	12	13	12	10	7	13	9	12	11	7	13	9	12	11
	9	15	8	11	15	12	11	10	14	13	9	15	8	11	15	12	11	10	14	13	12	11	10	14	13
	12	12	10	9	12	15	16	15	17	16	10	12	10	9	12	15	16	15	17	16	15	16	15	17	16

Tabela 5.2
Primeiro passo: registro das ocorrências por amostra

O segundo passo será tabular os resultados encontrados, procurando contar quantas vezes cada medição igual ocorreu, tabulando assim a frequência de cada um. Por exemplo, o valor medido 50,007, representado por 07 na tabela, aparece nas amostras 6, 16 e 21, ou seja, três ocorrências desse valor. Já o valor 50,012, representado pelo número 12, aparece em quase todas as amostras, e em algumas até duas vezes, assim totaliza 20 ocorrências. Para entendermos melhor esse passo, vamos observar a figura de *Tabulação dos resultados* que vem a seguir.

Diâmetro	Tabulação					Frequência
50,007	→	III				3
50,008	→	~~IIII~~	II			7
50,009	→	~~IIII~~	~~IIII~~	II		12
50,010	→	~~IIII~~	~~IIII~~	~~IIII~~	III	18
50,011	→	~~IIII~~	~~IIII~~	~~IIII~~	IIII	19
50,012	→	~~IIII~~	~~IIII~~	~~IIII~~	~~IIII~~	20
50,013	→	~~IIII~~	~~IIII~~	~~IIII~~		15
50,014	→	~~IIII~~	~~IIII~~	II		12
50,015	→	~~IIII~~	~~IIII~~			10
50,016	→	~~IIII~~	I			6
50,017	→	III				3
						125

Figura 5.10

Segundo passo: tabulação dos resultados

O terceiro passo é separar as ocorrências em classes, sendo que o número de classes poderá ser escolhido pela raiz quadrada do número de observações, que, nesse caso, será a raiz de 125 – ou seja – 11,18. Outra maneira de estabelecer as classes é verificar em tabela própria, que recomenda um número de classes em função de uma faixa de observações, como na *tabela de classes* – a seguir.

Tabela 5.3
Classes em função do número de ocorrências

Número de Ocorrências		Número de Classes Recomendáveis
De	Até	
20	50	6
51	100	7
101	200	8
201	500	9
501	1.000	10
1.001	2.000	11
2.001	5.000	12
5.001	10.000	13
10.001	20.000	14

No exemplo, o número de classes recomendadas pela tabela são oito (8), pois teremos 125 amostras. Vamos adotar esse método para seguirmos com o exemplo.

O quarto passo é o intervalo entre classes. O intervalo é obtido dividindo-se a diferença entre o valor máximo, e o mínimo (50,017 – 50,007 = 10), pelo número de classes (8), obtendo-se *intervalo* de classe de 1,2, o qual, considerando que a medida é de três (3) casas decimais, significa 0,0012 mm ou arredondando 0,001 mm. *Assim, com o intervalo de classe sendo o último dígito (o terceiro após a vírgula), as classes coincidirão com os diâmetros tabulados.*

Desse modo, teremos as seguintes classes: 50,007 + 0,001 = 50,008, intervalo de 50,007 a 50,008.

as demais:

50,009 a 50,010
50,011 a 50,012
50,013 a 50,014
50,015 a 50,016 e
50,017 a 50,018

O quinto passo é a montagem do histograma, que é a forma gráfica mais popular, dentre os vários modelos possíveis, para ilustrar uma distribuição de frequências e constitui-se de um gráfico de colunas onde se registram os valores ou classes na horizontal e as respectivas frequências na vertical.

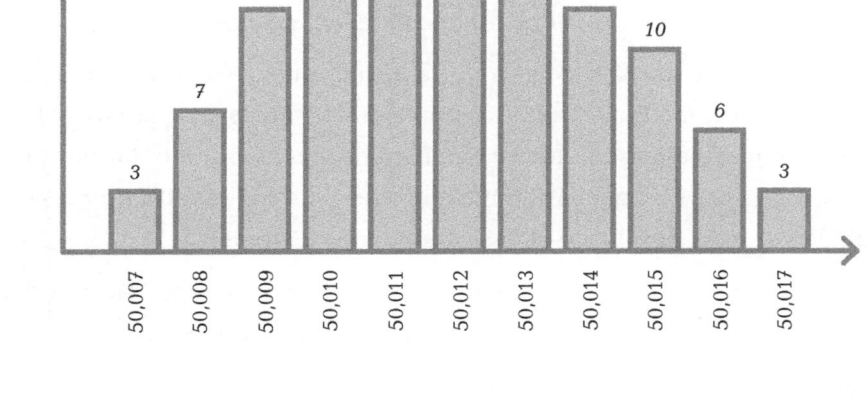

Gráfico 5.4
Histograma

Durante o processo de fabricação, como no exemplo de usinagem de um diâmetro, ocorrem variações de medida em função de diversos fatores. Assim, mesmo com a máquina regulada e utilizando o mesmo material, além do operador acionar sempre os controles da mesma forma, ainda existe uma dispersão natural das medidas acima e abaixo de um valor médio (no caso do nosso exemplo é 50,012), sendo que a causa dessa dispersão é difícil de ser identificada e eliminada.

Sempre que a dispersão ocorrer ao acaso, estaremos diante daquilo que os estatísticos chamam de população normalmente distribuída, e a curva representativa dessa população chama-se curva normal ou curva de Gauss, ou ainda curva de sino.

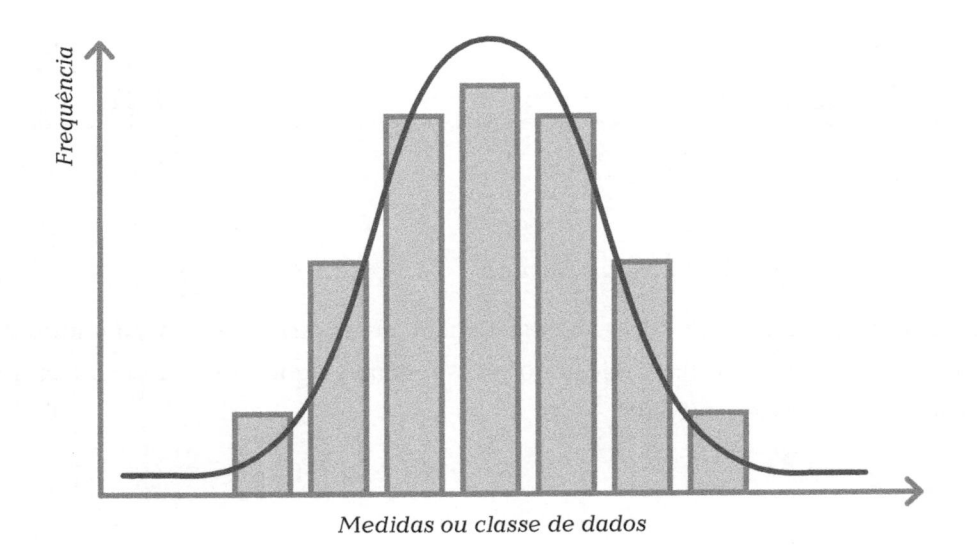

Gráfico 5.5
Curva de Gauss

Histograma

Interpretação do histograma: é um gráfico de barras que representa as frequências de determinado evento. É um excelente meio para visualizarmos o processo representado pelos dados, pois, nele, podemos constatar que as medidas variam em torno de um valor central denominado *tendência central*.

A curva normal é um tipo particular de histograma, e os parâmetros principais dessa curva são: a média X (média aritmética dos dados), a mediana M (número que divide o grupo em igual número de medidas), a amplitude R (diferença entre o maior e o menor valor encontrado) e o desvio-padrão (da letra grega sigma, é a medida da variação das observações com relação à média).

Assim, em uma distribuição normal de média X e desvio-padrão σ, a distribuição dos valores em torno da média se dá nas seguintes proporções:

- 68,27% dos valores no intervalo de X ± 1σ
- 95,45% dos valores no intervalo de X ± 2σ
- 99,73% dos valores no intervalo de X ± 3σ

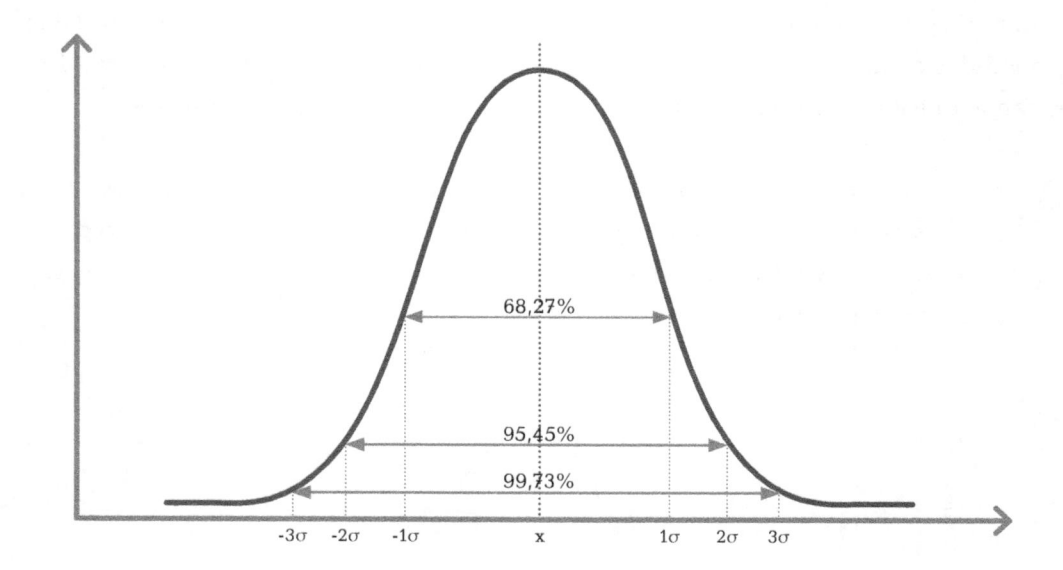

Gráfico 5.6
Curva normal e desvios-padrão

Cartas de controle do processo

Uma vez entendidos os conceitos estatísticos necessários para o entendimento da variabilidade e da distribuição normal, podemos agora apresentar o Controle Estatístico do Processo (CEP).

O processo sob controle é aquele cujas medidas, obtidas quando tabuladas e plotadas em um gráfico tipo histograma, resultam em uma curva normal.

Os produtos possuem especificações ou características de qualidade acompanhadas de uma faixa admissível de variações, com um limite inferior e outro superior, portanto, se a característica estiver dentro desses limites, está de acordo com as especificações. Como vimos, no exemplo da usinagem do eixo, a variação ali permitida era entre 50,007 mm a 50,017 mm, significando que todos os valores de diâmetro das peças obtidas do processo que estivessem dentro desse campo estavam de acordo com as especificações.

As cartas de controle têm como objetivo acompanhar as variações do processo, analisando o comportamento de características críticas do produto e propiciando ao gestor uma informação muito importante que é a tendência do processo.

Assim, com as informações sobre a tendência de variação do processo, é possível que este seja corrigido ainda com as características dentro da faixa admissível, antes de sair fora das especificações e perder a peça em termos de qualidade. Controlando o processo estatisticamente, vamos notar a estabilidade deste ou a tendência de o processo sair fora da zona de controle, assim existe ainda a condição de parar o processo e verificar o que está ocasionando essa tendência sem perder a peça que está sendo processada.

O fato de um processo possuir características que são medidas periodicamente e que, quando plotadas em uma carta, apresentam um gráfico que segue a curva normal, permite-nos afirmar que o processo é capaz e está sob controle?

O processo é considerado sob controle quando a característica que estiver sendo observada apresentar evidências de estar sofrendo apenas influência de causas naturais, seguindo assim a curva de Gauss. Mas isso não indica que seja capaz, pois pode estar sob controle com variações previsíveis dentro de seus limites naturais, e, no entanto, tais variações estarem além do permitido pela tolerância da característica em estudo.

Mas o que é limite natural?

Os processos sob controle estatístico apresentam dois limites chamados de *limites naturais do processo*, o limite inferior de controle (LIC) e o limite superior de controle (LSC).

É importante notar que o LIC e o LSC, sendo limites naturais do processo, representam a faixa em que ele varia, porém as especificações exigidas pelo projeto do produto são os limites da tolerância desse produto. Por exemplo, em um processo de fabricação que resulte estar sob controle estatístico, podemos calcular por fórmulas estatísticas qual será o LIC e o LSC, enquanto as especificações são inseridas no processo como limitantes admissíveis.

> *A diferença entre o LIC/LSC e a variação permitida pela tolerância nos dará a capacidade do processo, conceito que informa qual a previsão de peças dentro e fora da tolerância.*

No caso da medição da temperatura de um ser humano, sabemos empiricamente que a temperatura de uma pessoa saudável é de 36,6°C, podendo variar em torno de 0,6°C, para mais ou para menos. Assim, reconhecendo que a temperatura flutua por várias razões, ao longo do dia, podemos encontrar diferentes temperaturas para a mesma pessoa, ou seja, se, ao medirmos a temperatura de uma pessoa, encontrarmos de 36,0°C até 37,2°C, podemos afirmar que ela está normal dentro dos limites de controle, dessa forma o processo está *sob controle*, pois apenas causas normais estão agindo (no caso os mecanismos de autorregulação da temperatura corporal). Todavia, se encontrarmos valores acima ou abaixo desses limites, podemos dizer que o processo *saiu fora do con*trole, ou seja, outras causas, além das naturais, estão agindo no processo (talvez uma infecção) (Corrêa; Corrêa, 2004).

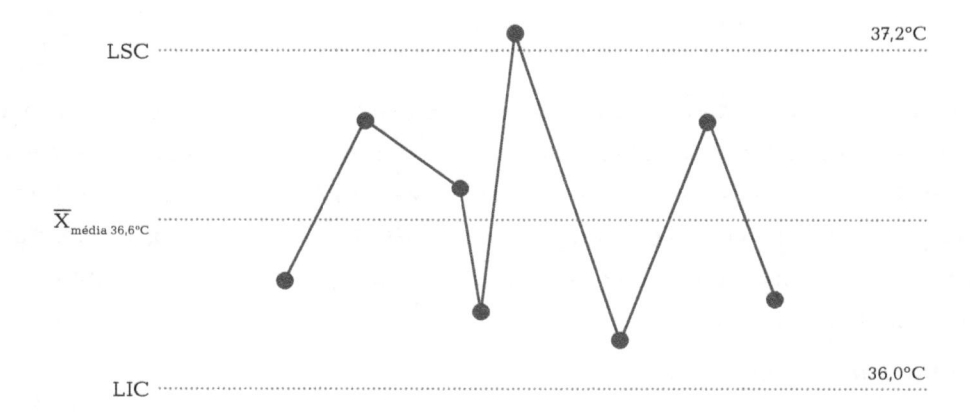

Gráfico 5.7

Representação gráfica da flutuação das medidas

Vamos considerar, para estudo prático, conforme Tabela 5.2, um processo industrial que apresenta variação normal, com LSC/LIC e uma dada tolerância plotados em uma carta de controle.

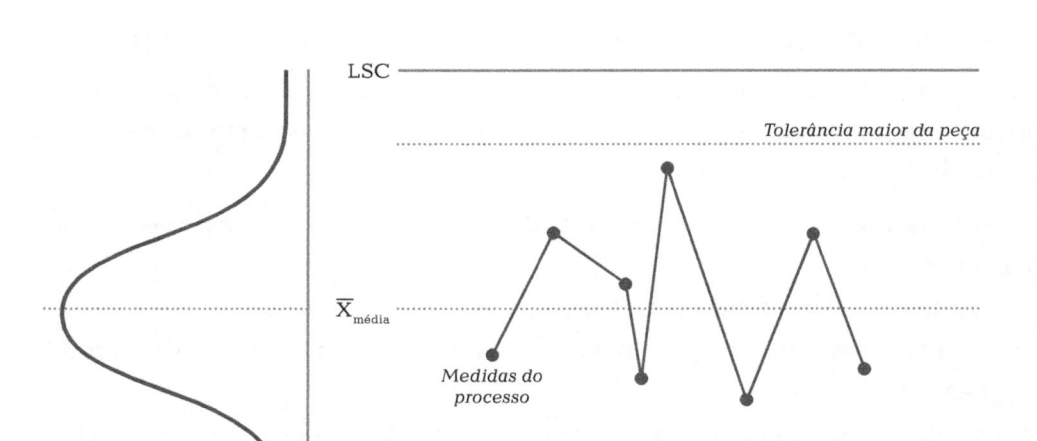

Gráfico 5.8

Controle estatístico do processo – CEP

Ainda utilizando o exemplo da peça usinada, com medida nominal 50,012 e com a tolerância variando entre 50,007 mm a 50,017 mm, em um processo *normal* que gere os limites LIC = 50,008 mm e LSC = 50,016 mm, e plotando as medidas das peças, conforme vão sendo fabricadas, no gráfico do CEP (controle estatístico do processo), temos o seguinte gráfico:

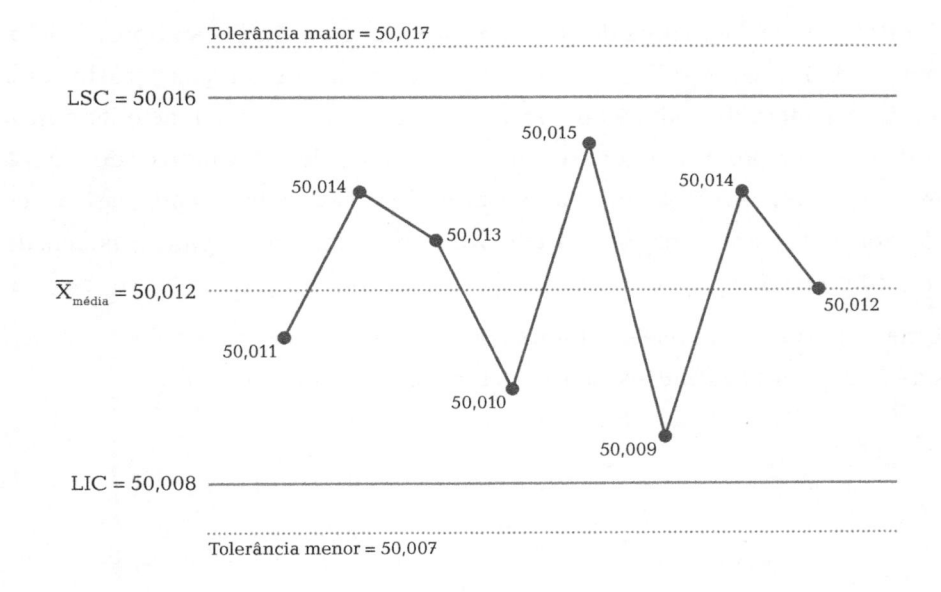

Gráfico 5.9

Carta de controle de processo

A análise da carta de controle nos permite dizer que o processo está sob controle, uma vez que obedece à curva normal, e que é capaz, pois as medidas encontradas durante o processo estão dentro da variação permitida pela tolerância.

Mas como saber que o processo apresenta tendência de sair fora do controle?

Existem várias situações nas quais podemos prever a tendência do processo, e, dessa maneira, a análise permite a nossa atuação no processo antes que ele saia fora da especificação.

Listamos a seguir alguns dos indicadores mais comuns da tendência de sair fora de controle:

- pontos fora dos limites de controle, mesmo um único ponto;
- sequência de sete ou mais pontos consecutivos acima ou abaixo da linha central;
- sequência ascendente ou descendente de sete ou mais pontos consecutivos;
- pontos que estão localizados muito próximos à linha central ou aos limites de controle;
- qualquer não aleatoriedade ou tendência que aparecer no gráfico.

A qualidade pode, então, ser entendida como sendo a medida da maior ou menor variabilidade do processo?

> *Boa qualidade não significa a perfeição, mas um nível de qualidade uniforme e previsível, que seja capaz de satisfazer as exigências do produto, considerando que, quanto menor a variabilidade, melhor será o processo.*

A estabilidade estatística do processo produtivo permite a sua previsibilidade e, portanto, o seu controle. O aprimoramento do processo é possível de ser conseguido por meio da redução da variabilidade, o que tem impacto significativo também sobre a produtividade. Assim, para termos elevados índices de *qualidade e produtividade*, devemos procurar a estabilidade estatística do processo e o constante aprimoramento deste. *Mas como conseguirmos isso? Quais as causas de falhas no processo?*

Uma importante análise a ser feita com a carta de processo é a das características das causas das variações, se são sistêmicas (comuns) ou especiais.

5.5.4 Causas sistêmicas e causas especiais

Uma causa comum ou sistêmica é aquela que acontece igualmente com todos os elementos.

Por exemplo: um problema de montagem de peças erradas que aconteça sempre em um mesmo setor da linha de montagem, mas com vários montadores diferentes, e sempre ocorrendo no turno da noite são situações que nos dão uma pista de que a causa não pode ser de um operador específico que cometeu um erro, e sim de um contexto que está contribuindo para a ocorrência de problemas. Essa pista nos leva a concluir que o problema, que atinge sistematicamente o setor como um todo, é de um fator comum, como um problema de iluminação deficiente ou de temperatura, ou de sujidade do ambiente.

As causas sistêmicas agem sobre todos os elementos do processo?

Vamos analisar o seguinte exemplo: um grupo de costureiras, do segundo turno de uma empresa de confecções, sistematicamente apresenta problemas de erros nas operações. O mesmo ocorre com costureiras de outros turnos que sejam transferidas para a noite, o percentual de defeitos mantém-se alto nesse turno em relação ao do dia. Como encontrar a causa raiz desse problema? Por que as costureiras do segundo turno erram mais? Pode ser deficiência de iluminação, o que não ocorre nos outros turnos porque utilizam a luz natural, ou pode ser um problema de treinamento das operadoras do turno em questão, ou de supervisão, ou mesmo de cansaço por atuarem no segundo turno. Mas, de qualquer forma, a solução estará na identificação de qual causa comum está agindo no processo e ocasionando o problema.

Nas causas sistêmicas os problemas independem de um acontecimento específico, por isso levam à conclusão de que a responsabilidade pela causa é da administração.

Outro exemplo: a montagem de dois componentes muito similares em conjuntos diferentes. Nesse caso, é alta a probabilidade de que haja confusão do montador na hora de pegar um ou outro, devido à similaridade deles; assim o projetista do processo deve prever uma maneira de diferenciá-los com cores, etiquetas etc., para evitar a troca e o erro de montagem, *aqui identificado como causa comum*, pois pode ocorrer com qualquer um que esteja operando o processo.

No entanto, quando uma ocorrência de erro é decorrente de um evento específico, ou seja, se, no exemplo já citado, os componentes fossem apenas parcialmente simi-

lares e acontecesse um problema de troca com somente um funcionário nesse caso, *a causa do problema* estaria especificamente com esse funcionário, e supondo que, após uma verificação mais detalhada, constatássemos que ele apresenta problema de deficiência na visão, *estaria configurada uma causa especial, em vez de comum.*

Assim, ao considerarmos um processo que esteja sendo executado por uma máquina e nele estejam existindo variações de medida na produção das peças, e considerando que seja constatado que a máquina possui muitas folgas na sua estrutura ou nos seus barramentos, verificamos que esse processo tenderá a apresentar percentualmente mais peças defeituosas que o outro cuja máquina não apresenta folgas. Nesse caso, novamente, a *causa é sistêmica.* Por outro lado, se o problema fosse a quebra repentina de uma ferramenta de corte que ocasionasse a execução de peças defeituosas no lote, *essa seria uma causa especial.* Outro exemplo seria um "pico de luz" que viesse a afetar momentaneamente a máquina, esta seria uma causa especial.

Consideremos agora um exemplo da área de serviços. Vamos imaginar hipoteticamente que em uma lanchonete um cliente reclamou que seu suco veio com sal em vez de açúcar.

Nesse caso, o gerente, ao analisar o problema, verifica que os recipientes dos dois componentes (sal e açúcar) são muito parecidos (mesmo tamanho, mesma marca e cor), sendo apenas diferenciados por um rótulo de identificação, ou seja, apresentam grande probabilidade de gerar confusão. Assim, é possível concluir que haverá novas ocorrências desse erro, portanto temos uma *causa sistêmica de um erro de operação da área de serviços.*

Assim, se o administrador não prestar atenção nesses detalhes e simplesmente responsabilizar o atendente, além de não resolver o problema, que fatalmente ocorrerá novamente, provocará desmotivação e reforçará o sentimento de medo do funcionário, que terá a tendência de encobrir erros futuros, *prejudicando a descoberta da verdadeira causa desses mesmos problemas.*

Nesse contexto, na busca por soluções objetivas, é importante observarmos que os japoneses desenvolveram metodologias práticas para a indução do raciocínio sistêmico aos integrantes de suas unidades produtivas, e seu domínio e divulgação na empresa são fatores decisivos para melhor competitividade.

Variáveis

> *Considerando o que foi exposto, você conseguiria pensar em exemplos de causas comuns e especiais para problemas de alguns processos produtivos industriais?*

O aperfeiçoamento do processo exige a identificação dos fatores nele atuantes para que, somente então, iniciem-se os melhoramentos. A identificação é primordial para análise das causas e a colocação de instrumentos de controle como o Controle Estatístico do Processo (CEP).

5.5.5 Avaliação por atributos

Outro modelo de avaliação de qualidade é a *avaliação por atributos*, na qual não utilizamos variáveis pelo fato de que é impossível ou não conveniente realizar a medição. Por conseguinte, esse modelo é utilizado quando as características de qualidade não são mensuráveis, apenas rotuladas, por exemplo, a presença de quebraduras ou defeitos em peças e defeitos de pintura em determinada área dos produtos contínuos, como tecidos, azulejos, mármores etc.

É uma análise qualitativa de desvios de determinadas características do produto, pois nesse processo avaliativo, os defeitos são detectados de forma visual com o auxílio de instrumentos ou pelo uso de calibradores do tipo *passa não passa*, que detecta peças que estão dentro ou fora do padrão. Para a detecção do defeito, podem ser usados, além da forma visual, os outros sentidos humanos, como o olfato, no caso de um perfume com fragrância diferente; o tato, no caso de superfícies polidas; ou os ruídos, no caso de máquinas ou motores (Paladini, 2002, p. 79).

A avaliação por atributos pode ser:
- *da fração defeituosa do produto*: por exemplo, em um lote de 100 peças recebidas de um fornecedor, encontramos duas com defeito;
- *da quantidade de defeitos por unidade*: como encontrar dois defeitos na geladeira produzida;
- *da quantidade de defeitos por amostra*: quando não existe uma unidade natural do produto, como o caso de tecidos ou folhas de papel, exemplificando, na amostra de 1 m² de tecido, encontramos duas manchas com coloração diferente.

Vamos agora, para tornar essa exposição clara, analisar um exemplo prático e, para tal, consideraremos os fatos e os dados a seguir.

- Um fornecedor entregou um lote de peças do qual o Departamento de Controle de Qualidade da empresa retirou cinco amostras compostas de 100 peças cada uma. A avaliação era da qualidade da pintura, envolvendo manchas, riscos e pontos microscópicos de deformação.
- *Número de amostras = 05 e tamanho das amostras = 100.*

Tabela 5.4 — Amostra de peças com defeito

Amostra	Peças com defeito	Fração defeituosa
01	7	0,07
02	5	0,05
03	6	0,06
04	8	0,08
05	7	0,07

Total de peças defeituosas retiradas da amostra: 33 em 500, ou seja, 7%.

5.5.6 Outras técnicas de melhoria da qualidade

Há diversas técnicas e modelos, desenvolvidos por teóricos ou pelas próprias indústrias, que auxiliam na prevenção de defeitos e na solução dos problemas de qualidade. Abordaremos aqui o dispositivo à prova de falhas Poka Yoke e a administração visual Andon.

> *O método dos dispositivos à prova de falhas, contrariamente aos demais da qualidade da linha do controle estatístico amostral, enfatiza o controle 100%, para obtermos o que denomina Zero Defeito.*

O conceito de *dispositivo à prova de falhas ou Poka Yoke*, desenvolvido pelo engenheiro japonês Shigeo Shingo, é o método que ficou conhecido como Fool Proof (à prova de falhas) ou em japonês Poka Yoke. Essa teoria fundamenta-se no pressuposto de que o defeito tem sua origem em um erro e, se este for evitado, não haverá defeitos, sendo que a maneira mais segura de evitá-lo é por meio de dispositivos que sejam à prova de falhas. Os dispositivos para tal tarefa, sugeridos e desenvolvidos por Shingo, eram normalmente de baixo custo e muito funcionais.

Essa metodologia consiste, em resumo, na elaboração criativa de dispositivos que alertem ou mesmo que impeçam o operador, quando este executa ou está para executar um ato falho. Por exemplo, se uma peça pudesse ser facilmente confundida com outra semelhante, na hora da montagem, um dispositivo composto com célula fotoelétrica com um aviso sonoro indicaria o erro, antes de este acontecer. Nessa prática, são inúmeros os exemplos, como:

- o som de alerta com que alguns veículos são equipados e que tem como finalidade ecoar quando um motorista desatencioso ultrapasse determinada velocidade;
- um dispositivo que equipa filmadoras e impede o consumidor de colocar a fita no lado errado ou de forma invertida dentro do aparelho e, assim, fisicamente não permite executar o ato falho;
- a colocação de pinos de diâmetros diferentes na parte inferior e buchas de mesmo diâmetro que o dos pinos na parte superior de um molde simétrico, de forma que somente uma posição seja possível no fechamento do molde, evitando assim a inversão e consequentemente a possibilidade de erro;
- a opção de desenho de projeto de aparelhos elétricos ou eletrônicos que considere a dupla voltagem, evitando assim efeitos negativos resultantes do esquecimento do consumidor na hora de alimentá-los na fonte elétrica;
- ou o exemplo da área de controle de registros, como o CPF, que possui dois dígitos verificadores, ou seja, se aplicarmos a fórmula aos dígitos do número, devemos obter, como resultado, os dígitos finais verificadores, caso contrário o número está errado;
- dispositivo tipo *Poka Yoke* de recipientes de peças de uma linha de montagem, onde apenas um tipo, dos dois contidos na caixa, fica disponível para o operador, uma vez que ao abrir a tampa ela abre um lado e fecha o outro, assim evita o engano ou troca de peças.

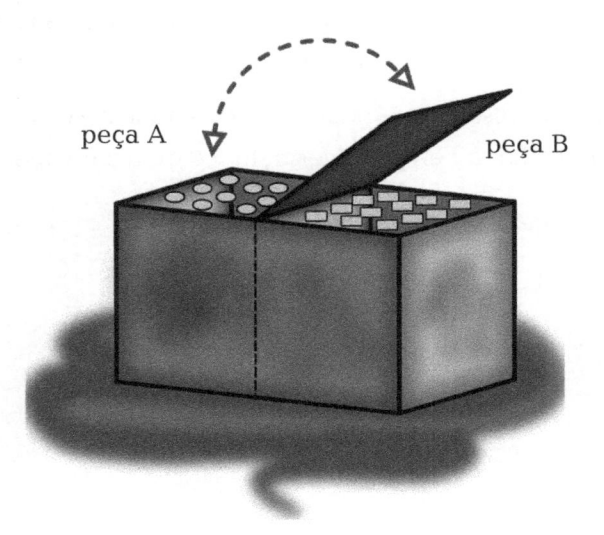

Figura 5.11

Dispositivo tipo Poka Yoke

Administração Visual Andon: essa técnica também tenta prevenir a ocorrência de um erro que possa levar a um defeito, mas com outro enfoque, o de avisar o operador, de forma clara, da possibilidade e da consequência do erro. *Podemos dizer que os exemplos que citamos na sequência são alguns dentre os vários desse método:*

- uma simples luz indicando o não funcionamento de uma máquina em uma área com inúmeras outras, o que facilita a ação da manutenção;
- um sistema sinalizando a ocorrência de problemas na linha de montagem, que pode, se acionado pelo próprio operador do posto com dificuldade, permitir a ação imediata da supervisão e mesmo de colegas;
- o aviso de como fazer e de como não fazer, fotos bem visíveis de processos errados na estação de trabalho, código de cores para facilitar a identificação e a correlação peça-produto, além de especificações de determinada operação em letras garrafais;
- fotos de montagens erradas em tamanho grande e na frente do montador.

Em resumo, esse procedimento, além de informar o processo correto, por meio de qualquer método válido para o operador, serve também para mostrar a todos quando existe um problema em uma operação, sendo que assim outros colegas podem vir auxiliar o funcionário que está com problema, para que este possa resolvê-lo o mais rápido possível e dar continuidade ao processo.

O Andon serve para facilitar a gestão, uma vez que facilita a detecção de situações fora do normal, por isso essa técnica funciona bem quando existe uma padronização do processo, pois nessa situação o gestor irá atentar para o que está divergindo do padrão (Figura 5.12).

A Figura 5.13 mostra o controle visual em duas situações e em ambas a informação é assimilada de forma visual e imediata, evitando assim erros e desperdícios.

- Uma válvula na qual uma etiqueta indica que ela deve estar normalmente fechada: informação muito útil em plantas químicas ou refinarias, onde existe uma grande quantidade de válvulas, sendo que algumas trabalham normalmente fechadas e outras sempre abertas.
- Um medidor de pressão cuja faixa pintada no mostrador indica para aquela aplicação qual a faixa perigosa (vermelha) e qual a de operação (verde).

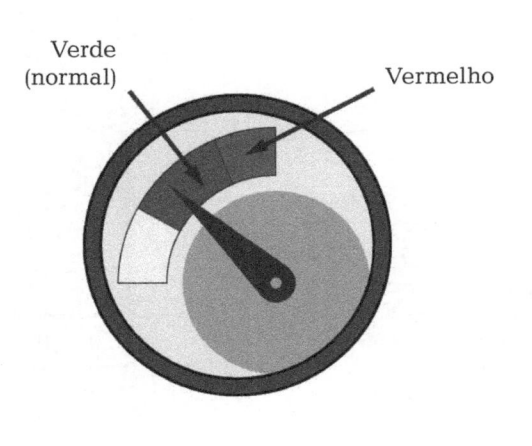

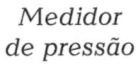

Figura 5.12

Andon em uma linha de montagem

Fonte:
Fujita, 1992, p. 57.

Figura 5.13

Controle visual

Fonte: Suzaki, 1987, p. 108.

5.5.7 Prevenção de falhas

As empresas, *preocupadas com o custo da má qualidade*, têm utilizado metodologias cada vez mais sofisticadas para evitar falhas no processo e no funcionamento do produto. Uma delas é a chamada *FMEA*, formada da expressão inglesa *Failure Mode Effect Analysis* (análise do efeito e modo da falha).

O FMEA é um processo sistemático para avaliação e redução dos riscos de falhas em processos e em projetos. Em sua elaboração, são consideradas todas as possíveis falhas de projeto ou de processo que possam acontecer em função de três situações:
- da gravidade da falha;
- da probabilidade da ocorrência;
- das chances de detecção antes que venha a prejudicar o cliente.

Para elucidarmos melhor tal procedimento, segue um exemplo de *checklist* de uma falha em potencial.

		Avaliação	*Probabilidade*
Ocorrência de falha	Probabilidade muito remota de ocorrência	1	0
	Baixa probabilidade de ocorrência	3	1:10000
	Probabilidade média de ocorrência	4	1:1000
	Alta probabilidade de ocorrência	5	1:20
	Quase certo que ocorrerão falhas	6	1:10
Severidade da falha	Falha pequena sem impacto no sistema.	1	
	Baixa severidade – pode ser um leve inconveniente.	3	
	Severidade média – causaria descontentamento.	5	
	Alta severidade – causaria alto descontentamento.	7	
	Altíssima severidade – se ocorrer pode causar danos de segurança física no cliente ou usuário.	10	
Probabilidade de detecção	Falha facilmente detectada por uma inspeção.	1	0 a 10%
	Baixa probabilidade de a falha atingir o cliente.	3	10 a 20%
	Probabilidade média de que a falha atinja o cliente.	4	20 a 50%
	Alta probabilidade de a falha atingir o cliente.	5	50 a 80%
	Altíssima probabilidade de a falha atingir o cliente.	6	80 a 100%

Quadro 5.2 Checklist de uma falha em potencial

Assim, com base nesses três indicadores, determinamos pesos para cada uma, em função de vários fatores específicos daquela possível falha, levantando-se, então, o seu Índice de Risco (IR).

Normalmente, o método FMEA é executado por um grupo de pessoas que detenha conhecimento do processo ou do projeto para melhor estabelecer os pesos de cada um dos parâmetros.

Uma vez identificado o índice de risco, são definidos os controles de processo necessários para evitar a sua ocorrência. Por exemplo, vamos considerar que, ao executar a FMEA do projeto de eixo usinado, detectamos uma eventual ruptura deste, que pode ocasionar um acidente com atentado à segurança do cliente. Como a probabilidade de tal ocorrência é alta, com base na FMEA, estabelecemos um alto IR (resultante da avaliação de quatro pontos na dimensão "ocorrência de falha"; de dez pontos na dimensão "severidade da falha"; de três pontos na "probabilidade de detecção"). Tomamos então a decisão de controlar o diâmetro usinado com inspeções 100%, de definir que o fornecedor da matéria-prima deve apresentar, a cada entrega, o atestado de qualidade do aço fornecido, além da aplicação de testes destrutivos periódicos para a avaliação da qualidade da matéria-prima.

Outro exemplo pode ser o de uma junta soldada de alta responsabilidade de uma estrutura cujo indicador de risco seja alto e por essa razão o grupo (que analisa a FMEA) resolve aplicar controle de Raios X na solda por amostragem a cada lote, além de selecionar com rigor o soldador, o qual deve ter a habilidade de fazer depósitos homogêneos do material de enchimento (Corrêa; Corrêa, 2004).

exercícios

1. Qual a definição de qualidade que você acredita ser mais adequada para a manufatura da atualidade?
2. A conformidade do produto em função do projeto garante o sucesso daquele no mercado?
3. Quais as principais funções do Departamento de Qualidade de uma empresa?
4. O que você entende por nível ou padrão de qualidade de um produto?
5. Quais as principais estratégias utilizadas pelas empresas da atualidade para atingir os objetivos de qualidade?
6. Quem foi Deming e qual a sua importância no desenvolvimento da avaliação da qualidade? Desenhe o ciclo de Deming (PDCA) e explique seu funcionamento.
7. Qual a ênfase da qualidade total?
8. O que é controle estatístico do processo?
9. Como o gráfico de Pareto pode ajudar na solução de um problema?
10. Explique as técnicas de qualidade Poka Yoke e FMEA.

capítulo 6

produtividade

O objetivo deste capítulo é conceituar a produtividade e discorrer sobre a sua importância para o indivíduo, para a empresa e para a nação, além de fornecer técnicas, exemplos e práticas de diferentes maneiras de medir e melhorar esse fator que é fundamental para toda e qualquer organização. Coerentes com esse propósito, buscamos subsídios que lhe ofereçam suporte teórico e prático e facilitem para você a compreensão deste fenômeno, ajudando-o a formular seu quadro próprio de referências para que possa transportar para a prática a aplicação das técnicas aqui expostas e que lhe permitam o aprofundamento por meio da teoria discutida e da bibliografia recomendada.

Existe um tempo para melhorar, para se preparar e planejar; igualmente existe um tempo para partir para a ação.

– Amyr Klink –

6.1 O fenômeno da produtividade

O ser humano sempre visou melhorar as suas condições de vida, procurando aumentar seu conforto, minimizar os esforços e garantir a segurança para manter o que foi conquistado.

Nesse contexto você afirmaria que o fenômeno da produtividade reflete o desejo de evolução?

Da mesma forma que os recordes esportivos estão constantemente sendo ultrapassados, como consequência natural do empenho pessoal dos atletas, das novas tecnologias e dos avanços na alimentação, também a produtividade vem batendo recordes ao longo do tempo, pois cada vez se consegue fazer mais com menos recursos.

As empresas, na busca constante por vantagens competitivas, aprimoram seus processos, inventam dispositivos, melhoram sua relação com os seus colaboradores, para conquistar melhores índices de produtividade e, consequentemente, melhores resultados.

Nos Estados Unidos, a grande ênfase dada à produtividade deve-se principalmente ao reconhecimento de sua importância no que concerne à melhoria do nível de vida naquele país. Como escreve a economista Sylvia Nasar (2005), nos Estados Unidos, o crescimento da produtividade da mão de obra teve uma média de 2% ao ano no século XX. Isso significa que o padrão do nível de vida dobrou e o estágio atual de desenvolvimento daquele país, que sempre foi líder em produtividade, reflete essa condição.

Isso significa que podemos dizer que o fator produtividade tem reflexos na estrutura social e política de uma nação?

O que observamos é que os governos têm motivos para se preocuparem com a produtividade, já que a alta produtividade da nação significa alto nível de vida da população, o que se reflete em várias ações no sentido de criar condições para que o país apresente bons níveis de produtividade, tais como os esforços do governo japonês do pós-guerra para desenvolver a qualidade de suas indústrias e a ênfase estratégica de muitos países aplicada à educação como fonte geradora de ideias, de tecnologia e de qualidade do capital intelectual. Algumas atitudes assumidas por governos, que também podemos destacar nesse contexto, foram os incentivos, como linhas de crédito para investimentos das empresas em sistemas de melhoria de produtividade, de máquinas e de equipamentos, bem como com a implantação de programas e de prêmios que incentivam a melhoria da qualidade e da produtividade, como o *Prêmio Deming*, no Japão; o *Malcolm Baldrige National Quality Award*, nos Estados Unidos, e o *Prêmio Nacional da Qualidade (PNQ)*, no Brasil, além da criação de ambientes seguros para as empresas prosperarem (Mirshawka; Báez, 1993).

A produtividade de uma nação é um fenômeno complexo, pois a alta produtividade demanda infraestrutura adequada de transporte, comunicação, energia e uma regulação legal que suporte e recompense os esforços de criatividade e inovação de seus empreendedores, bem como coíba as ações de falsificação, cópia e pirataria de produtos, além de leis que, de forma justa, resolvam os conflitos entre as empresas e entre as empresas e o Estado. Essas são as condições necessárias para investimentos e obtenção de condições propícias ao florescimento da produtividade.

> *Em ambiente seguro, as empresas investem, projetam e implementam processos eficientes, além de sistemas e procedimentos com a cultura e constante melhoria.*

A produtividade está presente em tudo o que fazemos e impacta diretamente em nosso trabalho, em nossa carreira profissional, nas empresas que necessitam utilizar seus recursos da melhor forma possível e mesmo no país, pois altos índices de produtividade empresarial representam melhor nível de desenvolvimento da nação e melhores condições de vida para todos.

O que representa para a sociedade o incremento na produtividade?

Incrementos na produtividade significam, em economia, *aumentar o tamanho do bolo*, porque estamos fazendo mais com os mesmos ou com menos recursos e, assim, possuímos mais riqueza na economia, a qual se torna disponível para ser distribuída. Caso contrário, se o bolo for do mesmo tamanho, acabamos obtendo fatias cada vez menores, já que a necessidade aumenta com o aumento da população. Nesse contexto, um bom exemplo é a agricultura, se conseguirmos colher uma maior quantidade de grãos em uma mesma área usando menos adubo, menos horas de plantio e de colheita, estaremos *aumentando o bolo* da quantidade de grãos colhidos com menos recursos.

Essa habilidade de fazer mais com menos recursos é uma significativa fonte de aumento da renda nacional de qualquer país.

6.2 definições de produtividade

De acordo com o Bureau of Labor Statistics – BLS (Department of Labor of the United States of America), a produtividade é uma medição da eficiência econômica que mostra como efetivamente os recursos disponíveis são convertidos em produtos/serviços.*

A medição técnica da produtividade é a relação entre o *input* (entradas do sistema produtivo) e o *output* (saídas ou produtos fabricados no sistema produtivo), sendo, portanto, a relação entre os recursos empregados e os resultados obtidos, ou seja:

$$\text{Produtividade} = \frac{output}{input}$$

Em que:
- *output* é o produto obtido no final do processo, ou seja, é o que a empresa produz;
- *input* são os recursos utilizados na produção, isto é, o que a empresa consome.

*Para mais informações, acesse Bureau of Labor Statistics: <http://www.bls.gov>.

*Assim, produtividade pode ser definida como a otimização do uso dos recursos empregados (*inputs*) para a maximização dos resultados desejados (*outputs*).*

Para o Centro de Produtividade do Japão (Japan Productivity Center – JPC), *a melhoria da produtividade significa minimizar cientificamente o uso de recursos materiais, de mão de obra, de equipamentos* etc. Assim, reduzir custos de produção, expandir mercados, aumentar o número de empregados, lutar por aumentos reais de salários e pela melhoria do padrão de vida no interesse comum do capital, do trabalho e dos consumidores.

As organizações europeias para a cooperação econômica definem produtividade *como o quociente obtido por dividir-se um produto por um de seus elementos de produção.*

Produtividade* refere-se, assim, a medidas de eficiência do uso dos recursos. Embora o termo seja aplicado para fatores únicos, como mão de obra (produtividade no trabalho), máquinas, materiais, energia e capital, o conceito de produtividade aplica-se também ao total de recursos consumidos na produção de *outputs*. Podemos dizer que produtividade é fazer mais com menos recursos.

A produtividade global – usualmente chamada de *produtividade total dos fatores* – *é determinada pela combinação das produtividades dos diferentes recursos utilizados para o* output. A combinação normalmente requer que tenhamos uma média ponderada das diferentes medidas dos fatores únicos, sendo que o peso tipicamente reflete os custos dos recursos. O uso de uma medida agregada, como a produtividade total dos fatores, permite determinar se os efeitos das mudanças globais em um processo – possivelmente envolvendo equilíbrio de recursos – são benéficos ou não.**

> *A produtividade, então, pode ser considerada como um valor que se agrega à empresa ou ao país, ou ao profissional, e, assim, aumenta sua competitividade.*

Depois do que foi exposto e com a bagagem que você tem, como definiria a produtividade?

É importante salientar que produtividade não é igual a aumento de produção. Por exemplo, se a fábrica produz 200 unidades por dia de aparelhos de ar condicionado com 100 operadores diretos e passa a produzir 220 unidades com os recursos aumentados na mesma proporção, ou seja, com 110 operadores, isso não significa um aumento de produtividade, e, sim, um simples aumento de produção.

Em princípio, qualquer recurso pode ser usado como denominador para o índice de produtividade. Assim, podemos falar de produtividade da mão de obra, do

---

* *Produtividade é fazer mais com menos recursos.*

** *Para mais informações, acesse Malcolm Baldrige National Quality Award: <http://www.quality.nist.gov>.*

material utilizado, da energia e da unidade ambiental, entre outros fatores que desejamos medir em relação ao que foi produzido.

Alguns índices de produtividade são demonstrados de forma diferente para fazer mais sentido nas medições e comparações.

Podemos, por exemplo, mensurar a quantidade de horas-homem para fazer um produto. Desse modo, se considerarmos que, para produzir 800 tratores por mês, são necessários 200 homens trabalhando cada um 8,8 horas por dia e 23 dias em média, por mês. Isso significa que:

200 homens · 8,8 horas por dia · 23 dias = 40.480 horas-homem.

A produtividade tradicionalmente é calculada como:
- P = *output/input* ou quantidade de tratores/horas. Logo, 800 veículos/40.480 horas resulta em 0,0197 trator por hora-homem;
- uma vez que esse índice parece um pouco abstrato, podemos calcular o inverso, ou seja, o número de horas-homem necessárias para fazer um veículo. Assim, nesse exemplo, resultaria uma produção de 800 veículos em 40.480 horas/800 = 50,6 horas por veículo.

Com indicadores como esse, são facilitadas as comparações entre fábricas, países e modelos ou mesmo entre uma situação anterior a uma ação de melhoria e a posterior, ao medirmos o efeito da melhoria em horas por produto.

Nesse exemplo, se um trator de uma mesma categoria é fabricado em um país com índice de produtividade de 50,6 horas/trator e em outro cujo índice é de, por exemplo, 45 horas/trator, podemos concluir que este é mais eficiente que aquele e, como necessita de menos recursos de mão de obra, seu custo é menor e a lucratividade da empresa é maior, ou, se for repassada essa vantagem de custo ao preço final do produto, este será mais competitivo.

Para melhor entendimento da importância dessas medições, vamos utilizar uma pesquisa realizada pelo Instituto McKinsey, em 1996, com abrangência mundial, sobre a produtividade do setor automobilístico, cujas revelações são importantes para a análise das condições de produtividade e, com os seus dados, mostram-nos que *o Brasil apresenta condições inferiores de produtividade*, pois, considerando os Estados Unidos como referencial = 100, comparativamente, o índice da Coreia é 43, o do Japão é 140 e o do Brasil é 36 (McKinsey Institute, 1999). Demonstrou-se, assim, que a superioridade japonesa corresponde a um índice de 40%, acima da referência, e que a posição do Brasil é inferior às demais. Porém, ao observarmos os mesmos dados em série, fica claro que o nosso atraso ocorreu na década de 1980, por esse motivo frequentemente chamada de "década perdida", quando

Estados Unidos e Japão aumentaram rapidamente sua produtividade e o Brasil ficou estagnado. Esse tempo perdido foi recuperado, em parte, no início da década de 1990, quando o Brasil começou a abrir seu mercado, apresentando, então, notáveis taxas de produtividade de mão de obra, chegando a 17% ao ano, e, embora não sejam suficientes para eliminar o diferencial, mostram uma tendência positiva. Essas estatísticas constam em um livro denominado *Produtividade no Brasil* e você as pode visualizar melhor no gráfico a seguir (McKinsey Institute, 1999).

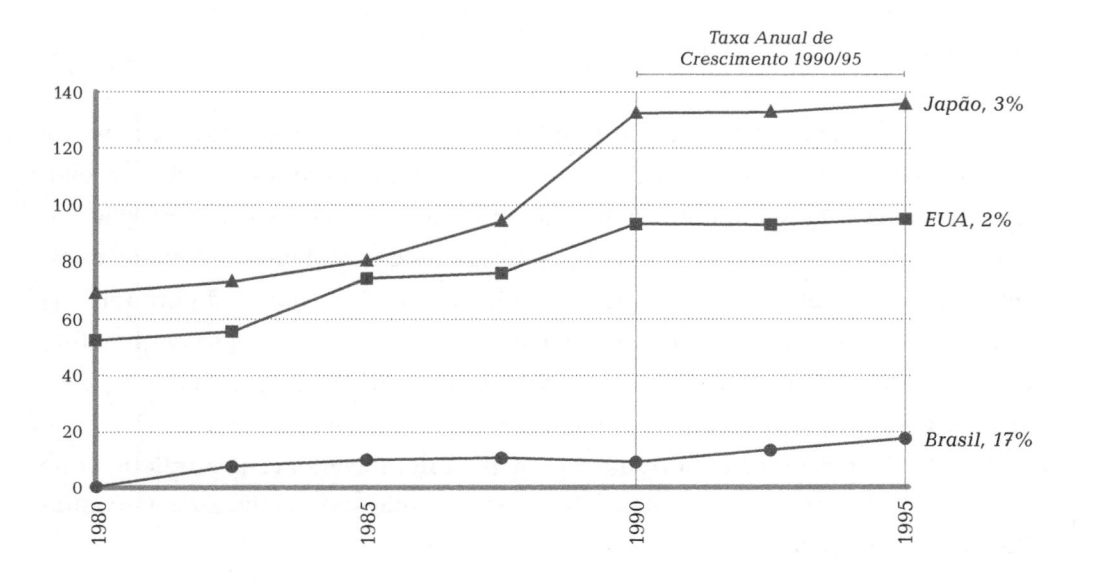

Gráfico 6.1

Evolução da mão de obra 1980/1996

Fonte: McKinsey Institute, 1999, p. 47.

Diante de todos esses fatos, quais fatores você destacaria como significativos no aumento da produtividade?

O ritmo do aumento da produtividade ao longo do tempo é, em geral, um processo progressivo de crescimento, espelhando as pequenas melhorias individuais das empresas e dos sistemas produtivos que buscam incessantemente um melhor poder competitivo; mas, a longo prazo, apresenta grandes saltos, que representam os importantes avanços tecnológicos.

A produtividade no mundo experimentou grandes progressos com o desenvolvimento de tecnologias como a máquina a vapor, as estradas de ferro, o motor a gasolina, a automação de processos, as máquinas regidas por computadores (CNC), a robótica, entre outras.

Inovações nos processos e na forma de gestão da manufatura também significaram grandes saltos de produtividade, como o estudo científico do trabalho, a padronização, a linha de montagem, o sistema *Just In Time* aplicado à manufatura e à administração dos estoques, bem como os conceitos da manufatura enxuta.

O movimento da Qualidade Total, embora visasse mais diretamente à melhoria da qualidade, foi um vetor positivo e também de grande importância no aumento da produtividade, uma vez que reduziu os desperdícios dos processos de retrabalhos e das sucatas por erros de fabricação.

> *Quando a produtividade de uma empresa aumenta e os resultados são significativos, ela se torna mais competitiva e, ao aliar esse fator à boa qualidade de seu produto, tem grandes chances de ganhar parcelas e liderar o mercado em que atua.*

Se tomarmos um produto, como o automóvel, por exemplo, e avaliarmos sua *performance* quanto à qualidade e à produtividade, poderemos verificar a evolução de ambas. A qualidade dos automóveis fabricados apresenta significativos avanços, tanto a qualidade intrínseca, refletida na quantidade de defeitos apresentados, na confiabilidade e no desempenho, como a qualidade do produto, na forma de melhores materiais, de *design* com aerodinâmica estudada para melhor eficiência e de acessórios de alta tecnologia, proporcionando dessa maneira mais conforto e segurança. Assim, ao compararmos um veículo de apenas dez anos de fabricação com outro atual, podemos notar diferenças enormes refletidas no desempenho de consumo de combustível, na diminuição da poluição e na confiabilidade do funcionamento.

Mas, então, qual a relação entre produtividade e custo do produto? O efeito da produtividade reflete-se diretamente no custo do produto?

Realmente, podemos verificar que o preço de venda de um automóvel na atualidade é proporcionalmente muito menor que há alguns anos. Produtos como televisão ou geladeira, nos dias de hoje, apresentam um preço comparativamente menor que no passado e, ainda, com tecnologia, desempenho e conforto superiores.

Assim, *a evolução da qualidade proporciona produtos melhores, mais confiáveis, e por sua vez a melhoria da produtividade garante melhores custos*. O motor gerador dessa notável evolução é a competição entre pessoas, entre empresas e, inclusive, entre países.

> *Competitividade, lucratividade, empregabilidade e padrão de vida, todos dependem da produtividade.*

6.3 eficiência e eficácia

A conceituação de eficiência e eficácia ajuda no entendimento sistêmico da produtividade, portanto vamos significar claramente esses dois tópicos:
- *eficiência*: é a medida da razão entre os insumos empregados no processo definido. Por exemplo, se temos como padrão 2 minutos para fazer uma operação, e ela é feita em 1,5 minutos, a eficiência foi de 125%;
- *eficácia*: relaciona-se diretamente com os objetivos finais da empresa, ou seja, o resultado obtido pelo sistema como um todo. Por exemplo, a empresa é eficaz quando atinge seu resultado de vendas com boa lucratividade.

Mas qual o foco da eficiência? E da eficácia? Você já observou como se processam esses fatores no mecanismo das empresas?

Para o nível estratégico, temos o foco na conquista da eficácia, que é uma medida do alcance dos resultados, ficando o critério da eficiência mais ligado ao nível operacional com a utilização dos recursos disponíveis no processo (Lobato, 1997).

> *Concluímos, então, que sistemicamente uma empresa é eficaz se o conjunto de seus processos obtete resultado positivo e, uma vez avaliado pelo mercado, foi traduzido em resultado, enquanto, no nível operacional de seus processos individuais, é eficiente se o resultado do processo foi igual, ou melhor, que o padrão estipulado.*

Assim, uma empresa pode ser eficiente em um processo e não o ser em outro ou pode ser eficiente em todos e, ainda assim, ser ineficaz, se, por exemplo, o mercado rejeitar o produto. Para nos auxiliar a entender a diferença entre eficiência e eficácia, usaremos um diagrama de um sistema produtivo.

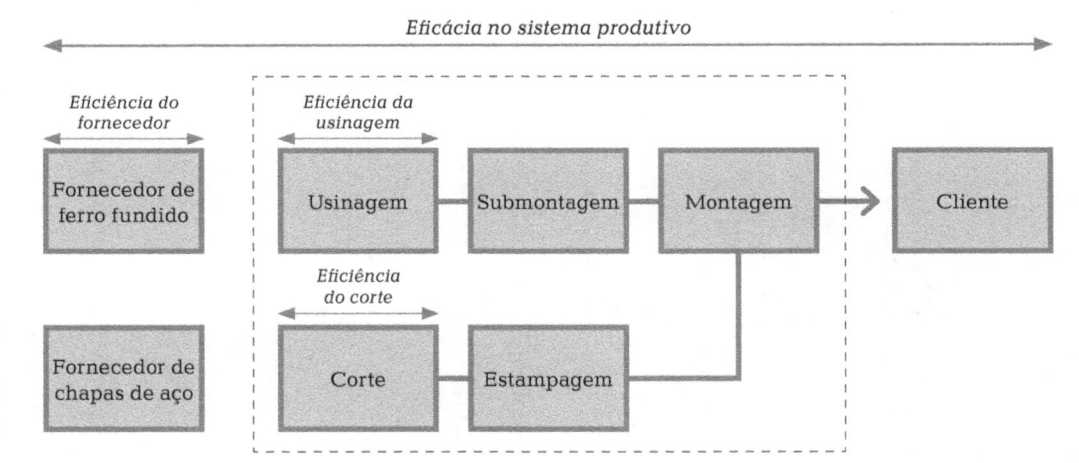

Figura 6.1 — Eficiência e eficácia

[Figura: diagrama de sistema produtivo mostrando Eficácia no sistema produtivo abrangendo: Fornecedor de ferro fundido (Eficiência do fornecedor) → Usinagem (Eficiência da usinagem) → Submontagem → Montagem → Cliente; e Fornecedor de chapas de aço → Corte (Eficiência do corte) → Estampagem → Montagem.]

Esse diagrama de um sistema produtivo nos auxilia a entender a diferença entre eficiência e eficácia, pois demonstra que:

- no caso da operação de usinagem, podemos considerar que essa é *eficiente* se executar a operação prevista para ser feita em dois minutos em apenas um minuto e meio;
- da mesma forma, a operação de corte ou a de estampagem podem ser consideradas *eficientes* se a execução for melhor que o padrão.

Mas essas eficiências localizadas de nada servirão, se o objetivo de atender o cliente de forma rápida e com qualidade não for alcançado, sendo esta a medida da eficácia, ou seja, a medida para considerar o resultado total do sistema produtivo.

Quadro 6.1 — Quadro comparativo de eficiência e eficácia

Eficiência	Eficácia
Faz corretamente as coisas.	Faz as coisas corretas.
Soluciona problemas.	Antecipa-se aos problemas.
Economiza recursos.	Otimiza a utilização dos recursos.
Cumpre as obrigações.	Obtém resultados.
Diminui custos.	Aumenta os lucros.

Fonte: Drucker, 1980.

6.4 Gestão da produtividade

> *Uma vez que o estudo sistemático da produtividade já faz parte dos processos de gestão de várias empresas, como forma de medir o seu desempenho, cabe aqui uma reflexão: qual o seu grau de importância e em função de quê?*

A avaliação da produtividade e a comparação da evolução de uma empresa no tempo ou contra os índices de outras empresas (*benchmarking*) – concorrentes ou não – são fatores muito importantes como referenciais para a empresa que se preocupa com o seu progresso. Na maior parte dos casos, o aumento de produtividade requer mudanças na tecnologia, na qualidade ou na forma de organização do trabalho e até na atividade dos funcionários, bem como em todos esses fatores no seu conjunto.

Uma preocupação importante no gerenciamento da produtividade é a preparação prévia da organização, fazendo com que o ambiente seja favorável para mudanças, pois, se não houver liberdade para as novas ideias e para as tentativas diferentes na execução dos processos, nunca haverá melhorias de produtividade, porquanto, *via de regra, as melhorias rompem com o* status quo *e propõem novidades tanto de processos quanto de tecnologia.*

Nesse processo, *alguns fatores são especialmente importantes para a obtenção de clima favorável à melhoria*. São eles: a integração funcional, a participação e a motivação, além do direcionamento ao cliente e investimento em tecnologia, razão pela qual os vamos detalhar a seguir.

- *Integração funcional*: ao implantarmos um sistema de medição de produtividade, os indicadores irão revelar situações, pessoas e departamentos que precisam melhorar sua *performance*. Assim, é importante que os departamentos estejam perfeitamente coordenados entre si, sem competições departamentais e individuais perniciosas ao ambiente e aos profissionais. Enfim, todos com um único objetivo, o da melhoria da empresa como um todo.

- *Participação e motivação*: esse fator é correlato ao item anterior, pois a organização deve propiciar o ambiente e as ferramentas de facilitação da participação de todos os envolvidos em suas atividades, lembrando que quem executa o processo normalmente sempre tem alguma ideia de como melhorá-lo.

- *Direcionamento ao cliente*: é fundamental lembrar que as melhorias devem sempre estar focadas no interesse dos clientes, diretamente ou indiretamente, seja em relação aos planos presentes ou futuros.

- *Investimento em tecnologia*: fator fundamental para a empresa se manter competitiva tanto nas operações industriais como nas atividades que ocorrem nos escritórios; todavia, cada investimento tem ser muito bem planejado para ter seu retorno garantido. Os investimentos em máquinas e equipamentos devem considerar o planejamento de carga atual e futuro. Por exemplo, uma máquina gargalo deve ser sempre objeto de atenção, pois o sistema depende dela; já para uma máquina não gargalo, o investimento deverá ser apenas no sentido de sua boa manutenção, pois se for substituída por uma mais rápida, não fará diferença para o sistema total ou para a eficácia da operação. Também é importante o investimento nas instalações de fábricas e escritórios, pois ambientes agradáveis, móveis ergonométricos, fábricas limpas e bem cuidadas comprovadamente influem na produtividade. Pequenos investimentos em dispositivos de apoio e sugestões dos operadores das máquinas sobre as operações do cotidiano podem gerar excelentes retornos no aumento da produtividade.

Assim como outros fatores que implicam uma melhoria sistêmica, a produtividade segue o ciclo virtuoso do processo: *medida, avaliação, planejamento e melhoria*.

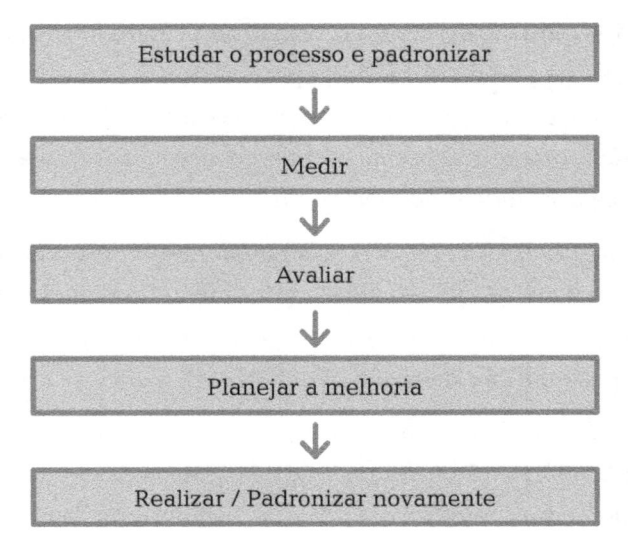

Figura 6.2

Círculo virtuoso do processo

Estudar o processo e padronizar
↓
Medir
↓
Avaliar
↓
Planejar a melhoria
↓
Realizar / Padronizar novamente

6.5 Medições de produtividade

> *Tão importante quanto o conceito é a medição dos índices de produtividade, pois o que não se mede não se pode gerenciar. Quando se consegue medir de forma adequada, torna-se evidente a efetividade da ação de melhoria.*

Você já teve a oportunidade de avaliar a aplicabilidade desses conceitos de produtividade na prática? É importante que reflitamos: o que, afinal, é significativo na construção de um índice de produtividade?

As medições da produtividade podem ser as mais variadas, pois admitem diferenciações com relação ao recurso que será escolhido. Assim, podemos relacionar qualquer recurso com o *output*, formando indicadores para facilitar o seu gerenciamento: quilowatt/hora por trator, horas por automóvel, quilo de aço por geladeira, toneladas de poluente por produto etc.

A *produtividade* e a *eficiência* confundem-se por ambas trabalharem com a relação entre entradas e saídas. Alguns autores entendem a eficiência conceituando-a com base nas ciências físicas, relacionando unidades físicas, tais como horas por produto ou quilo por dia, ou toneladas por mês, em que apenas uma entrada e uma saída são possíveis de serem relacionadas. Na engenharia é usual fazer medições de eficiência de *performance*, como eficiência de um motor, de uma bomba ou de outro equipamento. Nesse caso é uma medida puramente técnica da *performance*.

Por outro lado, no caso da medição de produtividade, se inúmeras unidades estão envolvidas na análise, é necessário homogeneizá-las para poder relacioná--las através de um denominador comum, o valor monetário é utilizado nesse caso, como o custo que relaciona o valor das entradas pelo valor das saídas. Assim, se existir apenas uma entrada e uma saída, o índice pode ser considerado igualmente como econômico ou de produtividade (Corrêa; Corrêa, 2004).

> *É grande a importância do estabelecimento correto do indicador de produtividade, pois ele é o instrumento de medição e de aferição do desempenho dos processos e da própria organização.*

As principais características dos indicadores de qualidade e de produtividade são definidas por Paladini (2002, p. 39-41), que faz uma análise importante e profunda sobre elas, destacando aspectos que transcrevemos a seguir.

Características do indicador:
- objetividade: deve expressar de forma simples e direta a situação a que se refere;
- clareza: tem de ser facilmente compreensível, sem que haja necessidade de conhecimento teórico sofisticado;
- precisão: deve evitar a duplicidade de interpretações;
- viabilidade: não deve requerer informações não disponíveis, indicadores não devem medir intenções, mas resultados;
- representatividade: deve expressar exatamente o que ocorre na situação avaliada, uma amostra tem de ser estatisticamente representativa do universo analisado;
- visualização: a imediata visualização do indicador permite a ação imediata, nesse caso, imagens através de gráficos possibilitam excelente visualização do processo;
- ajuste: o indicador deve estar sempre adaptado à realidade do processo e da empresa, portanto a importação de indicador nem sempre serve à situação específica do processo em que ele está sendo aplicado;
- unicidade: como envolvem operações que se repetem em diferentes momentos e locais, os indicadores não devem ser utilizados de forma diferenciada em situações similares;
- alcance: o indicador, sempre que possível, deve possibilitar uma avaliação das causas e não apenas os efeitos dos processos produtivos;
- resultados: os indicadores sempre expressam resultados efetivamente alcançados e não intenções, planos e objetivos. Em outras palavras, não refletem o que deveria ser idealmente, mas o que realmente está acontecendo com o processo ou com a organização.

No estabelecimento do indicador, devemos atentar para a sequência lógica, ou seja:
- *iniciar pelo objetivo*: o que e por que se pretende medir. Por exemplo, se medimos as horas de trabalho, é porque queremos saber se a quantidade de trabalhadores é adequada ou qual o custo de mão de obra do produto, além de como ela está evoluindo ao longo do tempo;
- *estabelecer a periodicidade*: qual a frequência de medição. Por exemplo, se a medição é a cada trabalho executado, fazendo o apontamento do gasto em horas, ou a cada lote de peças, ou simplesmente em bases mensais, contando o número de trabalhadores e a quantidade de produto produzido.

Sendo uma medida de produtividade, devemos considerar os dois termos: *output* e *input*. Primeiro devemos, nesse processo, decidir qual *input* ou recurso queremos medir em função da produção e do período e qual a unidade de medição.

- Output *de produção*: quantos produtos foram executados no período de tempo, se todos os produtos ou alguns modelos principais; que unidades utilizar e o número de produtos executados por hora ou quilo/dia etc.

- *O* input *que se deseja relacionar*: a medida dos insumos a utilizar, como horas-homem trabalhadas ou número de trabalhadores diretos da fábrica, ou quantidade de poluição por produto, ou quantidade de quilowatt por produto etc.

Com relação ao sistema de medição, as medidas físicas devidamente ponderadas são preferíveis a medidas monetárias, pois podem ser usadas e comparadas no tempo sem a necessidade de correção dos valores, quando estes são expressos em moeda. Todavia, sendo a melhor medida para homogeneizar várias outras, o valor monetário é usado no cálculo da Produtividade Total dos Fatores (PTF) e em medidas compatíveis no curto prazo.

Medições de output: o *output* pode ser um simples produto, vários modelos de um produto ou vários produtos com inúmeros modelos. Para cada produto, os dados relativos da fábrica devem regularmente mostrar dia após dia ou mês a mês as seguintes informações:
- o número de produtos completos e prontos para embarque;
- o número de cada tipo ou modelo de cada um dos produtos manufaturados, prontos para embarque;
- o preço especificado relativo a cada produto e modelo, com base no sistema de custos da empresa.

No caso de multiprodutos, um valor orientativo pode ser estipulado como multiplicador para obtermos facilmente os custos de todos os modelos.

Medições de input: devem observar aspectos relativos à mão de obra direta, indireta e mensalista, bem como à hora-máquina, à energia, aos materiais e ao capital (conforme Capítulo 3).

a. *Mão de obra direta*: as horas utilizadas diretamente na produção "saem junto como produto". Por exemplo: horas MOD por unidade produzida.

b. *Mão de obra indireta*: atividades de suporte à produção, como manutenção, almoxarifado, qualidade, ferramentaria etc. A medição de horas ou custo por unidade de produto fabricado, horas MOI por unidade produzida.

c. *Mão de obra mensalista*: as horas de pessoal considerado como custo fixo, como no caso de gerentes, diretores, engenharia de processos etc. Exemplificando, a medição do custo de mão de obra mensalista por produto fabricado.

d. *Hora-máquina*: a hora-máquina é utilizada como medição da utilização do equipamento em produção, as horas disponíveis são calculadas em função das horas trabalhadas efetivamente, agregando valor ao produto.

Exemplo de produtividade na utilização de uma máquina: vamos considerar que uma máquina permanece disponível 24 horas por dia, mas foi usada somente em dois turnos, de oito horas cada um, portanto sua disponibilidade para efeito do indicador foi de dezesseis horas. Considerando, por exemplo, que a produção totalizou 200 peças no tempo estimado de dois minutos no turno I e 230 peças com mesmo tempo estimado no turno II, concluímos que a produtividade obtida no turno I foi de:

- 200 peças a cada dois minutos = 6,6 horas, contra uma disponibilidade de oito horas, assim a produtividade de utilização desse equipamento foi de $P = 6,6/8,0 = 0,825$ ou 82,5%.

No segundo turno, com a produção de mais peças no mesmo tempo, a produtividade de utilização aumentou e tivemos:

- 230 peças a cada 2 minutos = 7,6 horas ou $P = 0,958 = 95,8\%$.

Um cuidado especial deve ser tomado quando utilizamos esse índice, pois pode pressionar a organização a produzir mais que o necessário, gerando custos de material, de energia e de horas-homem de forma antecipada, além de estoques pós-operação. Por esse motivo, devem ser considerados os limites de utilização de acordo com os objetivos de produção estudados e planejados.

e. *Energia*: esse indicador requer estimativas de agregação de seu valor em função do produto. A energia, além de ser elétrica, pode também ser de outras fontes, como da queima de diesel, carvão e gasolina, entre outras. Assim, podemos considerar a energia predominante ou a energia equivalente, ou seja, *consideramos o equivalente em energia transformado em BTU's* (medida de energia). Podemos ainda considerar, por exemplo, *o consumo de kW/h por produto*, no caso de um restaurante, por exemplo, onde se produzem 4.000 refeições por mês e o consumo de energia elétrica é de 10.000 kW/h, verificamos que *cada refeição consumiu 2,5 kW/h*. Outra maneira de avaliarmos esse consumo é *relacionarmos o gasto de energia elétrica com o número de refeições*. Por exemplo, se a conta de energia elétrica desse restaurante fosse de R$ 900,00 e considerando o mesmo número de refeições (4.000 por mês), teremos que cada refeição *consumiu R$ 0,22 de energia elétrica*.

f. *Materiais*: o indicador de materiais procura identificar quanto de cada material está sendo utilizado para fazermos o produto, por exemplo, se com uma chapa de 2 m^2 conseguimos fazer 10 peças e sobram 0,3 m^2, pode haver campo para uma melhoria por meio de um estudo detalhado de aproveitamento de chapas (eliminando ao máximo as sobras).

g. *Capital*: o capital é ideal para relacionar vários recursos diferentes, mas devemos ter cuidado em relação à sua validade no tempo, devido às correções monetárias. Existem relações importantes de produtividade do capital, como a relação do capital total obtido no mês pelo capital gasto no mesmo período para gerar o faturamento – ou capital gasto por unidade de produto.

Assim, podemos calcular o *Fator Total de Produtividade (PTF)*, simplesmente considerando a somatória dos valores monetários de cada fator, ou seja, traduzindo-os em valor moeda e somando-os todos (os fatores) (Hawken; Lovins; Lovins, 1999, p. 3):

PTF = Bens ou Serviços Produzidos / MOD + Matéria-Prima + Energia + Outros

Mais recentemente, temos visto uma grande ênfase na medição e no controle de um tipo de recurso muito especial e que certamente será muito utilizado e analisado no futuro – *a produtividade dos recursos naturais.*

6.5.1 Produtividade dos recursos naturais

O mundo despertou finalmente para a questão ecológica?

Entre as muitas preocupações com o meio ambiente, a principal é a relativa às alterações climáticas, pois se reflete no aquecimento global, com impactos para todos nós. A causa desse fenômeno foi identificada como sendo a emissão de toneladas de gases na atmosfera, principalmente o dióxido de carbono (CO_2).

A preocupação com as emissões de carbono na atmosfera levou 166 países membros da ONU a se reunirem no Japão, em 1997, para discutirem sobre providências em relação ao fenômeno chamado de "efeito estufa".

O resultado dessa conferência foi um documento, o Protocolo de Kyoto, que estabelece a redução das emissões de CO_2 (que representa 76% do total de emissões) e dos outros gases que contribuem para o efeito estufa. Os representantes dos países comprometeram-se a reduzir em 5,2% as emissões com relação aos níveis de 1990, as reduções seriam feitas em cotas diferenciadas de até 8% entre 2008 e 2012. Os países em desenvolvimento, entre eles o Brasil, não foram obrigados a estabelecer objetivos de redução, mas se comprometeram a participar do acordo. Esse conceito do Protocolo, isto é, da *responsabilidade comum, porém diferenciada* implica que todos participam do esforço pela redução, mas os que mais poluíram até agora, e desse fato se beneficiaram com grande desenvolvimento econômico, são os que devem reduzir mais as emissões.

Foi justamente esse conceito diferenciado que levou os EUA a se retirarem do acordo em 2001, em atitude mundialmente criticada, pois esse país é de longe um dos maiores poluidores do globo, através da emissão de gases venenosos que criam o efeito estufa.

A não assinatura dos EUA na época comprometeu o esforço como um todo, pois o protocolo para entrar em vigor necessita a adesão pelo menos dos países que juntos são responsáveis por 55% das emissões. Assim, com tal posicionamento privilegiou o desenvolvimento de curto prazo, embora, de acordo com o Protocolo de Kyoto, isso comprometa o futuro, inclusive dos norte-americanos. Todavia em 2004, o segundo maior poluidor do mundo, naquela época, a Rússia, com 17% do total, aderiu ao documento, tornando-o então um regulamento internacional.

Mas, objetivamente, você já se perguntou por que os recursos naturais estão em constante discussão nas diversas áreas de produção?

A Revolução Industrial desenvolveu extraordinariamente o capitalismo moderno, porém a um custo elevado: no último século, destruiu-se a natureza para o acúmulo de enormes níveis de capital. O capital natural em abundância financiou, a custo zero, essa riqueza, mas já dá mostras de esgotamento.

Como alertam os autores do livro *Capitalismo Natural*, "A humanidade herdou um acúmulo de 3,8 bilhões de anos de capital natural. Em se mantendo os padrões atuais de uso e degradação, muito pouco há de restar para o próximo século" (Hawken; Lovins; Lovins, 1999, p. 3).

Antes mesmo da conferência de Kyoto, vários países se reuniram, em 1994, em Carnoules, na França, preocupados com o clima e o meio ambiente e publicaram a *Declaração de Carnoules*, documento que faz um alerta para o fato de que as atividades humanas estão sob ameaça, devido ao impacto ecológico e social do uso dos materiais e da energia.

Nesse evento a proposta foi o aumento substancial de produtividade na utilização dos recursos naturais, tais como energia hidráulica, petrolífera, renovável e de materiais, tais como aço, alumínio e plástico (Hawken; Lovins; Lovins, 1999, p. 3). O fator de melhoria na utilização de materiais e de energia foi acordado em noventa por cento da intensidade de utilização que se fazia, até então. Por isso passou a ser conhecido como *Clube Fator 10* (Factor 10 Club).

Aumentar a produtividade dos recursos naturais significa obter de um produto ou processo a mesma quantidade de utilidade ou trabalho empregando menos material e energia.

Para tanto, é realmente necessária uma mudança radical de paradigma no *design* dos produtos, nos processos de transformação e na tecnologia. Somente assim, utilizaríamos menos materiais naturais, como água, minerais, madeiras, combustíveis fósseis e outras riquezas naturais.

A ideia desse projeto é desenvolver produtos que utilizem menos materiais e energia, repensando-os sob uma nova ótica de equilíbrio.

Por exemplo, consideremos um automóvel produzido pela indústria que é considerada a mais importante do mundo pelo faturamento e pelo número de pessoas que emprega, a indústria automobilística.

- Apenas nos Estados Unidos, cinco das sete maiores empresas relacionadas pela revista *Forbes* produzem ou automóveis, ou combustível para eles, sendo assim o setor de maior poderio econômico de todo o mundo. Mas essa indústria que possui grande importância econômica não alterou muito o seu projeto de produto. Fundamentalmente, em termos de projeto, o carro atual não é muito diferente do inventado por Ford, há mais de cem anos.

- O automóvel é uma complicada união de 15 mil peças, a maioria ainda de aço, formando um produto que pesa de 1,5 a 2,0 toneladas, para executar o trabalho de levar uma ou algumas pessoas de 80 kg na média. Torna-se, sob esse ponto de vista, um produto muito ineficiente.

- É necessário um projeto inteiramente novo, e não alterações do atual, para tornarmos esse produto eficiente em termos energéticos (Hawken; Lovins; Lovins, 1999, p. 3).

A boa notícia é que esse veículo já existe, é o chamado Hypercar. Um veículo superleve, fabricado com materiais compósitos e fibra de carbono, além de outros materiais que, sendo muito mais leves, deixam o veículo com menos peso e, assim, permitem um motor de menor potência, viabilizando outros tipos de motores (ecologicamente mais eficientes), como o híbrido elétrico, cuja energia é gerada por pilhas de células de combustível ou por células de combustível de hidrogênio.

A grande vantagem do Hypercar reside no abandono de um século de tecnologia baseada no aço. As fibras de carbono são filamentos pretos rígidos mais finos que um fio de cabelo, embora tenham um quarto da densidade do aço e alta resistência.

Mas por que as empresas fabricantes não adotaram esse material ainda?

Por um motivo básico: o custo dessa matéria-prima ainda é muito alto, embora o desenvolvimento tecnológico esteja reduzindo esse custo sistematicamente. Porém, considerando os possíveis desdobramentos em termos de projetos, como a evitação de peças móveis, a redução de quantidade de peças devido à possibilidade de conjugação de várias peças em uma e à necessidade de menor potência em função do peso mais leve – sendo esses fatores redutores de complexidade e consequentemente de custo operacional – auxiliarão na viabilização econômica desse novo material.

Podemos imaginar um veículo muito mais eficiente, mas de concepção totalmente diferente?

O desenvolvimento desse produto deve trazer um grande impacto para o cotidiano das pessoas: um veículo leve acionado por energia não poluente, altamente eficiente em termos energéticos, pois não existe queima de combustível e sim um processo químico. Isso deve alterar substancialmente o aspecto das cidades, a própria indústria automobilística e os seus fornecedores atuais, uma vez que permite evitar o consumo do aço, do alumínio e cria condições para maior eficiência em termos do capital natural empregado.

Outros materiais, como o Kevlar®* e as fibras de vidro, também podem trazer novidades e viabilizar, assim, mais rapidamente o aparecimento do substituto definitivo do aço.

O mesmo conceito aplicado ao Hypercar, se aplicado a todos os outros ramos industriais, pode multiplicar consideravelmente os benefícios para o meio ambiente.

O *projeto verde*, da construção civil, é outro que tem apresentado resultados muito favoráveis em termos dos materiais e da energia utilizada nos edifícios, pois com o descobrimento de materiais isolantes mais eficientes, é possível reduzir a energia utilizada na refrigeração e no aquecimento dos edifícios.

A energia elétrica, por exemplo, necessária para o bombeamento de água, em um edifício, acaba por ser consumida, em grande parte, no próprio atrito com a

---

* O Kevlar® é uma poliamida, sendo uma marca registrada da Du Pont para uma família de fibras que possuem resistência mecânica, força e estabilidade, o que as distingue do restante das fibras naturais e artificiais. Foi desenhada para atender às necessidades das aplicações tecnologicamente mais avançadas da indústria, uma vez que, sendo resistente ao calor, o é sete vezes mais que o aço por unidade de peso. O Kevlar® já é usado para fazer cinto de segurança, cordas e construções aeronáuticas, além de coletes salva-vidas e à prova de balas.

tubulação, e isso acontece porque os parâmetros utilizados para o cálculo privilegiam a otimização da tubulação (quanto menor o diâmetro, mais baixo o custo) e não a potência necessária para bombear o fluido. Uma simples alteração no conceito de projetos com maiores diâmetros de tubulação pode reduzir significativamente a energia gasta nesse trabalho. Considerando que os motores elétricos consomem três quintos da eletricidade do mundo e que pelo menos um quinto é utilizado na atividade de bombeamento, podemos perceber a importância de um cálculo mais preocupado com a energia de longo prazo do que com o gasto imediato com o diâmetro dos tubos.

Um bom exemplo de atitude favorável ao meio ambiente foi noticiado pelo Instituto Americano de Arquitetos (The American Institute of Architects – AIA): a Casa Fator 10 (Factor 10 House) é projetada e construída de acordo com o conceito de aproveitamento máximo de energia e de materiais. Esse projeto, escolhido entre outros cinco, foi o vencedor de um concurso estabelecido pela prefeitura de Chicago (EUA). Essa casa apresenta projeto modular, minimiza desperdícios forçando a ventilação cruzada, através de aberturas estrategicamente localizadas, e contém ainda outras janelas localizadas de forma a maximizar a reflexão da luz, enquanto uma célula de energia solar através de uma chaminé força o ar quente para o interior da casa, no inverno, e para fora, no verão. Os materiais foram selecionados pela sua durabilidade e eficiência ecológica, como, por exemplo, um tipo especial de concreto, madeira de florestas manejadas (gerenciamento do corte), carpete feito de garrafas recicladas, pintura especial e isolamento celulósico feito de papel reciclado.

Podemos concluir que esses projetos podem levar à eficiência no consumo de energia e de material e são o resultado de um novo olhar muito mais crítico sobre todas as formas de desperdício, o que hoje é indispensável.

A missão de redução da utilização dos recursos naturais é um desafio maior quando constatamos que existe um aumento incessante do contingente de pessoas na Terra, pois o homem é o maior fator poluidor, mesmo que seja consciente ecologicamente, pois sua simples existência acarreta necessidade de água, de alimentação, de moradia e da produção de bens de consumo.

As estatísticas demonstram que, a cada hora, nascem cerca de dez mil pessoas no planeta, as quais irão precisar de alimentação (o que implica a necessidade de mais áreas a serem plantadas), de moradia (o que significa a necessidade de mais espaço), de água, de produtos de consumo, de carros, de rodovias e assim sucessivamente.

Como o espaço do planeta é finito e a economia nunca consegue crescer no mesmo ritmo da população (a parcela mais pobre da população do mundo é a que mais cresce), algumas consequências são lógicas e inevitáveis e, mantidas as atuais condições, não haverá mais espaço disponível, poderá faltar água e certamente faltarão recursos naturais.

Então, qual seria a solução?

A redução radical de CO_2 *per capita* com objetivos individuais cotidianos e a fixação de valores em relação à preservação do meio ambiente para todos, inclusive procurar até mesmo superar os objetivos do Protocolo de Kyoto, são condições necessárias para que a situação seja atenuada a curto e médio prazo. A longo prazo será necessário repensar e discutir de forma ampla e profunda o delicado problema do excesso de natalidade, superando as resistências de tradicionalistas, de religiosos e de políticos.

Felizmente muitos movimentos podem ser percebidos na defesa de nosso planeta, além dos acima mencionados, ONGs (organizações não governamentais) de várias nacionalidades preocupam-se com a natureza e os elementos em extinção, com a poluição atmosférica, com a destruição da camada de ozônio, com a redução de áreas verdes e com o aquecimento global. Existem leis de proteção ambiental, compromissos entre países e mesmo uma norma internacional, a ISO 14000, que ajuda as empresas a auditar suas operações e a levantar os seus riscos ecológicos. Alguns governos e empresas já exigem a certificação por essa norma como condição para fazer negócios, atestando, assim, que estão adquirindo produtos de empresas que cuidam do meio ambiente.

Uma notícia da agência Reuters, de fevereiro de 2007, informa que o volume de buscas na *web* sobre o tema *aquecimento global* subiu 173% em relação ao ano anterior, demonstrando o interesse da população mundial, e esse fator será sem dúvida o motor da próxima revolução industrial com efeito direto nos produtos, nos materiais, nas empresas, universidades e mesmo na condição para a empregabilidade.

6.6 técnicas de incremento da produtividade

A relação matemática *output/input* pode ser entendida como tendo sua otimização teórica quando reduzimos o *input* (recursos) e mantemos o *output* (produtos) ou quando aumentamos o *output* e mantemos o *input* constante, ou agimos em ambos os termos da relação. Todavia, como o fenômeno geral é o mesmo, o aumento da produtividade acontece sempre que reduzimos os recursos necessários para fazermos um produto, na prática as duas faces da mesma moeda.

Vamos exemplificar as duas situações, ambas no mesmo exemplo: na primeira com a otimização, aumentando o *output* e mantendo o *input*, e na segunda mantemos o *output* e diminuímos o *input*.

a. *Otimização aumentando o output e mantendo o input*: três montadores levam quatro horas para montar uma bicicleta (12 horas-homem por produto), assim, com nove horas de trabalho por dia, em um dia eles montam duas bicicletas e deixam parte de uma montagem pronta para o próximo turno. Supondo que cada um consiga um melhor desempenho, reduzindo o total para apenas três horas por bicicleta (nove horas/produto), esses mesmos trabalhadores conseguirão montar três bicicletas completas em seu turno de trabalho.

b. *Mantendo o output e diminuindo o input*: como o fenômeno é o mesmo, e a manutenção do *output* e a redução do *input* significam reduzir o custo, assim no exemplo acima, em vez de aumentar a produção, podemos empregar menos montadores para fazer a produção anterior à otimização, ou seja, como cada bicicleta necessita, após a otimização, de nove horas de montagem, assim para fazermos duas por dia são necessários apenas dois montadores (nove horas X duas bicicletas = dezoito horas), havendo nesse caso a redução de um montador.

Esse exemplo nos remete a uma situação paradoxal típica, enfrentada pelos gestores, o paradoxo da produtividade.

Assim, se o trabalhador se esforçar e melhorar sua *performance*, consequentemente reduz a quantidade de horas necessárias para o fabrico de determinado produto, logo diminui o número de funcionários necessários para a produção de um mesmo volume que anteriormente demandava mais mão de obra. Dessa forma, ao pensar individualmente e melhorar o seu tempo, ele estará provocando a demissão sua ou de um colega seu.

Então, surge uma questão crucial: Como motivar os trabalhadores para melhoria da produtividade da mão de obra?

Não existe resposta fácil para essa situação, mas é aconselhável não estabelecermos uma relação direta entre a melhoria obtida e a redução de postos de trabalho, uma opção é transferir o trabalhador (sobrando) para outra área ou função.

A cultura japonesa lida com esse fenômeno de maneira interessante, ao se obter uma melhoria significativa, como a do exemplo exposto acima, em vez de retirar o trabalhador com pior *performance* do grupo, eles retiram o de melhor *performance* e o transferem para outro posto. Agindo dessa maneira, passa a existir uma pressão positiva sobre os que ficaram no sentido de melhorar o desempenho para compensar a saída do melhor funcionário e para manter o *status quo* da estação de trabalho, enquanto uma nova estação ganhará um funcionário produtivo – o de melhor *performance*.

No caso japonês, muitas empresas praticam o emprego vitalício e os funcionários não utilizados recebem treinamento para atuarem em outras áreas ou, até mesmo, prestarem serviços para a sociedade. Em nosso sistema, dificilmente conseguiremos manter o mesmo número de trabalhadores; inclusive, se houver várias transferências, no fim do processo alguém é demitido, sendo certamente o de pior *performance*. Embora o quadro seja esse, quando a empresa propicia um distanciamento entre um fato e outro, ou seja, o da melhora de desempenho e a dispensa do trabalhador com pior *performance*, ou de outro que apresente atitudes não compatíveis, reduz de certa forma o impacto negativo.

No caso de cenário de crescimento da economia, o problema torna-se mais fácil, uma vez que se pode deixar de contratar em vez de demitir.

Esse paradoxo decorrente da melhoria da produtividade da mão de obra, quando visto no nível individual ou do empregado, parece ser cruel, mas, quando considerado de forma sistêmica, deixa clara a existência de uma evolução, pois a empresa passa a ser mais competitiva, consegue reduzir seus preços e, como consequência, aumenta suas vendas e atinge novos mercados (internos ou exportações), portanto passa a gerar mais empregos do que inicialmente o fazia.

6.6.1 Ataque ao desperdício

A produtividade é inversamente proporcional ao desperdício, quanto mais produtivo for um sistema, melhor ele será em termos de utilização de matéria-prima, ou de horas, ou de capital ou, mesmo, de energia.

Desperdício é toda atividade que não agrega valor ao produto.

Qual o fator determinante para a percepção da importância de eliminarmos o desperdício nas atividades produtivas?

Um dos grandes méritos dos especialistas japoneses foi o de *alterar o paradigma vigente* que conceituava o desperdício, redefinindo-o como *toda atividade não agregadora de valor e, como tal, passível de ser eliminada*. O paradigma anterior aceitava alguns desperdícios como condição normal da execução do processo, enquanto a filosofia japonesa atacou categoricamente essa concepção, procurando eliminar toda forma de perda. É digno de nota que os demais envolvidos no complexo mundo industrial, de alta competitividade, não tenham notado essa relação tão lógica e, de certa forma, simples.

No entanto, faz sentido que essa descoberta tenha sido originada em um país com falta de recursos naturais e de espaço, cujo povo desenvolveu verdadeira ojeriza ao desperdício. O Japão possui uma extensão territorial pouco maior que o Estado de São Paulo e uma população de 126 milhões de habitantes, portanto com a incrível densidade populacional de 328 habitantes por km². A falta de espaço é crítica, assim como a falta de riquezas naturais, como petróleo, ferro e bauxita, entre outros, o que levou o povo a obrigatoriamente conviver com a máxima utilização dos escassos insumos naturais, sendo o governo compelido a importar, virtualmente, quase tudo.

> *A cultura de combate ao desperdício otimiza várias formas de recursos, como: de material, de energia, de produção incorreta, de degeneração dos equipamentos e mesmo de horas de trabalho. Eliminar os desperdícios é a melhor maneira de aumentar a produtividade.*

O sistema Just In Time (JIT) – fabricação ou aquisição somente no momento exato da utilização – foi desenvolvido por um fabricante japonês de automóveis, a Toyota Motor Company, tendo como idealizador Taiichi Ohno, considerado o grande líder da revolução em termos de produtividade e de qualidade no Japão.

O desperdício é a palavra-chave do Sistema Toyota de Produção (STP), e foi Ohno (1988) quem redefiniu esse termo como sendo "tudo que não agrega valor".

O sentido de agregar valor pode ser entendido de várias maneiras, tanto nos produtos físicos e na execução de operações industriais quanto na oferta de serviços. No caso de produtos, sendo considerado de forma global, identifica-se como um composto de tangíveis e intangíveis, em que:

- a parte *tangível* é o produto em si, em sua forma física;
- a parte *intangível* são os serviços agregados ao produto, como a qualidade do atendimento ao cliente, a assistência técnica e a disponibilidade de peças de reposição.

Muitos autores afirmam que *a nova era da competição acontecerá no campo dos intangíveis*, pois, conforme os produtos tangíveis se tornam cada vez mais semelhantes entre si, por otimização constante da qualidade, os diferenciadores passam a ser os serviços agregados, como o início, o durante e o pós-venda, na esfera intangível.

Entretanto, nesse estudo, focaremos *a questão da agregação física de valor durante uma operação de manufatura*, incluindo o fator tempo nessa categoria. Valor agregado por operações efetuadas no processo, como as operações que, de alguma forma, alteram a condição física do material que esteja sendo trabalhado.

Uma operação de conformação de uma chapa de aço pode ser considerada como agregadora de valor, pois transforma a chapa em um componente ou em uma peça, da mesma forma que uma operação de soldagem agrega valor por unir dois componentes em um terceiro que terá uma utilidade no produto final, ou vários componentes que são montados em um conjunto que será um produto, como no processo de uma linha de montagem – neste caso a agregação de valor é apenas do fator tempo – na qual peças isoladas são acopladas, parafusadas e unidas por vários meios e, assim, tornam-se um produto.

Todavia, existem atividades no processo que, embora necessárias, são passíveis de não serem agregadoras de valor, como a movimentação dos componentes para alimentação da linha de montagem ou a preparação da máquina para efetuar uma operação, ou a medição de um componente (Ohno, 1988).

Relacionamos a seguir uma lista de atividades típicas de uma empresa industrial com a classificação de agregadora ou não de valor.

Atividade	Agrega valor?
Retirada da barra de matéria-prima do almoxarifado de materiais.	Não
Transporte da barra com empilhadeira do almoxarifado para a máquina.	Não
Preparação da máquina, um torno, para produzir a peça usinada.	Não
Operação de remoção de material de desbaste por corte da ferramenta do torno – operação de torneamento.	Sim
Medição da peça no torno.	Não
Operação de remoção de material de acabamento por corte da ferramenta da retífica – operação de acabamento final.	Sim
Medição final da peça.	Não
Transporte da peça para a montagem.	Não
Estocagem da peça em prateleira na linha de montagem.	Não
Montagem da peça no produto final.	Sim
Montagem de outros componentes no produto final.	Sim
Inspeção do produto acabado.	Não

Quadro 6.2

Lista de atividades e a agregação de valor

Ao analisarmos a lista acima, podemos concluir que o tempo em que se adicionou valor ao produto é muito reduzido em função do tempo total despendido.

Tipicamente, verificamos que, em uma operação industrial, o tempo gasto por um operador em atividades não agregadoras chega a 95% do tempo que ele fica na empresa (Suzaki, 1987). *Podemos, então, supor que existe uma enorme oportunidade de redução de desperdícios caso consigamos eliminar ao máximo as operações que não agregam valor ao produto.*

Os sete desperdícios da Toyota (Ohno, 1988)

Depois de muitos anos de dedicação à eliminação dos desperdícios, a Toyota classificou-os em sete grandes categorias, as quais servem de referencial para qualquer empresa que esteja interessada em implantar *a produção JIT ou a produção enxuta*. As categorias de desperdício incluídas nesse sistema são: *excesso de produção, tempo de espera, transporte, processo, inventários, movimento e produtos defeituosos* (Ohno, 1988).

1	Desperdício de excesso de produção (*overproduction*)
2	Desperdício de tempo de espera (*waiting time*)
3	Desperdício de transporte (*transportation*)
4	Desperdício de processo (*processing*)
5	Desperdício de inventários (*inventory*)
6	Desperdício de movimento (*motion*)
7	Desperdício de produtos defeituosos (*product defects*)

Quadro 6.3

Os sete desperdícios da Toyota

Fonte: Adaptado de Suzaki, 1987, p. 12.

1. *O desperdício de excesso de produção*: esse é um dos piores desperdícios, consiste no fabrico de grandes lotes de componentes ou de peças, muito além do que o mercado (ou o próximo estágio de produção) está absorvendo. Quando o mercado está em crescimento, esse desperdício não é tão notado, mas, quando está decrescendo, seu efeito é enorme na empresa, pois implica estoques desnecessários e o correspondente aumento de capital de giro.

   Tipicamente ocorre esse *desperdício por produzirmos antecipadamente* o lote de peças e estocá-lo de forma a prever a utilização futura. Essa decisão normalmente ocorre em três situações (e em todas é possível agir corretivamente), que são quando:
   - o componente é produzido em uma máquina de capacidade inferior à demanda (gargalos) e o produtor precisa antecipar lotes;
   - o tempo de preparação é muito alto e o produtor quer ratear esse tempo em um número grande de peças;
   - o supervisor é pressionado a manter a máquina em funcionamento (principalmente se for uma máquina de alto custo de investimento), mesmo quando não há necessidade de produzir componentes.

2. *O desperdício de tempo de espera*: esse é fácil de identificarmos, ocorre em situações nas quais os operadores estão simplesmente olhando as máquinas operarem ou aguardando instruções, ou, ainda, quando estão esperando por matéria-prima ou pela empilhadeira, entre outros tantos motivos.

3. *O desperdício de transporte*: relaciona-se com o excesso de movimentação de material, e normalmente é consequência de um *layout* ruim que obriga estocagem longe do consumo, ou de um arranjo físico das máquinas de forma tal que as peças *viajam* de um lado para outro para serem processadas. Tipicamente uma fábrica que possua arranjo físico por processo propicia a ocorrência desse desperdício, sendo que o *arranjo físico por processo ocorre quando as máquinas são agrupadas por tipo,* obedecendo à lógica de arranjarmos todas as máquinas de forma igual, em um mesmo local. Por exemplo, um setor de tornearia com todos os tipos e tamanhos de tornos, um setor de fresamento com fresas e assim por diante.

4. *O desperdício de processo*: existem muitos desperdícios que são ocasionados pelo próprio projeto do processo, pelas condições de operação na estação de trabalho, ou dos dispositivos, ou das ferramentas. Nesse contexto, observamos que *o posto de trabalho pode ser a fonte da eficiência ou de grandes desperdícios*, caso não seja bem projetado, ou seja, sem incluir todas as condições para execução adequada da operação, como a existência de talhas de levantamento de peso, dispositivos de medição e de operação, arejamento da área e controle da sujidade, entre outros fatores.

5. *O desperdício de inventários*: o excesso de material e componentes em estoque ocasiona desperdícios por compra adiantada, uma vez que a empresa tem um custo antecipado para a movimentação, a estocagem, a organização e a manutenção do estoque, o levantamento de dados, o controle e a obsolescência de materiais e de componentes.

6. *O desperdício de movimento*: sempre que o tempo não esteja sendo empregado para adicionar valor ao produto, será desperdício. *Um fator importante a ser lembrado é que movimento não é necessariamente igual a trabalho*, ou seja, se um operador está andando à procura de uma ferramenta, ele está se movimentando, mas não está executando nenhum trabalho, e sim ocasionando custo ao produto. Movimentar as mãos ou andar não necessariamente adiciona valor ao produto e, nesse caso, a desorganização e o *layout* inadequado podem levar a movimentos desnecessários de operadores, de empilhadeiras, de carrinhos etc.

7. *O desperdício de produtos defeituosos*: essa é uma consequência, principalmente, de problema no processo, tanto no projeto do processo quanto nas condições do posto de trabalho e na execução. Caso os dispositivos não estejam bem mantidos, as peças, em decorrência disso, podem sair defeituosas, afetando não só a produtividade – já que terão de ser refeitos ou recuperados – como também a qualidade, pois pode haver situações em que não detectamos o problema e a peça chegará defeituosa até o cliente. Produzir peças defeituosas é sem dúvida o pior tipo de desperdício, de matéria-prima, horas de trabalho e de máquinas.

6.6.2 A produtividade do trabalho

A noção mais usual de produtividade é do trabalho (foi assim que nasceu o conceito de produtividade) e, quando mencionamos esse termo sem outra qualificação ou indicação, é da produtividade do trabalho humano que estamos falando.

- Modernamente alta produtividade demanda uma administração inteligente dos recursos financeiros, da matéria-prima, da energia e, principalmente, das pessoas envolvidas na organização.

- Qualquer tentativa de melhoria de produtividade passa necessariamente pelo ser humano, pelo seu entendimento das necessidades, pelo seu empenho, criatividade e dedicação.

- O equilíbrio entre as necessidades da empresa e as do ser humano sempre foi o maior desafio de qualquer dirigente. Conciliar esses dois aspectos não é simples e necessita de uma liderança capaz de motivar os participantes a atuarem de forma produtiva, mas respeitando as necessidades individuais.

O ser humano executa diferentes papéis em uma organização, pode ser como operador de processos, montador, mecânico de manutenção, projetista de processos ou de produtos, coordenador de pessoas, dirigente, enfim, muitas e diferentes atribuições, o que significa a exigência de habilidades e competências das mais variadas.

As tarefas que exigem esforço mental de abstração, tais como solução de problemas, decisão com número grande de variáveis ou previsão, são predicados de pessoas que costumam ler muito, fazer cálculos matemáticos e lógicos, e, via de regra, essas habilidades são desenvolvidas mais facilmente por pessoas com formação técnica ou superior (terceiro grau).

As tarefas relacionadas com o mundo das coisas materiais, tais como operações de máquina, soldagem e montagem, exigem habilidades manuais e técnicas de conhecimento do processo, as quais são desenvolvidas na prática ou pela experiência e por meio de treinamentos específicos. Todavia, mesmo esse conceito está mudando, pois cada vez mais é exigido do operador uma certa escolaridade e conhecimento, pois muitas das tarefas, antes da supervisão e da inspeção, passaram a ser de responsabilidade do operador.

A essa gama enorme de variáveis de exigências somam-se as naturais ao ser humano, como a de desenvolvimento pessoal, a de segurança e a de pertencer. Assim, temos uma das mais complexas tarefas: *a administração dos recursos humanos.*

Existem especificamente os catalisadores de produtividade, como os engenheiros de produção, que dedicam muito de seu tempo para estudar a melhoria dos projetos de processos, e há também os supervisores ou gestores de produção, que procuram obter eficiência na execução dos processos.

Porém, *para uma empresa trabalhar em seu nível máximo de produtividade, é necessária uma efetiva participação da alta administração*, oferecendo a liderança e incentivando a participação de todos em um ambiente organizacional propício à melhoria contínua da produtividade.

> *A boa gestão de pessoas é essencial não só para obter bons resultados de produtividade e qualidade como também para o próprio sucesso da empresa.*

Produtividade do trabalho manual

A melhoria da produtividade da mão de obra direta está intimamente relacionada com os fatores intrínsecos ao ser humano, como saúde, motivação, habilidade e conhecimento, os quais podem dificultar ou facilitar a execução de um trabalho.

> *A habilidade para a execução de um processo manual não pode ser confundida com o conhecimento da execução dessa tarefa.*

Desse modo, um operador pode conhecer a tarefa pelo fato de esta ser simples ou por já ter visto outro executá-la, mas não necessariamente tem a habilidade para executá-la. Para tanto, é necessário que ele desenvolva a habilidade específica, mesmo que já tenha feito essa tarefa anteriormente, pois pode tê-la executado de forma incorreta ou insegura.

Assim, é fundamental que exista um padrão de execução e de treinamento na função, com destaque para os pontos importantes, relacionados com a segurança no trabalho e com a qualidade do processo.

O ser humano, como executor de uma tarefa, não deixa de possuir as suas características intrínsecas. Por esse motivo, para a execução de qualquer estudo que se destine ao entendimento e melhoria profissional, é importante considerar estes dois componentes: o individual e o social.

Sob esse enfoque, as condições ideais do trabalho individual estão satisfeitas quando temos a conjugação dos elementos intrínsecos ao trabalhador com os externos a ele.

Elementos inerentes (internos) ao trabalhador:
- *conhecimento*: experiência, qualificação, capacitação etc.;
- *habilidade*: condição que o ser humano possui para utilizar o conhecimento ao executar uma ação;
- *motivação*: postura proativa, motivação pessoal, orgulho com seu trabalho, interesse em progredir e responsabilidade;
- *condições físicas e psicológicas*: saúde física e mental, além de aptidões;
- *comportamento individual e em grupo*: relacionamento com os clientes e com os fornecedores internos, criatividade, trabalhos em grupo, inter-relacionamento pessoal, empatia etc.;
- *capacidade de comunicação.*

Elementos externos ao operador: variáveis também importantes que influem na produtividade do executor são os fatores exteriores, no entanto, como fazem parte do processo, são, em geral, de responsabilidade da administração. São eles:
- adequação ergonométrica dos equipamentos e do posto de trabalho (ferramentas, equipamentos, máquinas e facilidades de movimentação de material);
- parâmetros claros para a execução do processo;
- processo de execução previamente estudado e otimizado;
- processo de medição e instrumentos;
- equipamentos auxiliares e dispositivos de operação e de medição;
- ferramentas adequadas para o trabalho;
- matéria-prima previamente selecionada e aprovada;
- máquina em perfeito estado de funcionamento;
- ambiente externo ventilado e adequado para o trabalho.

6.6.3 Produtividade com os 5Ss

O chamado 5Ss é outra técnica japonesa que se tornou realidade em muitas empresas.

Essa técnica, se bem aplicada, resulta em melhoria na organização do ambiente de trabalho, pois composta de regras simples aplicadas em uma sequência racional, ela pode ser utilizada não só na empresa, como também no cotidiano da vida familiar e nas relações de trabalho. Trata-se de um modo simples de melhorar as relações e o ambiente de trabalho, organizando-as produtivamente e, assim, otimizando recursos e tempo. Como resultado, temos o melhor desempenho profissional, com reflexo direto na produtividade.

Sendo ela constituída das iniciais de cinco palavras iniciadas por S, que em japonês significam várias atitudes em relação ao trabalho, tal técnica vem sendo aplicada em muitos processos de educação e treinamento, sendo utilizada pela maioria dos consultores, quase sempre como ponto de partida para programas de implantação de qualidade.

As cinco palavras são as seguintes: *seiri* – senso de utilização; *seiton* – senso de ordenação; *seisou* – senso de limpeza; *seiketsu* – senso de saúde; *shitsuke* – senso de autodisciplina.

1º Seiri (senso de utilização)

Consiste em analisar os locais de trabalho e classificar todos os itens (objetos, materiais e relatórios) de acordo com critérios de utilidade ou frequência de uso e saber onde é o lugar de cada peça. Feito isso, devemos retirar do ambiente tudo o que não precise estar ali. A vantagem é que são eliminados os excessos e os desperdícios – o espaço físico é liberado –, ao descartarmos informações e controles desnecessários ou ultrapassados, e criamos facilidades de trânsito interno, melhor organização, economia e aumento de produtividade.

2º Seiton (senso de organização)

Corresponde à organização do ambiente de trabalho, dos objetos, dos materiais e das informações úteis, isso da maneira mais funcional, possibilitando acesso rápido e fácil. Nesse contexto, *alguns procedimentos a realizar são*:
- determinar o lugar certo dos itens necessários ao trabalho;
- padronizar a forma de guardar e localizar, tanto objetos como informações;
- instituir códigos de ações, etiquetas ou avisos para maior facilidade na ordenação, atentando para os riscos da poluição visual;
- colocar o material que é usado diariamente em local de fácil acesso;

- organizar o material utilizado com menor frequência, separando-o dos demais.

As vantagens desse processo estão no fato de que, ao praticar o senso de ordenação, fica muito mais fácil encontrar o material guardado, além de haver utilização racional do espaço, o que propicia a redução do cansaço físico e mental, além de ocorrer a melhoria na comunicação e maior produtividade.

3º Seisou (senso de limpeza)

A prática da limpeza significa o compromisso de manter limpo o seu local de trabalho antes, durante e após a jornada diária. O senso de limpeza começa pelos cuidados com a própria aparência física e as condições psicológicas em harmonia, para que dessa maneira o funcionário esteja bem consigo mesmo.

Conselhos para sua implantação no trabalho:
- identificar e eliminar as causas da sujeira e poeira;
- limpar tudo, incluindo armários, equipamentos e mesas;
- incentivar seus colegas a fazerem o mesmo;
- certificar-se da existência de cestos de lixo adequados;
- procurar produzir sem gerar lixo;
- desligar e cobrir as máquinas e equipamentos ao final do expediente.

As vantagens em decorrência desses cuidados, no dia a dia do ambiente de trabalho, tornam este mais agradável e sadio, previnem acidentes, contribuem para a preservação de equipamentos, reduzem o desperdício e evitam a poluição, além do fato de que detalhes da limpeza melhoram a imagem interna e externa da empresa ou órgão.

4º Seiketsu (senso de saúde)

Corresponde ao entendimento de que é indispensável que em uma empresa haja preocupação com a saúde em todos os níveis: físico, mental e emocional. Não é só no ambiente físico que as melhorias são necessárias, portanto é preciso ter plena consciência dos aspectos que afetam a saúde e agir sobre eles.

Conselhos para a sua implantação:
- manter as condições do ambiente físico propícias à saúde;
- executar um programa periódico de exame de saúde;
- cumprir e melhorar os procedimentos de segurança individual e coletiva;
- realizar avaliações periódicas das condições do ambiente de trabalho;
- promover um bom clima de trabalho, ativando franqueza e delicadeza nas relações entre as pessoas.

As vantagens relativas a esse procedimento se expressam no fato de que a saúde do ambiente traz satisfação e motivação pessoal, previne e controla o estresse, danos e acidentes, assim como melhora a qualidade de vida.

5º Shitsuke (autodisciplina)

Consiste em praticar os "S" anteriores, sem descuidar do constante aperfeiçoamento, porquanto significa a busca do autodesenvolvimento. Na prática, é:

- criar procedimentos claros e possíveis de serem cumpridos e, em caso de não cumprimento, descobrir a causa e atuar;
- ser claro e objetivo na comunicação escrita ou oral;
- cumprir os horários marcados para compromissos;
- comprometer-se, pois só existe dedicação e afinco quando as pessoas se comprometem com aquilo que estão fazendo, e isso só ocorre com a participação;
- esclarecer sempre, ao atribuir uma determinada tarefa, o porquê de sua execução.

Como vantagens, o senso de autodisciplina traz a conscientização da responsabilidade em todas as tarefas, por mais simples que elas sejam, e os serviços são realizados dentro dos requisitos de qualidade, além de haver a consolidação do trabalho em equipe e o desenvolvimento pessoal.

Se observarmos os detalhes que constituem a técnica dos 5Ss, veremos que ela proporciona melhoria no ambiente de trabalho em relação ao moral dos funcionários e à execução dos processos, todos fatores que impactam positivamente na qualidade e na produtividade da empresa.

6.6.4 Produtividade através do ganho de escala

Como pudemos ver no início deste capítulo, existe uma clara relação entre volume e custo. *Mas por que isso acontece?*

As razões são várias, mas podemos destacar algumas consideradas mais importantes:

- quando fazemos grandes quantidades do mesmo produto, podemos estudar profundamente os processos e cada detalhe da operação é exaustivamente analisado para gastarmos o mínimo de tempo possível, pois os volumes altos compensam o investimento em análise, uma vez que cada segundo reduzido significa muitas horas de pessoal e de máquinas;

- ao produzirmos grandes quantidades, a operação toda absorve rapidamente um bom conhecimento do processo – é a chamada *curva de aprendizagem* –, e a tendência é os operadores conhecerem mais e mais o processo, por este ser repetitivo, assim melhoram continuamente sua *performance* em relação ao tempo, produzindo cada vez mais rapidamente;
- além da curva de aprendizagem do operador, também existe o mesmo benefício para a organização que aprende e se aperfeiçoa pela repetição da execução do produto;
- a utilização de máquinas é otimizada, justificando investimentos em máquinas modernas, mais precisas e mais rápidas, e, como resultado, o tempo e o custo de produção são reduzidos;
- a matéria-prima, também padronizada, pode ser adquirida mais frequentemente, possibilitando menores preços na compra. Da mesma forma, a utilização constante do mesmo material leva à otimização de seu emprego, portanto é aproveitado ao máximo, com cada vez menos sobras e desperdícios.

A estratégia de ganho de escala, utilizando-nos da curva de aprendizagem, baseia-se na constatação de que os custos de produtos declinam, tipicamente, cerca de 20 a 30%, cada vez que dobra a aprendizagem acumulada.

Como esclarecem Stalk Junior e Hout (1993, p. 5-7):

> O fato de que os custos declinam com o volume acumulado foi reconhecido há muito tempo, quando oficiais do exército americano observaram que, quando aumentava o volume da produção acumulada de aeronaves, declinava o custo por unidade. Pesquisas realizadas mais tarde descreveram especificamente a natureza desta dinâmica: calcularam que o quarto avião montado requeria apenas 80% do trabalho direto comparado ao segundo; o oitavo requeria 80% do trabalho direto comparado ao quarto; e assim por diante.

A *indução da redução do custo com o aumento do volume foi uma estratégia* utilizada por muitas empresas e constitui-se em prever o custo para um volume maior, reduzir os preços para atingir esse volume e por meio da curva de aprendizagem reduzir realmente os custos.

O caso da Texas Instruments, relatado por Stalk Junior e Hout (1993), é bastante elucidativo sobre a aplicação dessa estratégia. Utilizando o cálculo preciso da redução de custos na produção de semicondutores, em função do aumento de volume, perceberam que a cada vez que dobrava o volume acumulado de produção os custos do produto declinavam em 73%. Assim, basearam-se nesse conhecimento para produzir acima do que seria sua parcela normal de mercado, provocando a demanda por meio da redução de seus preços para posteriormente desfrutar da redução dos custos. Nesse acontecimento, observamos que a empresa antecipou a redução de custos, baixando primeiramente seus preços por ter certeza de que estes iriam se reduzir na proporção calculada.

O efeito da curva de aprendizagem e a redução cumulativa ao volume produzido são também expostos por Chase, Jacobs e Aquilano (2006), sugerindo uma tabela para essa redução.

Número de unidades	Horas de mão de obra direta por unidade	Horas de mão de obra direta cumulativa	Redução das horas por unidade por efeito do volume
1	100.000	100.000	100.000
2	80.000	180.000	90.000
4	64.000	314.210	78.553
8	51.200	534.591	66.824
16	40.960	892.014	55.571
32	37.768	1.467.862	45.871
64	26.214	2.392.453	37.382
128	20.972	3.874.395	30.269
256	16.777	6.247.318	24.404

Tabela 6.1

Redução de tempo devido à curva de aprendizagem de 80%

Fonte: Adaptado de Chase; Jacobs; Aquilano, 2006, p. 62.

Analisando a Tabela 6.1, podemos verificar, na última coluna, o impacto significativo da curva de aprendizagem na quantidade de horas diretas necessárias para o mesmo produto. Portanto, de acordo com o produto e com o processo de fabricação, podemos traçar curvas de aprendizagem para diferentes percentuais, sendo que nesse caso foi de 80%, mas poderia ter sido mais conservador, utilizando, por exemplo, 90% ou menos, dependendo sempre das condições do processo.

6.6.5 Produtividade organizacional

A produtividade da organização, em uma empresa manufatureira, *reflete diretamente na sua eficácia*. Uma organização eficaz incentiva seus participantes a formarem um conjunto bem coordenado, em que todos visem ao mesmo objetivo, no qual os departamentos cedem em importância ao todo da empresa e aos seus objetivos de sobrevivência e de crescimento. Dessa forma, "A essência da fábrica não será mais mecânica, embora ainda existirão muitas máquinas, será principalmente conceitual, produto de quatro princípios e práticas os quais em conjunto constituem a nova manufatura" (Drucker, 1980). Essa conceituação é objetivamente esclarecedora sobre a visão da nova organização de manufatura.

Os conceitos a que o texto citado se refere são (Drucker, 1980):
- o controle estatístico do processo;
- uma nova maneira de contabilização que ajude nas tomadas de decisão de produção e dos negócios;
- a organização da manufatura em módulos, combinando as vantagens da padronização com a flexibilidade;
- a maneira de ver a manufatura como criadora de valor para o negócio da empresa.

O gestor que segue a filosofia TQC, além de aplicação das técnicas descritas no Capítulo 5, pensa sempre nos processos com qualidade e administra com fatos e dados, procurando prevenir e não remediar. Ao agir em conformidade com essa filosofia, o gestor aplica racionalidade em suas decisões, melhorando o resultado da sua gestão, pois administrar é tomar inúmeras decisões rotineiras ou de grande abrangência. Além disso, o gestor age com o objetivo de incentivar o trabalho de grupos e permitir a livre expressão de novas ideias. É um profissional que utiliza a estatística para controlar os processos tanto da produção quanto os organizacionais e dos negócios.

O gestor, ao agir de acordo com os princípios da manufatura enxuta, preocupa-se em manter a organização leve, sem processos ou pessoas que não agreguem valor ao produto, e está sempre alerta contra os custos disfarçados de processos que absorvem os recursos da empresa. O gestor coerente com esses princípios considera sempre o sistema JIT (*Just In Time*) de ressuprimento de materiais e de produção interna, portanto não autoriza a antecipação de lotes, procura sempre a causa raiz do problema e não apenas agir em função das consequências. Considera o desperdício como ofensa grave à empresa e à sociedade e luta para eliminá-lo, sempre que possível.

No que concerne à eficácia organizacional, é imprescindível a mentalidade de trabalhar somente com processos agregadores de valor na organização como um todo, porquanto, segundo Ohno (1988), *tudo que não acrescenta valor acrescenta custo*. Por isso, *perguntas fundamentais* devem sempre estar na mente do gestor, como:

- O que faz esta função? Por que a empresa precisa dela? Por que contratar mais funcionários para executar uma tarefa? Será que esta tarefa é essencial? Será que agregará mais valor ao produto? Ou mais controles que ajudarão a reduzir os custos?
- Quantos níveis hierárquicos são necessários? Quantas pessoas um gerente ou supervisor consegue gerenciar?

A quantidade de níveis em uma empresa é uma decisão crítica, pois, quanto mais níveis hierárquicos, mais custosa e burocrática ela se torna e, inclusive, piora a comunicação entre o topo da pirâmide e a sua base, conforme desenvolvido no Capítulo 3.

Outra questão estratégica é definir quais atividades serão executadas internamente e quais serão terceirizadas ou compradas. Essa questão envolve a decisão do foco da empresa, que deve estar situado no seu produto-fim, concentrando suas energias em atividades estratégicas do produto, deixando outras para serem feitas por terceiros, como segurança, jardinagem, limpeza e transporte. O motivo principal é a focalização em seu negócio, adicionalmente as empresas terceirizadas desenvolvem-se e especializam-se em seus ramos, o que lhes permite serem melhores e mais eficientes em suas funções que a empresa manufatureira.

Alguns tópicos-chave são importantes para a produtividade de uma organização:
- visão a longo prazo;
- planejamento;
- velocidade no lançamento de produtos, na tomada de decisões, no redirecionamento da produção, na eliminação de desperdícios e nos ajustes da organização;
- focalização das energias nos processos estratégicos e no produto;
- atenção total à voz do cliente;
- flexibilidade para mudar de direção, de estratégia e de modelos de maquinários;
- comunicação interna com e entre os seus colaboradores e externa com os fornecedores e com o mercado.

Realmente podemos concluir que a manufatura de excelência é conceitual, ou seja, depende de filosofias de trabalho que levem o administrador a atingir esse nível. Os conceitos, tais como TQC, JIT e de Manufatura Enxuta, são filosofias de trabalho muito mais que simples técnicas a serem implantadas.

exercícios

1. Uma fábrica de biscoitos utiliza 20 g de farinha para cada unidade de biscoito, com uma produtividade de material de 85%, ou seja, desperdiça 15% de farinha cada vez que sai um produto. Considerando que um estudo de produtividade tenha reduzido o desperdício para 90%, quanto de matéria-prima a empresa economizou, uma vez que tem uma produção mensal de 2.000 biscoitos?

2. Um operário, no fim da linha de montagem, executa o processo de colocar etiquetas no produto acabado. O padrão estabelecido para esse processo é de 100 unidades por hora. Considerando que o resultado de sua produção diária esteja em 87 etiquetas por hora, qual a produtividade alcançada?

3. No mesmo processo (questão 2), o operador do II turno obteve uma *performance* melhor, atingindo a produção de 105 etiquetas. Qual foi a sua produtividade? O quanto esta é melhor que a do turno I?

4. Em um restaurante, onde se produzem 5.000 refeições por mês e o consumo é de 10.000 kW/h em energia elétrica, como seria o indicador de refeição por kW/h?

5. Que fatores você considera importantes para a produtividade de um país?

6. Quais são os fatores importantes para a produtividade de uma empresa?

7. Como Ohno, da Toyota, definiu o desperdício?

8. Como a produtividade dos recursos naturais pode ser medida?

9. Qual seria o impacto da implantação de um programa dos 5Ss em uma fábrica?

10. A atividade de transporte de material para uma máquina deve ser realizada de forma eficiente. Você afirmaria que essa atividade, se realizada rapidamente, agrega valor ao produto?

capítulo 7

Confiabilidade na entrega

O terceiro objetivo da produção é a entrega dos produtos no tempo contratado, e a satisfação completa desse objetivo depende de vários fatores, que serão estudados neste capítulo, desde a estratégia de investimento na capacidade de uma unidade, incluindo os conceitos de capacidade e fluxo, até fatores operacionais, como as instalações físicas, as máquinas, os equipamentos de movimentação e utilidades – sua manutenção e conservação – e a importância do arranjo físico da fábrica, que deve priorizar o fluxo de produção e os bons sistemas de gestão da capacidade na rotina da produção.

As pessoas que vencem neste mundo são as que procuram as circunstâncias de que precisam e, quando não as encontram, as criam.

– Bernard Shaw –

7.1 Capacidade de um sistema produtivo

Na prática industrial, é possível visualizarmos a capacidade de um sistema produtivo?

A palavra *capacidade* possui vários sentidos e entendimentos, na prática industrial, que podem ser confundidos. Por esse motivo, vamos definir os conceitos relacionados aos significados de capacidade.

a. *No sentido da medição volumétrica de um recipiente*: exemplificando, o tanque de combustível tem capacidade para 60 litros.

b. *No sentido técnico de uma máquina*: por exemplo, uma prensa hidráulica com 60 toneladas de capacidade, significando a força máxima do martelo da prensa, ou um centro de usinagem com a capacidade para usinar peças de 500 mm por 300 mm, por 300 mm, significando os eixos x, y e z da máquina, com os valores limites de curso que cada um atinge.

c. *Como quantidade máxima de produção de uma unidade produtiva durante um período de tempo*: caso em que se refere à capacidade de produção de um recurso de máquina ou de montagem, ou de um setor, ou da totalidade de uma fábrica, ou até de um trabalho manual. Nesse caso, *capacidade* é sempre tida no sentido de se comunicar a ideia de quantidade de produtos que o recurso consegue produzir por unidade de tempo. Por exemplo, a capacidade da máquina é de 20 peças por hora ou a capacidade da linha de montagem é de 200 motores por dia, ou o torno faz 10 eixos por hora. Ainda, exemplificando, no caso de um forno de tratamento, usam-se toneladas por hora de material a ser tratado; no caso de fundição, também se usa unidade de peso por hora ou dia de material fundido.

Quando utilizamos a palavra *capacidade*, no sentido de capacidade de produção, será sempre um conceito relativo. *Por que relativo?* Porque sempre será declarada em função de uma unidade de tempo.

Já comentamos que, na dinamização do ciclo produtivo, há a interferência de alguns fatores. *Mas a quem caberia a ordenação desses fatores?* Ao gestor de produção. Mas quais parâmetros ele utiliza para o exercício satisfatório de sua atividade? Qual a função do gestor da produção?

> *O gestor da produção, ao considerar o objetivo da produção, de entrega do produto no prazo e da rápida reação a alterações de volume, necessita gerenciar a capacidade instalada e a estrutura do setor de manufatura, para que por meio de ações dirigidas possa responder à demanda no menor prazo e ao menor custo.*

Quando vários recursos são utilizados para fabricar o produto, qual a concepção de capacidade de um recurso produtivo e de um sistema produtivo?

A capacidade produtiva de uma unidade de operações pode também ser entendida como o volume máximo do potencial de atividade de agregação de valor que pode ser atingido por uma unidade produtiva sob condições normais de operação (Corrêa; Corrêa, 2004).

A capacidade pode ser vista como potencial, ou seja, pode ser ou não usada totalmente, para produzir um volume de produtos, ou seja, reflete o máximo possível de produção dentro das condições normais de operação. Quando dizemos que uma fábrica está operando com 60% de sua capacidade, isso reflete a situação de não utilização de 40% em relação ao potencial máximo.

A capacidade não deve ser confundida com o volume produzido, pois este reflete a opção de utilizar a capacidade de acordo com a necessidade para atender à demanda de vendas. Assim, a capacidade pode ser utilizada parcialmente, em um determinado momento, e nessa situação a produção será inferior à capacidade instalada.

Mas como dimensionarmos a capacidade de produção?

7.1.1 Dimensionamento estratégico da capacidade

É preciso definir em que regime a unidade irá operar. Isso significa definir se a demanda será atendida em horário normal ou extra, se irá operar em vários turnos e qual será o nível de integração vertical, tudo dependendo da estratégia do investimento inicial. Logo, o investimento será tanto maior quanto maior for a capacidade que desejarmos implantar na unidade e assim se torna necessário calcular o nível de capacidade desejado para que atenda à demanda em volumes, ou médios, ou máximos. Por conseguinte, devemos considerar, ao dimensionarmos a capacidade de uma unidade de produção, qual a estratégia que o investidor possui para atender à demanda do mercado que é visado por essa unidade.

O equilíbrio entre a capacidade instalada e a demanda a ser atendida é muito importante, pois tanto a capacidade subdimensionada como a superdimensionada trazem problemas para a empresa.

- *A empresa com capacidade subdimensionada de produção* provavelmente irá operar por longos períodos com a capacidade máxima, o que poderá estressar a organização, podendo haver custos operacionais adicionais de hora extra, queda na produtividade, deterioração de equipamentos por falta de oportunidade de fazer manutenção preventiva, além de outros problemas de diversas ordens.

- *Uma empresa com capacidade superdimensionada*, por outro lado, irá operar com ociosidade de equipamentos e alto custo fixo, pois o custo do investimento é um dos custos da produção, na forma de depreciação do investimento, o que significa que esses custos incorrerão de qualquer forma, mesmo com produção zero.

Por que é importante para o direcionamento da capacidade o nível de integração vertical?

Uma *empresa muito verticalizada* tenderá a produzir tudo dentro de suas instalações, procurando fabricar desde o primeiro nível do processo até o último, inclusive a matéria-prima da maioria de seus componentes, enquanto uma *empresa com baixa integração vertical*, horizontalizada, tenderá a terceirizar a maior parte de seus processos, ficando apenas com os principais.

> *Integração vertical é o grau de extensão dos processos fabricados internamente, existindo relação direta da integração vertical com o investimento inicial em capacidade.*

A fábrica da Ford, do início do século, sempre é lembrada como exemplo da verticalização levada ao seu limite. Henry Ford, por ter dominado antes que seus próprios fornecedores a tecnologia da produção em massa e por suas características pessoais, fazia o máximo de todos os processos de fabricação dentro de suas instalações. Ford acreditava mais na *mão visível* do seu controle sobre todos os processos, fazendo um contraponto com a chamada *mão invisível*, definida por Adam Smith, segundo a qual, "se cada um perseguir seu próprio interesse individual, o livre mercado produzirá, ele próprio, o melhor efeito para a sociedade como um todo", ou seja, o efeito positivo de uma livre concorrência no equilíbrio do mercado (Womack; Jones; Roos, 1992, p. 14-26).

Ao verticalizar sua operação, Ford procurava ter controle total de todos os processos dos componentes e mesmo das matérias-primas necessárias para o seu produto, pois seu objetivo era uma fábrica por onde entrassem as matérias-primas de um lado e saíssem os veículos prontos de outro. Assim cuidava, por exemplo, da produção de vidro, da fundição do aço e do beneficiamento da borracha (Womack; Jones; Roos, 1992, p. 14-26). Desse modo, tendo controle sobre tudo, procurava atingir o grau máximo de eliminação das incertezas do negócio.

> Nesse processo, Ford adicionou uma fundição de aço e uma fábrica de vidros às atividades de conformação e corte de metais de Highland Park. Todas as matérias-primas entravam por um único portão, enquanto que os carros acabados saíam pelo outro [...]. Inclusive, chegou a agregar matérias-primas e transporte à 'mão invisível': uma plantação de borracha no Brasil, minas de ferro em Minnesota, navios próprios para transportar minério de ferro e carvão, [...] e uma ferrovia interligando as instalações da Ford na região de Detroit. (Womack; Jones; Roos, 1992, p. 26-27)

As empresas em geral, atualmente, pouco se utilizam dessa estratégia. Na realidade, o sentido estratégico, hoje, é exatamente o oposto ao da alta integração de processos, e a própria Ford Motors tornou-se uma grande montadora de componentes e sistemas comprados de terceiros.

As empresas horizontalizadas, as que estão nessa nova extremidade, são as que optam por uma baixa integração vertical – o que vem ocorrendo na maior parte das empresas modernas. Assim, as decisões de *comprar ou fazer* (*make or buy*), que tradicionalmente possuíam uma perspectiva com base nos custos marginais, passaram a fazer parte da estratégia global da empresa. Baixo nível de integração vertical significa reduzir substancialmente a complexidade da gestão e assim melhorar sua produtividade.

A obra *Competindo pelo futuro (Competing for the Future)* deixa claro que as empresas devem focalizar suas energias nas suas competências centrais – *core competencies* –, pois "Uma competência é um conjunto de habilidades e tecnologias, mais do que uma única habilidade ou tecnologia [...] Uma competência central representaria uma somatória de aprendizados ocorridos cruzando fronteiras de equipes e unidades operacionais ou funcionais e, portanto, raramente é encontrada confinada em uma unidade ou equipe" (Hamel; Prahalad, 1995).

O principal motivo é a focalização no negócio principal (core business), objetivando o melhor do mercado nessa competência e deixando o restante das atividades para ser feito por terceiros, empresas parceiras, fornecedores, ou seja, para especialistas nos segmentos específicos.

- A lógica é que, com a concorrência muito acirrada, cada empresa precisa dedicar toda a sua energia, seu foco no que é essencial e estratégico na produção de seu produto.
- As atividades não essenciais são mais bem executadas e de forma menos custosa por empresas que se especializaram naquele processo ou naquela parte do processo e neles se tornaram eficientes, além de ganharem na escala por fornecerem a outras empresas de diferentes ramos de produção.

São *exemplos de terceirizações mais comuns*: os serviços de limpeza, de segurança e de transporte; a aquisição de peças e de componentes, como conjuntos elétricos e eletrônicos, sistemas de freios, cilindros de motor, eixos, entre muitos outros; além de partes do processo, como fundição, forjamento, usinagem, tratamento térmico e muitas outras atividades.

A focalização em seu negócio estratégico principal levou as empresas a se verem como parte de uma cadeia de valor, na qual entram outros participantes, todos com interesses comuns.

A perspectiva da rede de valor levou as empresas a se organizarem para o fornecimento em *camadas*. Os fornecedores de primeira camada, na indústria automobilística, por exemplo, são os que fornecem diretamente à montadora; os de segunda camada são os que fornecem aos de primeira camada e, assim, sucessivamente.

A fábrica de caminhões da VW, localizada em Resende-RJ, é um excelente exemplo de estratégia horizontalizada. Nela os fornecedores estão dentro da montadora, porquanto o fabricante do motor não só fabrica, mas monta o motor na linha de montagem da VW, e o fabricante de tintas não simplesmente fornece as tintas para o acabamento dos veículos, mas sim o sistema de acabamento que consiste na fabricação e na aplicação da tinta de acordo com o sequenciamento de modelos de linha estipulado pela VW. *Assim, cabe à montadora o projeto do veículo, o controle dos parceiros e a qualidade final do produto.*

7.1.2 Gestão tática da capacidade

O dimensionamento da capacidade estratégica é de longo prazo, envolve o planejamento de uma nova fábrica ou da expansão de uma unidade atual, que exige, principalmente, decisões de investimentos em máquinas e instalações. Uma vez realizado o investimento, a fábrica entra em operação e sua capacidade precisa ser administrada de acordo com a demanda por seus produtos. Essa é a gestão operacional ou tática da capacidade instalada.

O que é levado em consideração no gerenciamento tático da capacidade?

O gerenciamento da *capacidade no nível tático*, ou seja, na operação normal da empresa, tem como objetivo o balanceamento constante do *binômio capacidade/demanda*, considerando-se as melhores previsões de vendas e a capacidade instalada.

O binômio capacidade/demanda? O que ele significa para o gerenciamento tático? A capacidade deve ser balanceada em função da demanda?

A gestão da capacidade de uma fábrica pressupõe conhecimento da capacidade instalada, qualidade na previsão da demanda, habilidade na aplicação de alternativas de aumento rápido do volume de produção e eficiência nas ações de desaceleração da operação e da ocupação das instalações durante as épocas de baixa demanda. O gestor da capacidade operacional também se responsabiliza pelas estimativas e justificativas de investimentos para expansão da capacidade produtiva futura.

Assim, *desde o recebimento da matéria-prima*, cujo setor necessita estar capacitado para receber, controlar e registrar todo material entrante na empresa, passando por todos os processos industriais até a expedição do produto acabado, *a capacidade deve ser balanceada em função da demanda*.

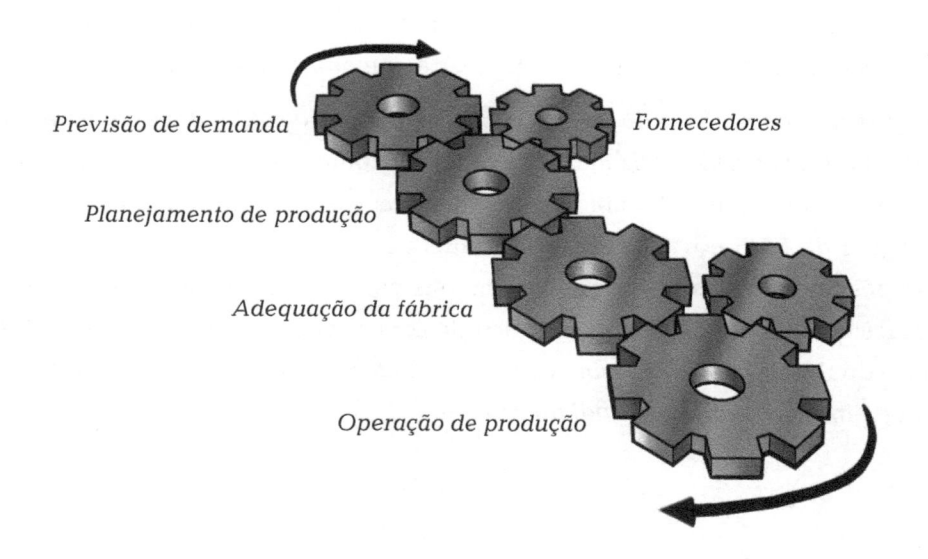

Figura 7.1
Mecanismo do planejamento para atendimento da demanda

> *Na gestão da capacidade podemos atuar nas duas pontas, na demanda e/ou na oferta.*

Ação na demanda: a demanda, aqui entendida como o mercado, resulta da combinação de vários fatores, sendo que as ações sobre a demanda são limitadas e nem sempre os resultados correspondem às expectativas.

A empresa pode tentar aumentar a demanda estimulando-a com a baixa de preços de seus produtos, quando possui capacidade ociosa, mas corre o risco de operar abaixo de seu custo ou de reduzir sua lucratividade e de não conseguir recuperar os preços no futuro. No caso inverso, ou seja, na falta de capacidade, pode deixar formar fila de pedidos, aumentando o prazo de entrega ou, então, elevar os preços para deliberadamente reduzir a demanda e aproveitar, dessa forma, para obter maior lucratividade. Contudo, nesse caso, a empresa também corre riscos, como o de perder clientes para o concorrente que entregar em dia e de deteriorar sua imagem perante seus clientes.

Ação na oferta: é a própria gestão da capacidade instalada e procura atender à demanda da melhor forma possível, ou seja, no tempo esperado pelo cliente e ao menor custo para a empresa. Para tanto, é necessário que a empresa pratique um bom sistema de previsão de demanda e assim possa planejar a produção.

Gestão da capacidade dos diversos tipos de produção

Na gestão de capacidade dos diversos tipos de produção, vamos considerar os sistemas de produção contínuo, o por encomendas unitário, e o intermitente de produtos discretos.

Capacidade em sistema de produção contínuo

Em um sistema de produção contínuo, todos os recursos estão interligados no encadeamento dos processos. Assim, a capacidade é predeterminada no momento de projetar as instalações, portanto o fluxo do produto pelas tubulações, os alimentadores de componentes que irão compor o produto final, a capacidade dos reservatórios, as válvulas e as tubulações são todos calculados para a obtenção de uma capacidade total predeterminada.

Por esse motivo, nesse tipo de produção, a flexibilidade para o aumento de volumes é muito pouca, e a mudança para outros produtos exige investimentos pesados e, por vezes, justifica uma nova planta em vez de expandir a existente.

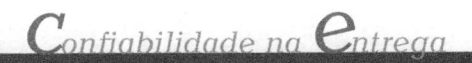

A capacidade de uma fábrica de cerveja, por exemplo, é calculada já na planta, sendo que todo o esforço durante a operação será dedicado ao planejamento tático da execução dos volumes, de acordo com a demanda estimada para o período, sempre com o objetivo de atender às vendas com o mínimo possível de estoques no processo, como veremos no exemplo a seguir.

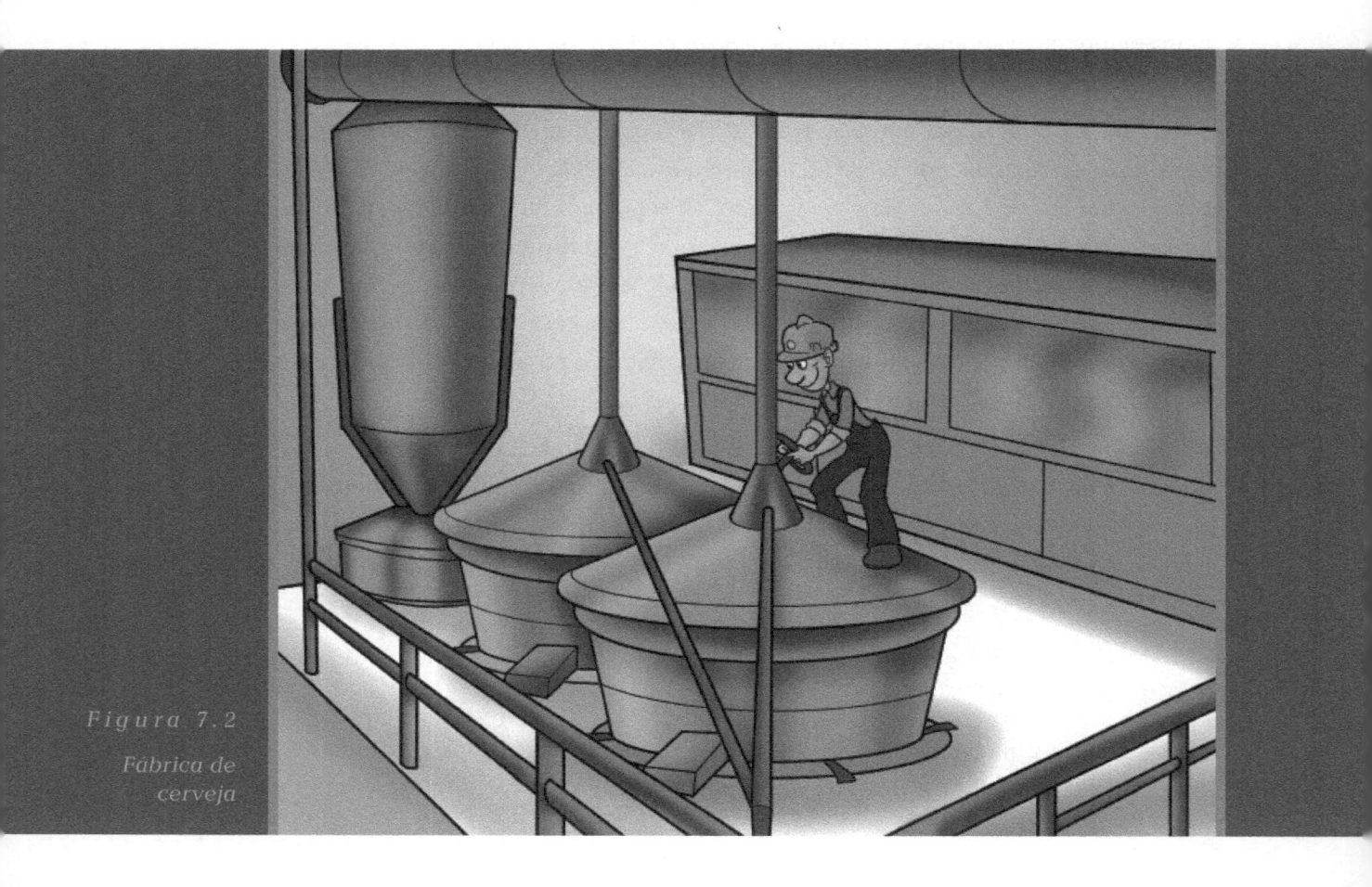

Figura 7.2
Fábrica de cerveja

A gestão preocupa-se em balancear a capacidade, ajustando-a à demanda da melhor forma possível, considerando-se que, como ocorre aqui, ao planejar a produção, o gestor tem como referência a curva sazonal de vendas, que, no caso da cerveja, apresenta pico maior no verão, o que impacta toda a cadeia produtiva – fornecedores de matéria-prima, de embalagens, de insumos, de transporte –, que deve estar sintonizada com as projeções de vendas.

A aquisição de matérias-primas, como latas e garrafas, e das matérias-primas naturais que são parte do processo principal de fabricação, como o malte e os materiais adjuntos, deve ser considerada no planejamento, precisando ocorrer com antecedência calculada.

Detalharemos as fases do processo produtivo de uma cervejaria para dar uma ideia da complexidade de gestão da capacidade de um sistema como este:

1. Fabricação

A primeira fase do processo produtivo ocorre na área de fabricação, onde as matérias-primas (malte e adjuntos) são misturadas em água e dissolvidas, para que se obtenha uma mistura líquida açucarada chamada *mosto*, que é a base para a futura cerveja. Nessa fase, os processos envolvidos são: moagem do malte e dos adjuntos, mistura com água, aquecimento para facilitar a dissolução, transformação do amido em açúcar pelas enzimas do malte, filtração para separar as cascas do malte e dos adjuntos, adição do lúpulo, fervura do mosto para dissolução do lúpulo, esterilização e resfriamento.

a. *Fermentação*: após o resfriamento, o mosto recebe fermento e é acondicionado em grandes tanques, chamados de *fermentadores*, dando início à fase de fermentação.

b. *Maturação*: uma vez concluída a fermentação, a cerveja é resfriada a zero grau, a maior parte do fermento é separada por decantação (sedimentação), e tem início a fase de maturação. Nela ocorrem pequenas transformações que ajudam a acertar o sabor da cerveja. Algumas substâncias indesejadas, oriundas da fermentação, são eliminadas, e o açúcar residual é consumido pelas células de fermento remanescentes. A maturação costuma levar de seis a 30 dias, variando de uma cervejaria para outra, em razão da cepa de fermento e do toque pessoal do cervejeiro. Ao término dessa fase, a cerveja está praticamente concluída, com aroma e sabor finais definidos.

c. *Filtração*: depois de maturada, a cerveja passa por uma filtração, que busca a eliminação de partículas em suspensão, principalmente células de fermento, deixando a bebida transparente e brilhante. A filtração não altera a composição e o sabor da cerveja, mas é fundamental para garantir sua apresentação, conferindo-lhe um aspecto cristalino.

Nessa fase de fabricação, o sistema necessita ser alimentado com matérias-primas para que o fluxo seja garantido, pois qualquer falta afetará o sistema todo. O fato de o tempo de maturação ser longo implica estoques no processo que devem ser considerados no cálculo da capacidade.

2. Envasamento

O enchimento é a fase final do processo de produção. Pode ser feito em garrafas, latas e barris. A cerveja é basicamente a mesma em qualquer das embalagens. O processo de enchimento é efetuado mecanicamente por meio de equipamento de envase e não altera as características do produto.

Logo após o enchimento, é prática comum nas cervejarias submeter a cerveja ao processo de pasteurização, principalmente quando as embalagens garrafa e lata são utilizadas (no barril, a cerveja normalmente não é pasteurizada e, por isso, recebe o nome de chope). A pasteurização nada mais é do que um processo térmico, no qual a cerveja é submetida a um aquecimento a 60°C e posterior resfriamento, buscando conferir maior estabilidade ao produto. Graças a esse processo, é possível às cervejarias assegurar uma data de validade ao produto de seis meses após a fabricação (Ambev, 2006). Nessa fase é necessário o planejamento adequado dos vasilhames e outros recipientes, sendo que o ponto mais crítico está na velocidade do enchimento, no armazenamento e na logística de transporte. Com essa descrição do processo de fabricação da cerveja, podemos ter uma ideia da complexidade do seu planejamento e da inflexibilidade do sistema para alterações de tipos de produtos e de volume.

Sistema por encomendas unitário

Nesse sistema, o processo total é resultante da sequência de muitos processos isolados com encadeamento lógico. Por exemplo, a construção de um prédio em sua fase inicial pode seguir a sequência demonstrada na Figura 7.3.

Figura 7.3
Fase inicial da construção de um prédio

Preparação do terreno → Estaqueamento → Fundação → Colunas e paredes → Construção do prédio

Como acabamos de verificar, *cada fase depende do término da fase anterior*. Por esse motivo, a capacidade de uma construtora, por exemplo, em construir um prédio ou vários prédios simultaneamente dependerá do número de equipes, das pessoas nas equipes e da quantidade de equipamentos disponíveis para execução de cada uma das etapas. No caso da construção civil, uma prática comum é a terceirização de fases completas com empresas que se especializaram em processos específicos, como o estudo de solo; o estaqueamento; algumas partes do acabamento, como as atividades de azulejistas, marceneiros, pintores, encanadores e eletricistas, entre outras.

As definições de quais fases e processos serão terceirizados ou se será interessante manter como capacidade interna, dependerão da estratégia da construtora. Assim, a fase que foi terceirizada passa a ter capacidade dependente da disponibilidade do fornecedor e da eficiência de seu processo.

Por ser um tipo de produção que dificilmente se repete, uma vez que é sob encomenda, o dimensionamento da capacidade de produção da construtora é função de cada projeto e as estimativas de prazo são com base de históricos de outras obras.

Sistema de produção intermitente de produtos discretos

É o sistema que apresenta maior complexidade em relação à gestão de sua capacidade, pois os recursos ou as máquinas são universais e com capacidades variáveis. Esse tipo de produção, por ser o mais complexo, engloba muitas das técnicas utilizadas em outros tipos de produção, motivo pelo qual iremos estudá-lo mais profundamente. Nessa análise, devemos previamente considerar que:

- no sistema de produção intermitente, as máquinas são universais e podemos executar várias peças diferentes em regime de lotes de fabricação;
- assim, é necessário o conhecimento de cada parte do processo, de cada operação a ser executada, para termos controle da capacidade de todo o sistema produtivo.

O próprio *cálculo da capacidade em sistemas intermitentes* é complexo, porque reúne as condições individuais de equipamentos, máquinas e processos e as combinações entre eles.

Quais os fatores que você consideraria na gestão do sistema intermitente? E o que estabelece o parâmetro para a medida da capacidade?

> *Na gestão operacional da capacidade de sistemas intermitentes, o gestor precisa considerar todos os fatores que possam comprometer a capacidade, sejam individuais, no caso de máquinas e de operadores, sejam combinados, pois vários fatores influem na gestão operacional.*

Nesse sistema, sempre existirá uma *capacidade nominal* (melhor nível operacional) (Chase; Jacobs; Aquilano, 2006, p. 380), que é a ótima, e *uma real*, que será reduzida por problemas de manutenção, da utilização de equipamentos em função do *mix* de produtos planejados e dos gargalos que ditam a capacidade do equipamento e do sistema.

Fazemos a seguir uma análise individual dos principais fatores que possuem impacto na gestão da capacidade, os quais são: gargalos de produção, estado dos equipamentos, *mix* de produtos, arranjo físico e fluxo de produção.

Gargalos de produção

A capacidade do sistema será igual à da máquina de menor capacidade de todo o processo, da mesma forma que a resistência de uma corrente tem a resistência do seu elo mais fraco, na produção intermitente, a máquina com menor capacidade do sistema será o seu gargalo e determinará a capacidade de todo o processo. Os termos *gargalo* e *restrição* têm o mesmo significado e são comuns na análise da capacidade de sistemas produtivos.

O pesquisador israelense Eliyahu Goldratt criou a *Teoria das Restrições*, que serve como referência a todo estudo de capacidade, tendo como base o conceito de *tecnologia de otimização da produção* (*Optimized Production Technology* – OPT).

Essa técnica é baseada em conceitos lógicos sistematizados e considera, além da restrição do sistema, também os ganhos monetários da decisão de escolhermos por um ou outro produto a ser produzido.

Considera, portanto:

- *a identificação do gargalo de produção*, ou seja, aquela máquina ou equipamento, ou mesmo pessoas, que operam no seu limite de capacidade, sendo que percebemos que existem filas de componentes ou de materiais a serem processados nesse recurso;
- *que o gargalo*, também conhecido pelo termo *bottleneck*, significando, literalmente, a seção menor da garrafa, *é uma restrição ao sistema*. Por exemplo, se temos uma máquina trabalhando com capacidade de nove peças por hora, mesmo que as demais máquinas da sequência de processos possuam capacidades maiores, o sistema todo opera com nove peças por hora, este será um gargalo. Consequentemente filas de peças ficarão acumuladas diante desta máquina, no aguardo de serem processadas, como mostrado na Figura 7.4, onde podemos identificar o gargalo na máquina 02 (dois);

Figura 7.4
Exemplo de restrição de um sistema

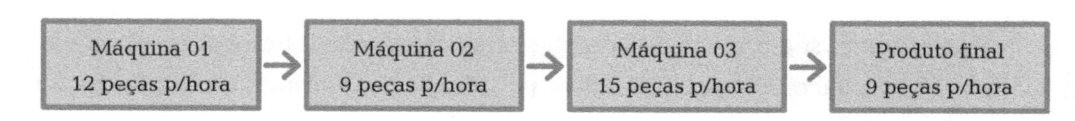

| Máquina 01 | → | Máquina 02 | → | Máquina 03 | → | Produto final |
| 12 peças p/hora | | 9 peças p/hora | | 15 peças p/hora | | 9 peças p/hora |

- *que uma vez identificado o gargalo*, ou os gargalos, devemos verificar se este já está sendo utilizado plenamente, ou seja, operando em vários turnos, com substituição nos horários de parada, como o de refeições e outros intervalos, e, no caso das máquinas, se a manutenção está sendo bem feita, se as paradas estão sendo planejadas, tudo para que o recurso opere em condições ótimas;

- *que existem recursos gargalos e recursos não gargalos*, e o relacionamento entre estes também é importante, pois podem ocorrer várias situações que devem ser gerenciadas: um recurso gargalo alimentando um não gargalo; um recurso não gargalo alimentando um gargalo; e dois recursos, um gargalo e um não gargalo, alimentando um outro recurso maior em paralelo (veja a Figura 7.5 ou de relacionamento entre recursos);
- *a importância de notar que devemos balancear o fluxo e não a capacidade*, ou seja, aceitar o fato de que, devido a diferenças de capacidade, um recurso pode operar com capacidade menor do que a sua capacidade máxima para priorizar o fluxo;
- *necessária a atenção para o fato de* que uma hora ganha em um recurso gargalo é uma hora ganha em todo o sistema;
- *que uma hora ganha no recurso não gargalo* é indiferente para o sistema e pode ser até um desperdício.

Você acredita que seja possível o balanceamento ideal no regime intermitente?

Nesse sistema produtivo (intermitente), como as máquinas produzem necessariamente várias peças diferentes, a capacidade será dada em função do tempo da máquina utilizado por cada peça.

Conforme demonstrado na Figura 7.5, a situação 1 reflete um gargalo alimentando um não gargalo, que por sua vez alimenta um consolidador. Nessa situação, o recurso gargalo (A) trabalhará em regime de força total para que o recurso (B) não pare, e este por sua vez trabalhará apenas a 80% para entregar ao recurso linha de montagem a um fluxo de 180 por hora.

Na situação 2, um recurso que alimenta um gargalo que alimenta uma linha de montagem poderá dar origem a estoques que se acumularão antes do gargalo, devido à maior capacidade do recurso anterior. Na sequência do processo o risco é o de que a linha de montagem pare se houver qualquer problema com o gargalo (A).

Na situação 3, onde os dois recursos alimentam simultaneamente a linha de montagem, o risco é de acumular estoques provenientes do recurso (B) e de parar caso haja problemas com o recurso gargalo (A).

Cada uma dessas situações deve ser administrada de forma a proteger o gargalo e não deixar que nada o atrapalhe, isto é, cuidar para que a matéria-prima e os documentos da peça cheguem na hora certa (o *set up* de um componente para outro deve ser maximizado), entre outras ações, sempre atento para que o fluxo se mantenha no objetivo. Nesse caso a manutenção de um estoque de segurança é aconselhável, pois pode corrigir algumas paradas imprevistas do gargalo que sempre será o restritor do sistema, portanto a capacidade do sistema será igual à capacidade do gargalo.

Recurso – A
Capacidade
180 peças/hora

Demanda
180 peças/hora

Recurso – B
Capacidade
200 peças/hora

Demanda
180 peças/hora

Recurso – C
Consolidador
Capacidade 210
produtos/hora

Demanda
180 produtos/hora

Situação 1 – A alimenta B e C

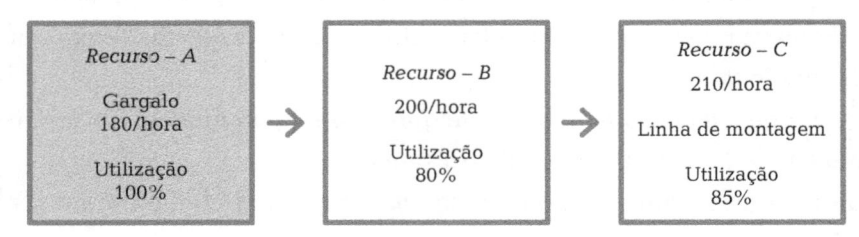

Recurso – A
Gargalo
180/hora
Utilização
100%

→

Recurso – B
200/hora
Utilização
80%

→

Recurso – C
210/hora
Linha de montagem
Utilização
85%

Situação 2 – B alimenta A e C

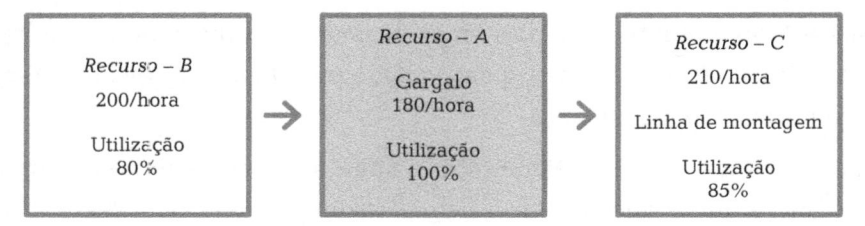

Recurso – B
200/hora
Utilização
80%

→

Recurso – A
Gargalo
180/hora
Utilização
100%

→

Recurso – C
210/hora
Linha de montagem
Utilização
85%

Situação 3 – A e B alimentam C

Recurso – A
Gargalo
180/hora
Utilização
100%

Recurso – B
200/hora
Utilização
80%

Recurso – C
Consolidador
Linha de montagem
Utilização
85%

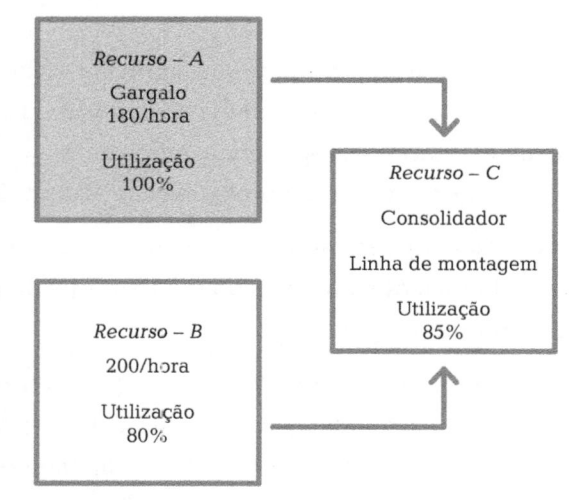

Figura 7.5
Relacionamento entre recursos

Por outro lado, os recursos não gargalo também devem ser administrados para evitar que se criem estoques desnecessários entre os processos, já que, se forem acionados, ultrapassarão a capacidade do sistema que é a do gargalo. Por esse motivo, uma das regras do sistema OPT é a de balancear o fluxo e não as capacidades dos recursos individuais.

Na gestão da produção, é importante identificar antecipadamente opções de processo para os recursos gargalos, como outras máquinas que possam fazer parte das operações, economizando tempo do gargalo. *Sempre haverá ociosidade e gargalos, portanto o balanceamento ideal do regime intermitente é impossível, por isso o sistema deve ser administrado constantemente para evitar a redução da produção.*

Estado dos equipamentos

A capacidade real de operação nem sempre é igual à nominal, e o gestor deve dar importância ao estado dos equipamentos e das instalações, caso contrário poderá tomar decisões com base em uma capacidade teórica, enquanto a real poderá ser muito inferior.

Assim, o gestor deve estabelecer a carga de utilização dos equipamentos em função da probabilidade de quebra que eles apresentem.

Uma especial atenção deve ser dada aos gargalos, pois estes, como vimos, influem diretamente na capacidade do sistema, consequentemente a manutenção desses equipamentos deve ser perfeita e receber programações preventivas, bem como é aconselhável manter estoque das peças críticas de reposição que são mais utilizadas nesses equipamentos.

> *Uma fábrica necessita estar com a manutenção em dia para que a diferença entre a capacidade nominal e a real seja mínima.*

E o que é necessário para a operacionalização desse processo?

É necessário que seja instituído e mantido um programa de manutenção preventiva, que por ser custoso deve ser tanto maior quanto maior a confiabilidade da operação que desejamos. Os recursos para execução de manutenção de equipamentos, ferramentais, laboratórios, aparelhos de medição e da própria mão de obra, em geral, são caros, entretanto, da maior importância em qualquer indústria.

Aplicar um programa preventivo de forma indiscriminada em todos os equipamentos pode ser inviável em termos de custo benefício. Por esse motivo, esse programa deve fazer uma consideração antecipada em relação à prioridade relativa dos equipamentos em função de sua importância no processo produtivo da empresa.

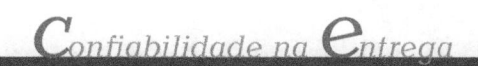

Devemos considerar as prioridades dos equipamentos sob o ponto de vista da capacidade e, como o objetivo geral é fazer a produção planejada, faz sentido priorizarmos os recursos de manutenção por equipamento cuja parada repercuta significativamente na produção.

Assim, se a manutenção tiver de optar entre atender a parada de um transformador que alimente eletricamente todo um conjunto de máquinas ou uma máquina isolada, é preferível atender o transformador, pois a sua ausência de operação ocasionará uma parada e um prejuízo muito maior. Na mesma linha de prioridades, se a opção for entre uma máquina gargalo e uma não gargalo, certamente, será preferível a máquina gargalo.

Ao elaborarmos uma lista de prioridades, podemos então fazer um programa de manutenção preventiva e de atendimento emergencial, que otimize os recursos do Setor de Manutenção. Nesse caso, a decisão coerente é a de mantermos em estoque peças de reposição de equipamentos prioritários e comprarmos peças de equipamentos não prioritários apenas quando for necessário (se ficarem parados por certo tempo, não influirão no fluxo principal de produção).

De uma forma geral, um bom programa de manutenção preventiva não só mantém todo o aparato produtivo em condições de uso e com plena capacidade produtiva como também preserva o valor dos bens da empresa.

Nesse contexto é que a revolução japonesa de técnicas de manufatura trouxe também para a atividade de manutenção novos conceitos e técnicas. A principal e mais aplicada é a chamada *manutenção produtiva total* (*Total Productive Maintenance* – TPM). *O envolvimento do operador faz parte dessa técnica na medida em que há a definição de que ele deve participar da manutenção da sua máquina*, com pequenas atividades como lubrificação e ajustes, e ser treinado na identificação dos sinais que a máquina emite, como ruídos, vibração, temperatura, entre outros, que em determinadas condições possam servir como alerta de mau funcionamento. Essa atribuição adicional ao operador segue a mesma concepção dos operadores multifuncionais de produção que alargam e enriquecem o trabalho do operador com outras atividades, além da produção. O efeito da aplicação da técnica de manutenção produtiva total costuma ser muito positivo, tanto para a conservação e cuidado com os equipamentos quanto para a motivação dos operadores.

> *A manutenção produtiva total apresenta características comuns com as demais técnicas japonesas, ou seja, o envolvimento dos funcionários e a aplicação de estatística.*

As *técnicas estatísticas* são aplicadas no cálculo das probabilidades de falhas dos equipamentos, ou seja, na sua confiabilidade. Termo este que podemos definir como: "a probabilidade de um sistema, equipamento, máquina, instalação ou suas partes funcionarem apropriadamente por tempo especificado e condições estabelecidas" (Corrêa; Corrêa, 2004). Consideramos os equipamentos como parte maior de um sistema produtivo, inclusive podemos afirmar que a importância de qualquer falha é determinada pelo efeito que esta tem no desempenho total da operação de produção ou do sistema.

Assim, as falhas de equipamentos que atuam em série ou em paralelo possuem efeitos diferentes no sistema, ou seja, na confiabilidade do sistema.

Sistema S em Série

→ Elemento R1 — Elemento R2 — Elemento R3 — Elemento Rn →

Sistema S em Paralelo

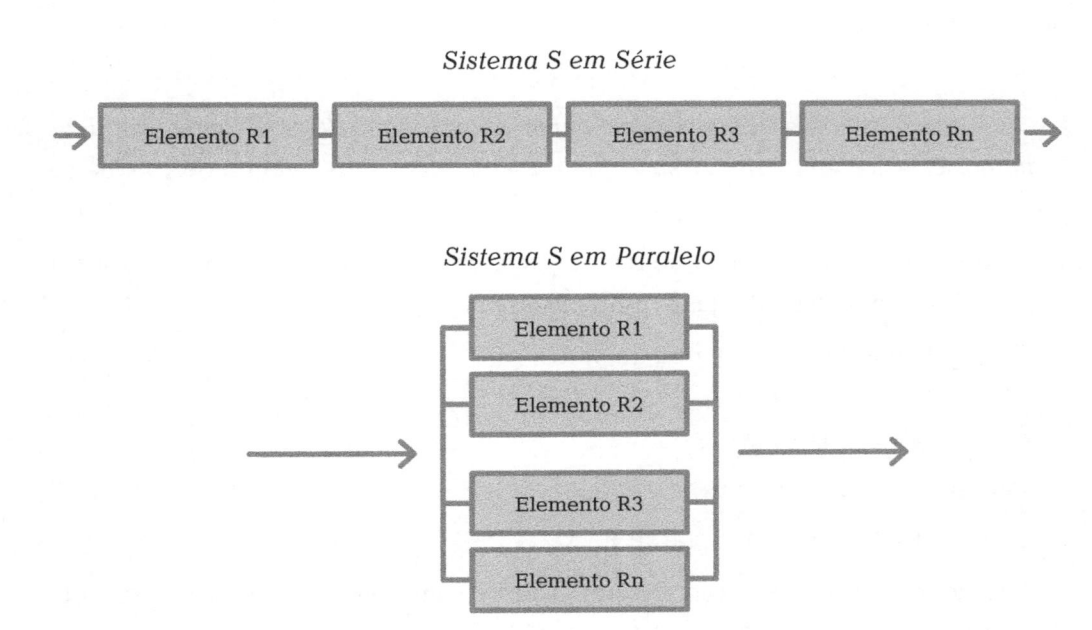

→ [Elemento R1 / Elemento R2 / Elemento R3 / Elemento Rn] →

Figura 7.6

Sistemas em série e paralelo

No projeto de um sistema de produção, é necessário definir que equipamentos são prioritários, ou seja, aqueles que não podem de forma alguma parar sob o risco de ocorrer acidentes, ou ainda, de distúrbios não aceitáveis. Assim, o projetista, ao identificar um recurso que de forma alguma pode falhar, procura trabalhar com alta confiabilidade e projeta a instalação com redundância do mesmo recurso e dessa maneira aumenta a fidedignidade do sistema.

Por exemplo, vamos considerar uma bomba de água de incêndio, na ocorrência de um sinistro, ela tem de operar imediatamente, sem falhas – por esse motivo precisamos projetar um sistema com alta confiabilidade – assim, se colocarmos duas bombas ligadas em paralelo, podendo qualquer uma funcionar a qualquer tempo, a confiabilidade do sistema aumentará, isso é chamado de *redundância de equipamento*.

Equipamentos ou elementos similares podem ser ligados em série ou em paralelo, havendo grande diferença na confiabilidade do sistema sendo um ou outro. *No sistema com elementos em série, eles são interdependentes entre si, ou seja, a falha de um será a falha do sistema*, como definem Slack, Chambers e Johnston (2002): "Se os componentes de um sistema forem todos interdependentes, uma falha em um componente individual pode causar a falha de todo o sistema."

Assim definidos os sistemas em série e em paralelo, podemos dizer que a confiabilidade de um sistema em série, representado por R_s, que possui n elementos, $R_1, R_2, R_3, R_4 \ldots R_n$, cada qual com sua confiabilidade, será: $R_s = R_1 \cdot R_2 \cdot R_3 \cdot R_4 \cdot \ldots R_n$.

Dessa forma, se tivermos três máquinas trabalhando em série com confiabilidades R1= 95%, R2 = 85%, R3 = 80%, a confiabilidade do sistema será:

$R_s = R_1 \cdot R_2 \cdot R_3 \cdot R_4 \cdot \ldots R_n$, ou seja, $R_s = (0{,}95 \cdot 0{,}85 \cdot 0{,}80) = 0{,}65$ ou 65%.

Já no caso de um sistema com elementos em paralelo, R1 e R2, este irá falhar quando R1 e R2 falharem. Assim, quanto mais elementos forem adicionados ao circuito, maior será a probabilidade de o sistema funcionar.

A formulação matemática que representa essa situação é a da falha do sistema F_s, que pode ser calculada das seguintes formas:

$F_s = F_a$ (Falha de a) $\cdot F_b$ (Falha de b)
$1 - F_s = (1 - F_a) \cdot (1 - F_b)$
$F_s = 1 - (1 - F_a) \cdot (1 - F_b)$

Para n elementos, teremos:

$F_s = 1 - (1 - F_a) \cdot (1 - F_b) \cdot \ldots (1 - F_n)$

Considerando-se, por exemplo, um sistema com dois elementos em paralelo com confiabilidades de 80% e 90%, a confiabilidade do sistema será:

$F_s = 1 - (1 - 0{,}80) \cdot (1 - 0{,}90)$
$F_s = 1 - (0{,}20 \cdot 0{,}10)$
$F_s = 1 - 0{,}02$
$F_s = 0{,}98$, ou seja, 98%

Assim, um sistema com dois elementos em paralelo e com confiabilidades próprias possui confiabilidade total maior que a de seus elementos.

Na prática, quando podemos considerar sistemas produtivos com elementos em paralelo?

Quando temos várias máquinas iguais operando simultaneamente, pois a probabilidade de o sistema falhar acontecerá somente quando todas falharem. Se uma falhar, as outras poderão fazer o trabalho daquela que parou.

> *Quando se deseja aumentar a confiabilidade do sistema, adiciona-se um elemento a mais com a mesma funcionalidade.*

No exemplo do sistema de combate a incêndio que descrevemos, ao colocarmos uma segunda bomba em paralelo, estaremos aumentando a confiabilidade total do sistema, pois, se cada uma tiver uma confiabilidade de 90%, teremos o sistema com 99% de confiabilidade. Nesses casos, é sempre aconselhável manter ambas em perfeita operação e idealmente fazer a operação de forma revezada para evitarmos longos períodos de inatividade individualmente.

A metodologia TPM exige a implantação e o gerenciamento de indicadores de *performance* da disponibilidade dos equipamentos. Um dos mais importantes é o tempo disponível entre duas falhas sucessivas, normalmente, definido como *tempo médio entre falhas* (*Mean Time Between Failures* – MTBF).

O MTBF do equipamento pode ser obtido com a apuração do tempo normal de operação pelo número de falhas ocorridas.

$$\text{MTBF} = \frac{\text{tempo de operação}}{\text{número de falhas}}$$

Por exemplo, suponhamos que, em uma operação de produção, um torno apresentou quatro quebras em seis meses de operação. Considerando-se 8,8 horas por dia e 22 dias por mês, podemos calcular a taxa de falhas dessa máquina nesse período com a seguinte operação:

$$\text{MTBF} = \frac{(8,8 \cdot 22 \cdot 6) \text{ horas}}{4 \text{ falhas}}$$

$$\text{MTBF} = \frac{1161 \text{ horas}}{4 \text{ falhas}} = 290 \text{ horas}$$

Ou seja, esse indicador nos informa que na média esse equipamento opera 290 horas sem falhar. Outro indicador importante derivado deste é o *up time* (tempo disponível).

A disponibilidade (*up time*) do exemplo acima será:

$$D = 1 - \left(\frac{\text{número de falhas}}{\text{total de horas em operação}} \right)$$

$$D = 1 - \left(\frac{4}{1.161} \right) = 1 - 0,00344 = 0,9966 \text{ ou } 99,66\%$$

A disponibilidade do equipamento é levantada através de testes exaustivos em laboratórios e muitas vezes é fornecida pelo próprio fabricante. Isso permite calcular antecipadamente qual será a probabilidade de falhas do equipamento que está sendo fornecido. Existem inclusive normas que regem a medição desse indicador e, não raro, índices mínimos de *up time* são colocados no contrato de aquisição das máquinas.

Nesse caso, exige-se do fabricante uma disponibilidade percentual da máquina (*up time*), que pode ser convertida em MTBF nominal, utilizando-se a taxa de falha.

Por exemplo, um fabricante de centros de usinagem informa que as suas máquinas novas têm disponibilidade de operação (*up time*) de 99,95%, com essa afirmação, podemos concluir que o MTBF será:

$$\text{MTBF} = \frac{\text{tempo de operação}}{\text{número de falhas}}$$

$T_f = 1 - 0,9995 \quad T_f = 0,0005$

Logo, o MTBF pode ser estimado em:

$$\text{MTBF} = \frac{1}{0,0005} = 2000 \text{ horas}$$

Isso significa que o equipamento apresentará falha a cada 2.000 vezes em que for ligado?

Sim! Se considerarmos que o equipamento irá trabalhar em três turnos e será desligado três vezes por dia útil, ele deve apresentar 2000/3, ou seja, um defeito a cada 666 dias úteis ou aproximadamente a cada um ano e dez meses.

Mas qual a relevância desse conhecimento? O que constatamos é que os indicadores de disponibilidade são extremamente importantes para o planejamento de utilização da capacidade da fábrica como um todo.

Assim, com essas informações, o gestor pode tomar decisões com antecedência sobre a possibilidade de terceirização da carga de máquinas que estejam apresentando indicadores baixos de disponibilidade ou sobre a reforma de equipamentos, ou mesmo sobre a necessidade de substituição dessas máquinas e ou equipamentos, ajudando-o a justificar novos investimentos.

Qual o grau de importância dessas decisões? De que forma elas irão refletir na produção da empresa?

Utilizando as técnicas de prevenção e de controle para a garantia operacional de seu maquinário, o gestor estará reduzindo a probabilidade de redução de capacidade por falhas de máquinas e, quando os indicadores revelarem situações problemáticas, ele terá tempo para agir preventivamente, evitando os custos de decisões sob pressão e paradas em meio a picos de produção. Esse é um dos fatores mais críticos em relação ao sucesso da produção, ou seja, no propósito de atingir seus objetivos.

> *Assim, as decisões embasadas na disponibilidade das máquinas, quando tomadas com antecedência, fazem a empresa evitar gastos e perda de vendas, o que tem reflexo no resultado da produção.*

Mix de produção

Em um planejamento da capacidade de uma operação com máquinas universais e vários produtos, a combinação dos processos destes pode alterar a capacidade, à medida que utilizem tempos de máquina diferentes para peças diferentes. Por exemplo, podemos ter uma peça que tome mais tempo que outra de uma mesma máquina devido ao tipo de operação requerido.

As variáveis de tempo por peça e quantidade de peças influem diretamente na capacidade total do recurso. Devemos, portanto, calcular a capacidade em função de todos os componentes programados para serem feitos nele. Nas duas figuras a seguir, apresentamos um exemplo de carga de máquina, onde duas peças ❶ e ❷ são feitas nas mesmas máquinas.

Figura 7.7

Carga de máquina

Exemplo de carga de máquina:

Duas peças, ❶ e ❷, são feitas nas mesmas máquinas, sendo que cada operação de cada peça tem seu próprio tempo de processo, cada uma será processada individualmente e na seguinte sequência: peça 1 e peça 2.

| 50 peças | 100 peças | Máquina A | Máquina B | Máquina C |

Figura 7.8

Exemplo de tabela de carga de máquina

Máquinas	Peça 1			Peça 2			Tempo total por máquina (min)
	Tempo p/ peça (min)	Qtde. peças	Total tempo (min)	Tempo p/ peça (min)	Qtde. peças	Total tempo (min)	
Máquina A	2	100	200	4	50	200	400
Máquina B	3	100	300	3	50	150	450
Máquina C	4	100	400	5	50	250	650
Total	9			12			

O tempo total de processo da *peça 1* é de 9 minutos, o da *peça 2* é de 12 minutos.

Quando a *peça 1* é processada na máquina A, esta assume a capacidade de fazer [30 peças por hora (60 min/2 min por peça = 30 peças)], mas, quando a *peça 2* é processada na mesma *máquina A*, a capacidade desta é reduzida para 15 peças por hora (60 min/4 min por peça = 15 peças). Podemos concluir que a peça 2, ao ser processada pela máquina A, tem mais operações a serem executadas, por isso necessitará o dobro do tempo.

Por esse motivo, quando falamos em capacidade em um sistema de produção intermitente com máquinas universais, temos de considerar sempre os tempos individuais de cada peça, para podermos calcular a capacidade total do recurso.

Arranjo físico e fluxo de produção

Um dos principais fatores a ser considerado na otimização da capacidade é o fluxo.

Mas o que é fluxo de produção?

O movimento das peças de uma máquina para outra desde a entrada da matéria-prima, passando por todos os setores produtivos, até o produto final e seu embarque – é o fluxo de produção. Da mesma forma que se pode falar em fluxo de pessoas na saída de um jogo de futebol ou do fluxo de automóveis em uma estrada, o conceito de fluxo dá uma ideia dinâmica da movimentação de elementos de um ponto a outro, em uma determinada direção.

O estudo de fluxo em um restaurante tipo *buffet*, onde as pessoas com seus pratos seguem um percurso, é um bom exemplo, pois, se um dos clientes precisar voltar à fila para pegar algum produto, irá atrapalhar a todos ou ao fluxo normal das pessoas no restaurante.

Assim, *o fluxo de produção é muito importante*, por ser diretamente ligado à rapidez com que os componentes atravessam a fábrica. Um bom fluxo de produção assemelha-se a um rio, onde este é o fluxo principal alimentado pelo fluxo de seus afluentes. Quanto mais direto e rápido melhor, quanto menos o fluxo apresentar mudanças de direção, principalmente não se movimentando no contrafluxo (caminho inverso ao fluxo principal), menos tempo levará para o atravessamento de todo setor produtivo, sendo que esse tempo de atravessamento é conhecido como *lead time*. O objetivo desse procedimento é que os componentes, ao serem processados, devem fluir de forma lógica pela fábrica, em um sentido único, até chegar ao final da produção e ao embarque.

> *Um fluxo bem estudado permite o rápido atravessamento do produto pelo sistema produtivo. Assim, consequentemente, menos tempo é perdido em cada recurso e ocorre a rápida transformação da matéria-prima em produto final. Assim o* lead time *da produção será baixo.*

A maneira de alocar as máquinas e os equipamentos *para otimizar o fluxo de produção* em uma fábrica denomina-se *estudo de arranjo físico industrial* ou *layout*. *O arranjo físico é muito importante para a produtividade*, pois o fluxo dos processos pode ser otimizado ou prejudicado em função da distribuição física dos equipamentos. Deve, por isso, ser bem estudado, porque as alterações futuras podem ser custosas ou mesmo não praticáveis, como é o caso de sistema de pintura e máquinas de grande porte que necessitem de fundação (base de concreto para máquina).

Existem basicamente quatro tipos de arranjos físicos mais conhecidos, e muitas combinações entre eles podem ser feitas de acordo com as necessidades da empresa, em função do produto, do processo e do volume de produção. *São eles: arranjo físico posicional; arranjo físico por processo; arranjo físico por produto e arranjo celular.*

Arranjo físico posicional: é o tipo de arranjo físico no qual o produto ocupa uma posição fixa e os elementos construtores do produto são agrupados a sua volta, ou seja, quem sofre as transformações de vários processos fica estacionário, enquanto os materiais, as pessoas e os equipamentos atuam a seu redor, seguindo a lógica de locação provisória adequada ao produto. Alguns exemplos desse tipo de arranjo físico são as construções de edifícios, estradas, pontes, foguetes, construções metálicas, grandes aparelhos de aeração e filtração, entre outros. *Esse é o único arranjo físico possível para a produção de produtos de grande porte.*

Arranjo físico por processo: nesse tipo de arranjo físico, ordenam-se as máquinas de produção de acordo com o processo que irão executar, assim um *layout* por processo de uma empresa que trabalhe com máquinas de usinagem irá organizá-las por similaridade. Por exemplo, todas as furadeiras, de vários tamanhos e modelos, como furadeiras de coluna, radial, com comando ficam no mesmo local – o "setor de furação"; todos os tornos, também de vários tamanhos e tipos, localizam-se na mesma área – a "tornearia", e assim sucessivamente, sempre obedecendo a essas características. Esse arranjo físico é usado quando o tipo de produção é intermitente e orientado por ordens isoladas de serviço, com necessidade da produção de inúmeras peças diferentes e em lotes.

Esse arranjo tem como vantagens:
- o aproveitamento máximo das máquinas, que são carregadas por lotes, estando sempre ocupadas;
- menor vulnerabilidade da produção com relação à parada de máquinas por quebra, já que as máquinas são similares;
- permitir supervisão especializada do processo, pois as máquinas são semelhantes.

As desvantagens do layout *por processo são:*
- a peça a ser manufaturada percorre grandes distâncias entre os centros de trabalho;
- maior necessidade de estoque em processo devido a filas, distâncias e lotes – o que acarreta longo tempo de atravessamento (*lead time*).

Arranjo físico por produto: esse tipo de arranjo agrupa os equipamentos em função exclusivamente do produto a ser executado. Um bom exemplo são as linhas de montagem, onde o produto se move de estação para estação e os operadores aguardam no seu posto de trabalho. Nesse caso, cada posto é projetado para a realização de alguns poucos processos.

As vantagens desse tipo de arranjo são:
- maior produtividade de pessoal e de tempo;
- especialização do posto e do método de trabalho;
- baixo custo da mão de obra;
- flexibilidade quanto ao aumento de volume.

Desvantagens desse tipo de arranjo:
- pouca motivação para os operários, trabalho repetitivo e maçante;
- pouca flexibilidade de produtos na mesma linha.

Figura 7.9

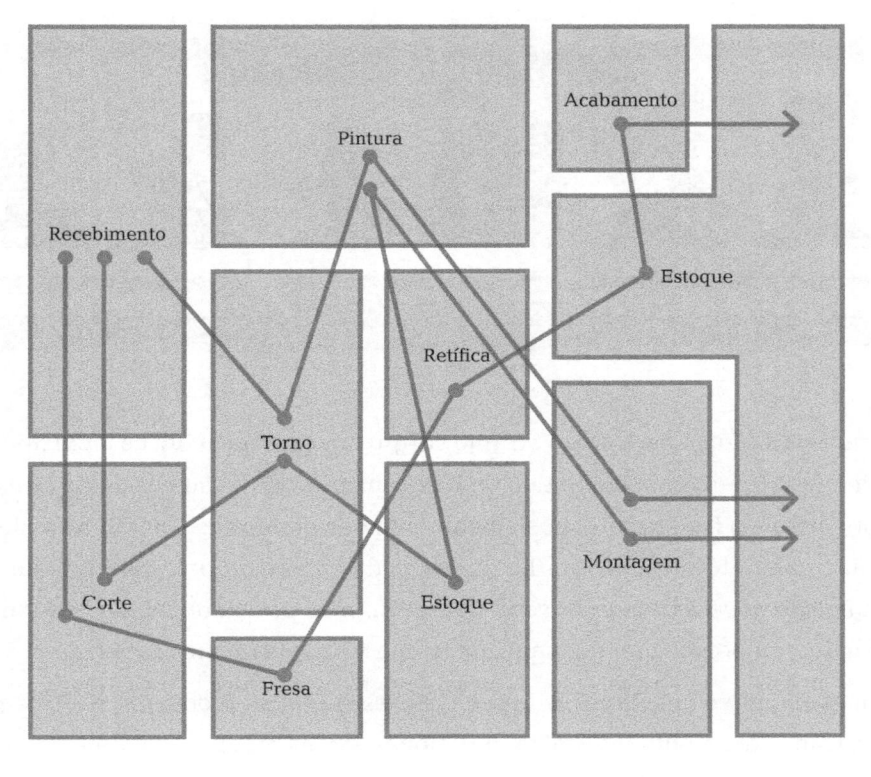

Exemplo de layout *por processo*

Fonte: Suzaki, 1987, p. 46.

⟶ *Fluxo de montagem*

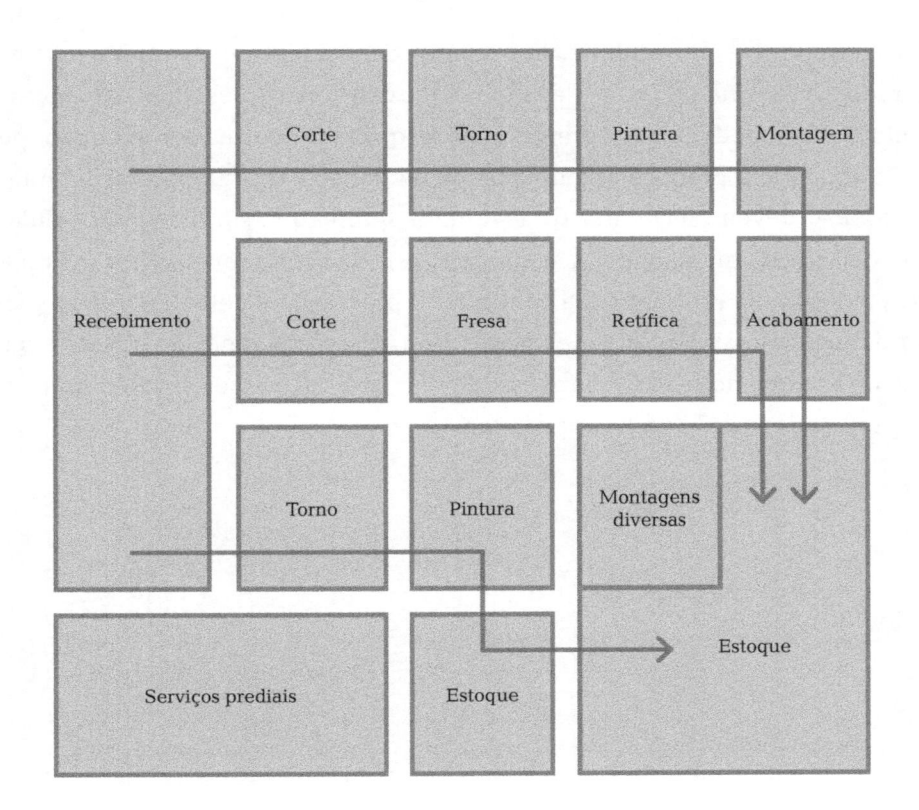

Figura 7.10

Exemplo de layout *por produto*

Fonte: Suzaki, 1987, p. 48.

Figura 7.11

Linha de montagem

Arranjo celular: esse tipo de arranjo surgiu em conjunto com as técnicas japonesas de manufatura com o objetivo de flexibilizar a produção e reduzir os estoques em processo e o *lead time*. O posicionamento das máquinas é por família de peças, ou seja, uma determinada família de peças é processada pelo conjunto de máquinas que são necessárias para cada operação, mas posicionadas na sequência das operações, e não por tipo de máquina, como é no *layout* por processo.

Por exemplo, se uma família de peças necessita sofrer processos de torneamento, retificação, fresamento e furação, posicionam-se as máquinas na mesma sequência das operações, portanto, no exemplo, deveríamos ter na célula um torno, uma retífica, uma fresa e uma furadeira. Normalmente o posicionamento das máquinas é na forma de "U" para viabilizar a operação de mais de uma máquina pelo mesmo operador. A família de peças deve ter as mesmas operações, mas não necessariamente todas – podemos desprezar uma máquina ou outra, por exemplo, pular a retífica quando a produção de um componente não exigir tal operação. As peças, porém, não devem necessitar de máquinas que não façam parte da célula, pois seria necessário interromper a sequência, sair da célula, para sofrer operação em outra máquina, e retornar para continuar o processo na célula, o que iria atrapalhar o fluxo; por isso, quando tal fato ocorrer, é preferível não processar a peça na célula. Para que fique mais claro esse tipo de arranjo, vamos apresentar, na figura a seguir, um exemplo de *layout* celular.

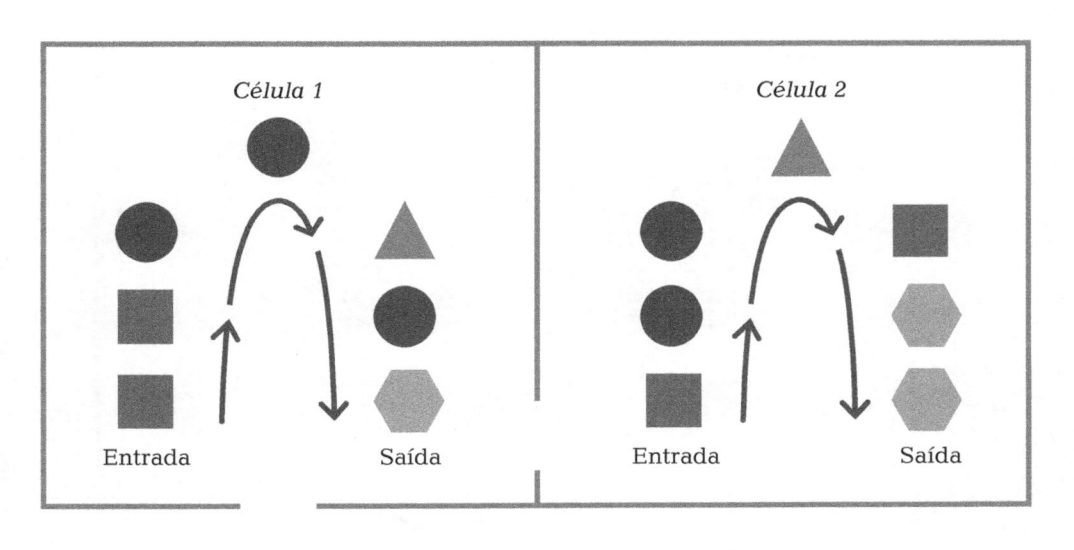

Figura 7.12

Exemplo de arranjo de uma célula em "U"

O arranjo físico na forma de células prioriza o fluxo unitário de peças ao longo do processo produtivo e permite o fluxo ideal do sistema JIT. Transportes e manuseios desnecessários encontrados em outros tipos de *layout* são evitados, pois, além de ser desperdício de tempo, também levam à acumulação de estoques entre processos.

Por meio das figuras 7.13 e 7.14, comparamos o fluxo de um arranjo físico orientado para o processo (com lotes de peças sendo processadas) com o arranjo físico celular ou orientado para o produto. As máquinas A, B, C e D correspondem a quatro processos sucessivos, por exemplo, corte, fresagem, retífica e acabamento. Se cada processo levar um minuto por operação e o lote de transferência, no caso do *layout* orientado para o processo, for de cinco peças, podemos comparar idealmente os dois modelos de arranjo físico.

Como no arranjo físico celular não existe distância entre as máquinas, já que estão juntas na célula, o lote ideal de uma peça é possível. Assim, podemos notar que o tempo total da primeira peça pronta é de apenas quatro minutos e de oito minutos para completar o lote de cinco, enquanto no arranjo por processo o lote termina em 20 minutos.

Outro ponto importante desse conceito é o estoque entre máquinas, o WIP (*work in process*), que no caso do arranjo por processo é de 15 unidades, enquanto no celular é de apenas três unidades.

Figura 7.13

Layout *por processo com transferência de lote com 5 peças*

Fonte: Suzaki, 1987, p. 50.

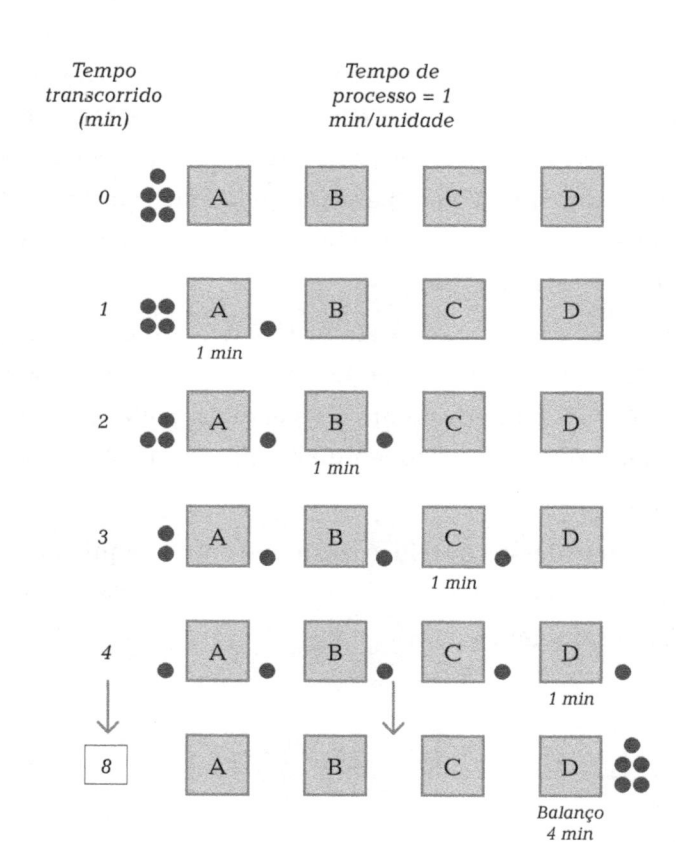

Figura 7.14

Layout *por produto com lotes de transferência unitário*

Fonte: Suzaki, 1987, p. 50.

Vamos considerar um exemplo real de uma empresa que adotou o conceito de *layout* celular para sua operação. Como explica Suzaki (1987), essa empresa, fabricante de produtos esportivos localizada na costa oeste dos EUA, aplicou os conceitos de JIT rearranjando suas máquinas de um *layout* por processo para um *layout* orientado para o produto (celular). O nível de estoque foi reduzido de 200 dias para menos de 70 dias, o *lead time* de produção foi melhorado em 90% na média. A seguir detalhamos um dos estágios do melhoramento total da fábrica.

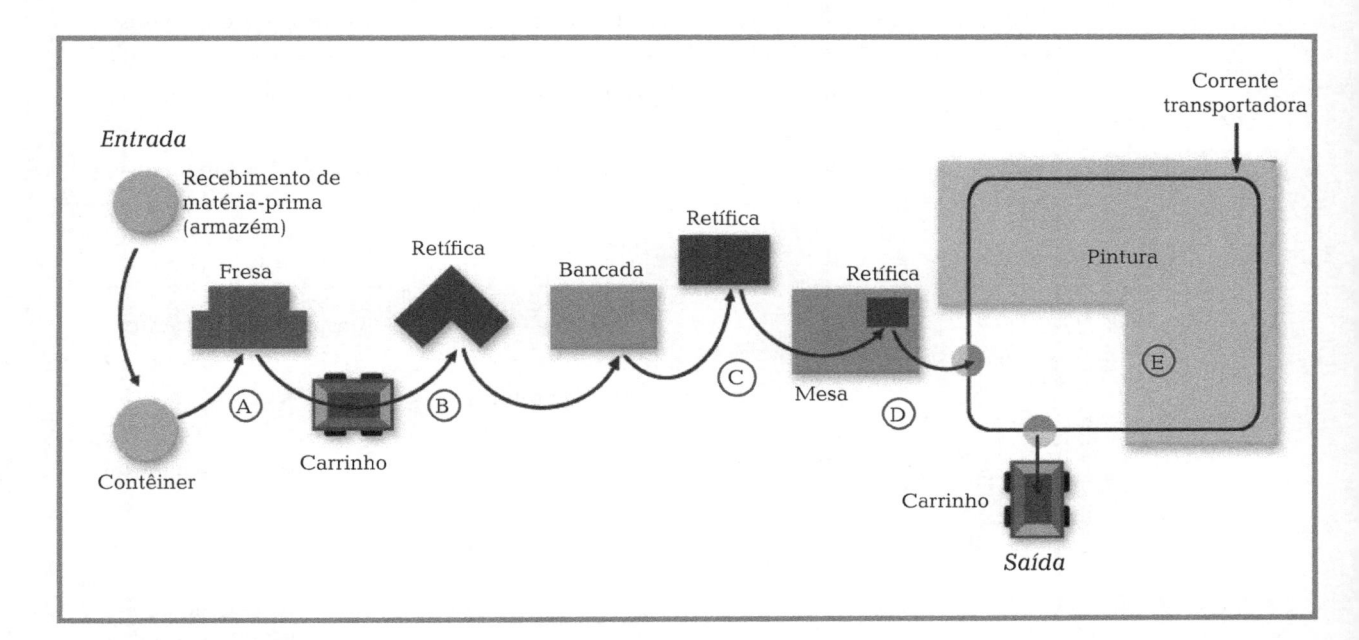

Figura 7.15
Arranjo físico antes do melhoramento

Fonte: Suzaki, 1987, p. 75.

Nesse arranjo, as máquinas foram localizadas de acordo com a sequência de produção e o lote de produção era de 30 unidades. Quando a operação de pintura era completada, outro operador ajudava a retirar as peças da corrente e colocá-las em um carrinho. O processo todo levava um ou dois dias.

A Figura 7.16, a seguir, descreve o estudo analítico desse processo.

Figura 7.16
Análise do processo

Fonte: Suzaki, 1987, p. 75.

● Processo
↓ Transferência
▼ Estoque
■ Inspeção

Número de fases	Descrição dos processos	Status do material	Comentários
1	▼	Estoque	Estoque muito grande de compra (5 semanas)
2	↓	Transferência por carrinho	Distância: 15 m / Lote: 30 unidades
3	▼	Estoque	Desperdício em manuseio
4	Ⓐ	Operação de fresa	Desperdício em operação
5	▼	Estoque	Desperdício em manuseio
6	↓	Transferência	Desperdício de transporte (4,5 m)
7	▼	Estoque	Desperdício de manuseio
8	Ⓑ	Operação de retífica	
9	▼	Estoque	Desperdício de manuseio
10	Ⓒ	Operação de retífica	
11	↓	Transferência	Desperdício de transporte (1,5 m)
12	▼	Estoque	Desperdício de manuseio
13	Ⓓ	Operação de retífica	
14	■	Inspeção	
15	▼	Estoque	Desperdício de manuseio
16	●	Alimentação do sistema de pintura	Posição do contêiner muito alta
17	Ⓔ	Pintura	
18	●	Retirada	
19	▼	Estoque no carrinho	

As análises revelaram que o processo podia ser mudado para um *layout* celular e que a produção de uma peça de cada vez é possível, através da focalização na eliminação de desperdícios de transporte, de tempo e de estoques.

Na sequência, a Figura 7.17 mostra o processo otimizado e a 7.18, o novo *layout*.

Como pode ser visto pelo processo depois da análise, não existem mais desperdícios de transporte e de estoques WIP. Assim, devido à expressiva redução de *lead time*, os problemas de qualidade são identificados mais rapidamente, contribuindo significativamente na redução de defeitos totais. E o tempo total também foi reduzido, pois com o novo arranjo não precisa mais de outro funcionário para descarregar a corrente de pintura, o mesmo consegue fazer essa função.

Número de fases	Descrição dos processos	Status do material	Comentários
1	▼	Estoque	Utiliza contêiner pequeno
2	Ⓐ	Operação de fresa	Utiliza melhor método de fixação
3	Ⓑ	Retífica	Opção de peça a peça, uma por vez
4	Ⓒ	Retífica	
5	Ⓓ	Retífica	
6	■	Inspeção	
7	●	Alimentação do sistema de pintura	
8	Ⓔ	Pintura	
9	●	Retirada	
10	▼	Estoque no carrinho	

Figura 7.17

Análise do processo após melhoramento

Fonte: Suzaki, 1987, p. 77.

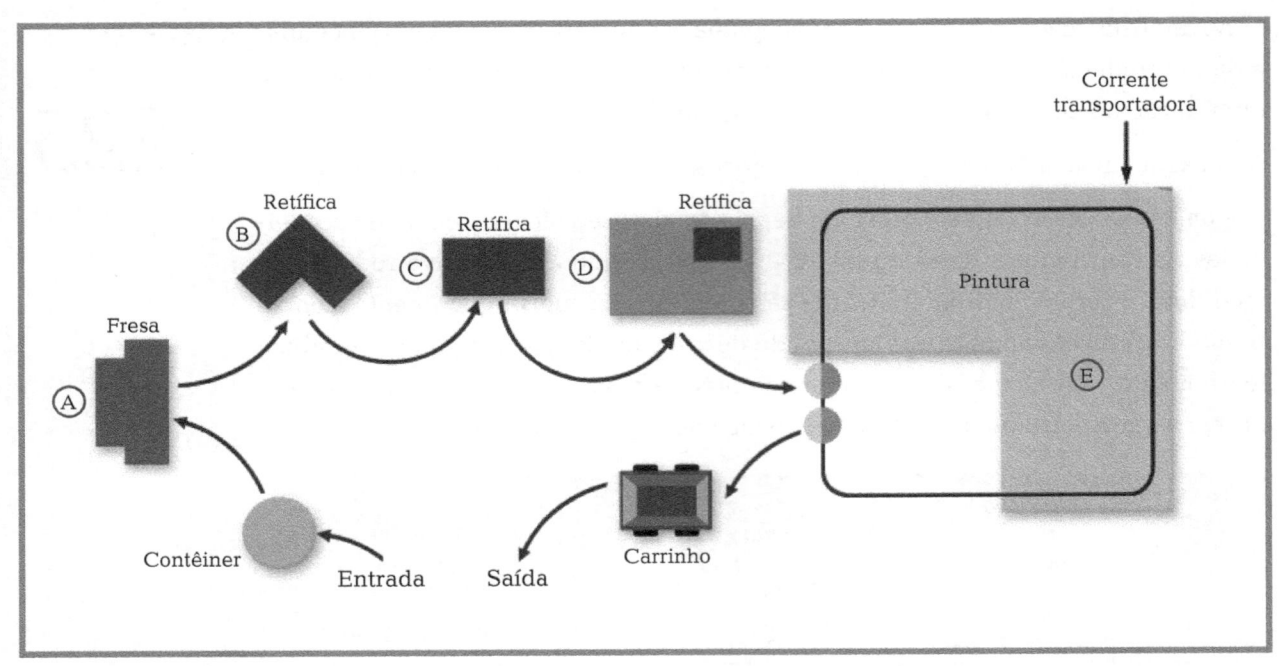

Figura 7.18

Layout *após melhoramento*

Fonte: Suzaki, 1987, p. 77.

	Antes	*Depois*
Inventário de processo WIP	30 unidades	1 unidade
Lead time	1 a 2 dias	10 minutos
Espaço	100 (indexado)	50
Produtividade da MOD		30% de melhoramento
Qualidade		Melhoramentos significativos

Quadro 7.1

Sumário dos melhoramentos da fábrica de artigos esportivos

Após essa visualização de vários procedimentos de "arranjo físico", concluímos que, na implantação de uma unidade de produção, é essencial que o produto, o fluxo e o sistema produtivo estejam bem estudados e definidos para permitir um estudo de *layout* otimizado.

exercícios

1. Como pode ser definida a capacidade de um sistema produtivo?
2. No dimensionamento da capacidade de produção pode ocorrer "subdimensionamento" e "superdimensionamento". Como você entende esses dois conceitos?
3. Como você entende o conceito "integração vertical" em uma empresa industrial?
4. Qual a lógica da administração com focalização restrita no negócio principal da empresa?
5. Como podemos fazer a gestão da capacidade atuando na demanda? Quais os riscos envolvidos?
6. E a gestão na capacidade instalada, como pode ser feita?
7. Por que o sistema de produção intermitente de produtos discretos apresenta maior complexidade na gestão de sua capacidade?
8. O que são gargalos de produção?
9. Ao balancear o fluxo e não as capacidades individuais, a otimização pode levar à subutilização de um recurso? Por quê?
10. Por que a confiabilidade de um sistema em série é menor que em um sistema com os recursos em paralelo?

capítulo 8

flexibilidade do Sistema produtivo

Neste capítulo, vamos rever alguns dos mais importantes conceitos relativos à indústria moderna: a flexibilidade, o ritmo e o tempo de reação às demandas de mercado. Junto com os conceitos estudaremos as técnicas que otimizam a manufatura no que tange a esses importantes objetivos. Conceitos e técnicas que no passado não existiam, uma vez que o foco estava apenas no volume, e, no entanto, atualmente são considerados vitais para o sucesso de qualquer empresa do ramo industrial.

Ninguém pode ser escravo de sua identidade; quando surge uma oportunidade de mudança, é preciso mudar.

– Elliot Gould –

8.1 Flexibilidade

O mercado apresenta constantemente alterações em relação à demanda por produtos, a qual pode ser a exigência de lançamentos de novos produtos, de revisão em produtos existentes, de mudanças de volume ou de mudança de modelos.

- *Lançamentos de produtos*: a empresa tem de estar atenta para as demandas do mercado por novos produtos de sua linha de atuação e desenvolver a habilidade para identificar essas demandas: projetar, testar e lançar novos produtos de forma rápida e eficiente. A flexibilidade nesse contexto significa a habilidade para entender as novas exigências e reagir prontamente, obsoletando produtos e criando novos. Geralmente esse é um processo longo e, dependendo do produto, pode levar meses ou até anos para o lançamento, pois envolve a pesquisa de mercado, a concepção do projeto, o seu desenvolvimento, a fabricação de protótipos, os testes de campo e a adaptação das máquinas de produção, para só então acontecer a sua introdução na produção em operação normal. Por conseguinte, *quanto mais rápido for esse processo, mais condições de reação ao mercado e mais flexível em termos de portfólio de produtos a empresa será.*

- *Mudança no volume*: o mercado também muda em função da quantidade de produtos que absorve, pode exigir quantidades diferentes das que estão sendo produzidas tanto a mais quanto a menos. Nesse contexto, a empresa precisa resolver uma questão básica: *quando ocorre essa situação, o que considerar como uma reação adequada?* O que observamos é que a capacidade de alteração de volume de forma rápida está ligada ao tempo total de produção ou aos estoques, pois diante de uma mudança súbita de volume a maior, ou a empresa mantém em estoque produtos acabados, ou reage produzindo desde o início do processo, começando pelos fornecedores até a entrega final de forma rápida. No sentido inverso, no momento em que detectar a redução da demanda, a empresa necessita reduzir sua produção, quanto mais rápido for o ciclo de produção e melhor ela conseguir reagir, menos custos irão ocorrer.

- *Mudanças de modelo de produtos correntes*: quando um *mix* de modelos é ofertado por uma empresa, podem ser todos, com volumes variados, produzidos simultaneamente, ou apenas um, ou alguns por vez, dependendo da demanda de cada um dos modelos. De qualquer forma, essas demandas não são fixas, podem variar, ou seja, um modelo pode repentinamente vender mais que outro ou, então, um modelo que não esteja sendo ofertado naquele momento pode ter uma demanda identificada, que deve ser atendida rapidamente. *A habilidade em mudar de um produto que está sendo produzido para outro que não está, de forma rápida e eficiente, constitui-se na flexibilidade da manufatura.*

Flexibilidade? O que significa isso em um sistema produtivo?

Flexibilidade é um conceito conhecido com o sentido dessa última definição, ou seja, a habilidade da empresa em alterar seu *mix* de produção existente para outro. Por esse motivo, neste estudo vamos aprofundar tal conceito e desenvolver técnicas para atingir a flexibilidade da manufatura.

> *A flexibilidade na manufatura é um dos complicadores mais sérios para o gestor da produção, pois significa alterar todo o processo produtivo, máquinas, matérias-primas e processos, tudo rapidamente, para satisfazer às mudanças do mercado.*

No passado as empresas eram tipicamente rígidas, já que a preocupação era prioritariamente com o volume. Um exemplo clássico dessa posição inflexível é a de Henry Ford no início da fabricação do *Modelo T* – o primeiro automóvel produzido sob o conceito de produção seriada, que tinha como uma das características a inflexibilidade da linha –, ele produziu milhares de unidades idênticas na mesma linha, sem qualquer alteração de qualquer parte do veículo. Ele havia inventado a linha de montagem de um produto para altas quantidades, para reduzir o custo, e não admitia qualquer alteração no *Modelo T*.

Ficou famosa sua frase que bem ilustra essa sua posição: "Vocês podem comprar o carro de qualquer cor, desde que seja preto". Essa posição radical criou a oportunidade para os concorrentes oferecerem modelos novos com mais opções, passando, assim, a competirem com a Ford com vantagem. Quando ele finalmente decidiu mudar para outro modelo, a fábrica de Highland Park, em sua totalidade, teve de ser alterada, o que fez com que ficasse sem produzir por mais de um ano, para mudança de sua estrutura produtiva (Womack; Jones; Roos, 1992), tal era a impossibilidade técnica de alterar a linha.

Com o acirramento da concorrência na moderna indústria e o surgimento de novos modelos de produção, como o JIT (*Just in Time*), a manufatura enxuta, a fábrica focalizada e o próprio conceito de manufatura flexível, todos procurando atender ao cliente o mais rápido possível e com a melhor qualidade, houve necessidade de flexibilizar todo o aparato produtivo e mudar vários paradigmas existentes para se poder competir.

A menor unidade de um produto é a peça, na produção em massa (conforme o Capítulo 4) são utilizadas máquinas dedicadas, já que os altos volumes justificam o investimento nesses equipamentos, que são extremamente velozes e de alta produção, mas geralmente são inflexíveis, ou seja, só fazem uma peça ou uma família de peças muito semelhantes.

Inclusive, nesse tipo de *produção de altos volumes*, existem processos em que não conseguimos produzir de forma dedicada, como é o caso das grandes prensas que fazem estampagem de para-choques ou portas na indústria automobilística. Nesses equipamentos para mudarmos de um tipo de peça para outro são necessárias alterações na máquina. Agora, se considerarmos *uma indústria de volumes menores*, que utiliza máquinas de múltiplo uso ou universais, como centros de usinagem, tornos, prensas de estampagem, viradeiras, essa situação é crítica para o gestor, pois, a cada nova peça a ser produzida, a máquina deverá ser totalmente adaptada a esta, já que as dimensões e as condições de processo são diferentes.

A essas alterações na máquina, para mudar a produção de uma peça para outra, chamamos de preparação ou em inglês set up.

Tempo de preparação – set up time: podemos definir o *set up time* ou tempo de preparação, como sendo o tempo total transcorrido desde a última peça (A) até a primeira peça boa ou aprovada (B). *É durante o* set up *que são mudados os dispositivos que são exclusivos da peça em execução para os dispositivos da nova peça programada a ser fabricada*, bem como são refeitas as alterações de parâmetros da máquina para a fabricação da nova peça.

Durante esse tempo, são executados os ajustes na máquina, como das dimensões do campo de trabalho, do avanço da pressão, da velocidade ou outras características de processo, de acordo com os parâmetros da nova peça. Caso esse tempo seja curto, não há impedimento para mudanças frequentes de um modelo para outro, mas, se for longo, isso leva à perda de capacidade, principalmente se muitas mudanças ocorrerem no curso da produção.

Longos tempos de preparação de máquina levam o planejamento a definir lotes de peças que *absorvam* esse tempo, e as mudanças de um modelo para outro tornam-se custosas e demoradas, constituindo-se em fator complicador para a gestão da capacidade, pois esse tempo de preparação *rouba* a capacidade da máquina.

Vamos utilizar o mesmo exemplo do tópico "Mix de produção", do Capítulo 7 (cuja Figura 7.8 apresenta o tempo de processo em cada máquina). Adicionamos o fator *tempo de preparação*, para que possamos entender o seu impacto na produção de uma peça e, para isso, vamos considerar que o *set up* seja de 50 minutos. Como vimos, este é o tempo transcorrido entre o término de uma peça e o início de outra, que é utilizado para preparar a máquina. *Vamos representar graficamente essa situação através do gráfico de Gantt**.

Gráfico 8.1
Gráfico de Gantt

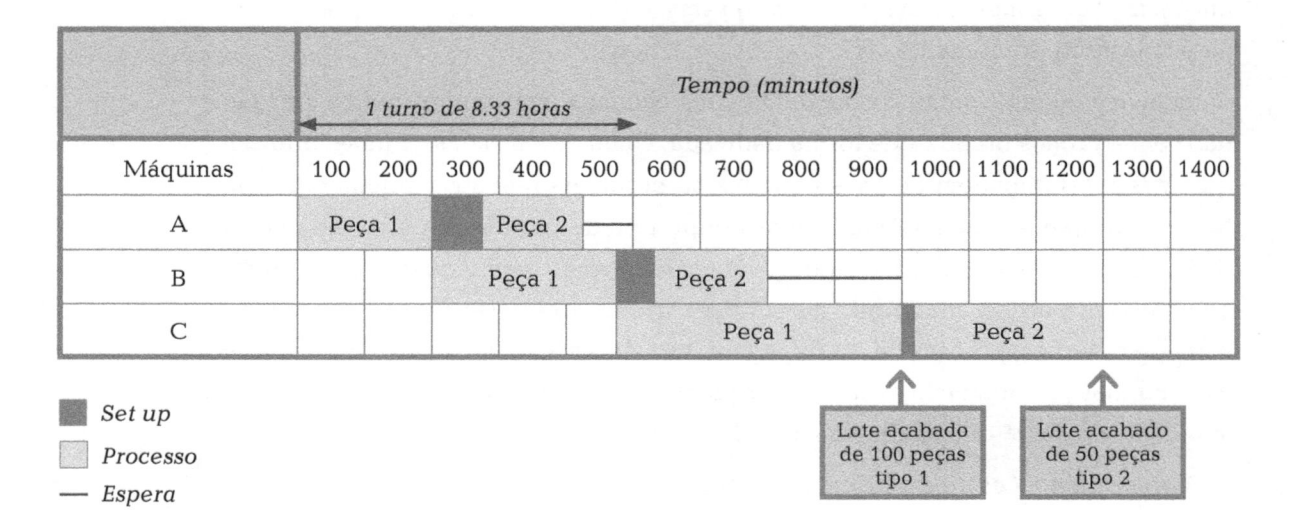

Máquinas	Tempo (minutos)													
	100	200	300	400	500	600	700	800	900	1000	1100	1200	1300	1400
A	Peça 1		Set up	Peça 2										
B				Peça 1		Set up	Peça 2							
C							Peça 1			Set up	Peça 2			

1 turno de 8.33 horas

■ Set up
▨ Processo
— Espera

Lote acabado de 100 peças tipo 1 (em 900 minutos)
Lote acabado de 50 peças tipo 2 (em 1200 minutos)

Observação: as máquinas A, B e C iniciam a operação com a peça 1, por esse motivo consideramos que já estavam preparadas, mas, se houvesse outra peça sendo feita, teriam também de aguardar o tempo de preparação de 50 minutos.

* *Gráfico de Gantt: desenvolvido em 1910 pelo engenheiro mecânico Henry Laurence Gantt (1861-1919), representa a ocupação do tempo e a sequência de eventos. Costumamos representar no gráfico o tempo na parte superior e os eventos em barras horizontais.*

São possíveis as seguintes interpretações para esse gráfico:
- o lote de peças tipo 1 terminará em 900 minutos ou 15 horas;
- o lote de peças tipo 2 terminará em 1.200 minutos ou 20 horas, isso em função do tempo de preparação e do tempo de espera, aguardando a operação anterior terminar;
- existe, assim, tempo de espera da peça 2 aguardando as máquinas B e C.

O tempo de preparação rouba capacidade de todas as máquinas, além de exigir um lote grande de peças a cada execução para poder absorver o tempo de set up. Em termos de custo, quando existe *set up* extenso entre a produção de uma peça e outra, o lote mínimo a ser produzido por máquina é calculado segundo a metodologia do lote econômico.

Lote econômico é a quantidade de peças, formadora de um lote, que absorve o tempo de preparação em termos de custo, ou seja, responde à pergunta: qual a quantidade ideal de peças que devo fazer para ser economicamente viável a produção em uma máquina com tempo de preparação extenso?

Vamos exemplificar, em outra situação, o impacto do tempo da preparação na definição dos lotes. Consideremos, para esse exemplo, uma prensa (conforme a Figura 8.1), que é uma máquina comum nas empresas que fazem componentes estampados, como para-choques, calotas, portas e quaisquer outras peças que são feitas de chapa de aço e estampadas com um modelo.

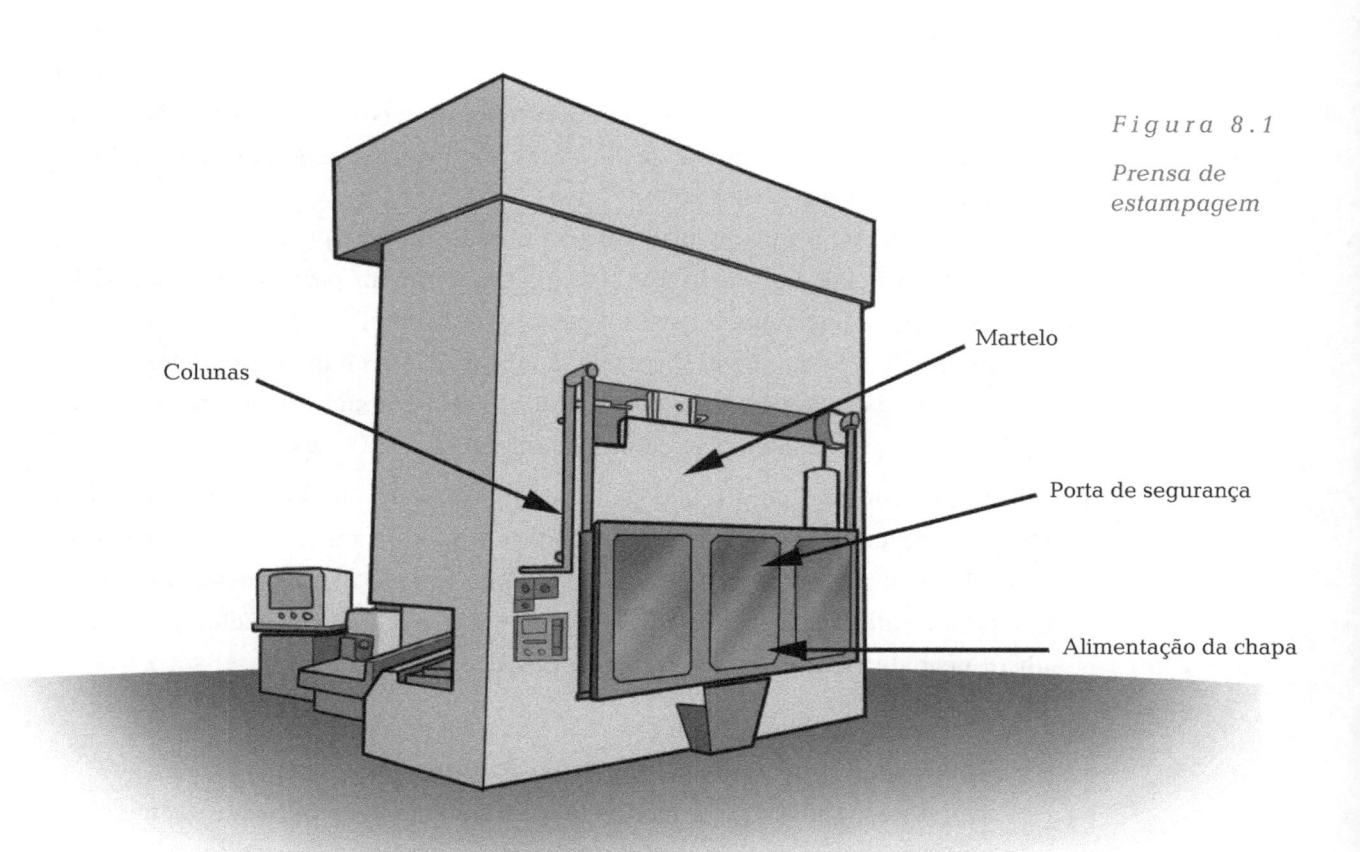

Figura 8.1

Prensa de estampagem

A operação de estampagem de um para-choque de veículo funciona da seguinte forma:

1. um martelo hidráulico faz o movimento vertical de cima para baixo guiado por colunas laterais,
2. na parte inferior da máquina, existe uma mesa onde é fixada uma ferramenta ou um *molde*;
3. o molde é um dispositivo composto de duas partes: a inferior, que possui a forma de um para-choque invertido, o *"negativo"* da peça, e a parte superior, com o formato do próprio para-choque, cada qual esculpido em bloco de aço resistente. O bloco superior é guiado por quatro colunas que permitem o movimento vertical de descida do martelo e de encontro de ambos os blocos (o *fechamento* do molde);
4. sobre o molde inferior é colocada uma chapa de aço plana e fixada com grampos hidráulicos que a deixam perfeitamente ajustada ao molde;
5. ao acionarmos a máquina, o martelo desce com uma força que pode chegar a até 400 toneladas, ou mais, concentradas na área do martelo da máquina;
6. o dispositivo, molde superior, desce de encontro ao molde inferior e penetra na chapa plana, deformando-a no formato do molde. O martelo não colide com o dispositivo inferior, pois existe uma folga da espessura da chapa de aço precisamente calculada;
7. com o impacto, a chapa plana transforma-se em uma peça;
8. uma vez acionada, a máquina leva alguns segundos para descer o martelo e estampar a peça, assim é feita a peça para-choque;
9. incluindo o tempo de alimentar a máquina com a chapa de aço plana, fixá-la com os grampos, acionar a máquina, descer o martelo e retirar o para--choque pronto, levamos aproximadamente dois minutos.

Vamos considerar, para efeito de exemplificação do processo, que esse para--choque seja o do veículo *A* (em produção) e que, ao terminar essa operação, temos de fazer um outro para-choque, agora do veículo *B*, que possui diferenças de medida e de forma e, consequentemente, necessita de um molde próprio. A substituição de um molde por outro é o *set up*.

Detalharemos, agora, esse processo de troca passo a passo:

- retirar o molde A, tirando todas as fixações que o prendem à máquina;
- com um equipamento de movimentação, como uma empilhadeira, remover o molde da máquina, cujo peso é em torno de 300 kg;
- acondicionar o molde A no estoque de moldes;
- retirar o molde B do estoque de moldes;

- levar o molde B até a máquina de estampagem, montá-lo na mesa da máquina;
- ajustar a máquina para a execução da nova peça, regular a pressão de acordo com o esforço de prensagem para a nova peça e ajustar as folgas entre a parte superior e inferior, em função da espessura da nova peça;
- fixar o molde à máquina;
- escolher os instrumentos de medida apropriados à nova peça;
- estampar uma peça teste;
- reajustar a máquina com o resultado do teste e repetir esse procedimento até a peça sair de acordo com as especificações;
- executar a primeira peça do lote e enviar para medição detalhada no CQ;
- sendo a peça aprovada pelo controle, a máquina está em condições de fazer o lote todo; salvo desgaste ou desajuste do molde, ou diferença na espessura da chapa, saem peças boas da operação.

O tempo total de preparação ou *set up* da máquina é, nesse caso, de cinco horas, para serem feitos todos esses procedimentos.

O planejador precisa tomar uma decisão quanto à quantidade de peças que devem ser feitas por lote antes de mudar para outro modelo, ou seja, o tamanho do lote que deve ser planejado, para que o custo seja mínimo e ocupe o menos tempo possível de um equipamento caro (lote econômico).

Considerando que a peça leva dois minutos para ser feita enquanto a preparação da máquina dura cinco horas, e, ainda, se, no limite (impensável em qualquer operação), fizer *uma única peça* e mudar para outra, nessa situação, o planejador terá o tempo total de cinco horas e dois minutos ou *quatro peças por dia*, isso com três turnos de trabalho. Em termos de custo, cada peça exigirá um tempo total de *302 minutos (5 horas X 60 minutos = 300 minutos + 2 minutos = 302 minutos)* e, se o valor hora da máquina, com o operador, for de R$ 70,00 por hora *(ou R$ 70,00 / 60 = R$ 1,17 / minuto)*, o preço dessa peça será: *302 minutos X 1,17 = R$ 353,34.*

A tabela a seguir estabelece quantidades crescentes de peças por lote, mantendo as condições de tempo de operação e de preparação. Podemos notar que o custo por peça reduz-se com lotes maiores.

Tabela 8.1

Efeito do tamanho do lote de fabricação em função do set up

Quantidade de peças no lote	1	10	100	200	400	500
Tempo de execução de cada peça	2	20	200	400	800	1000
Tempo de preparação: 5 horas ou 300 minutos	300	300	300	300	300	300
Tempo total em minutos	302	320	500	700	1100	1300
Tempo por peça em minutos	302	32	5	3,5	2,75	2,6
Valor de cada peça a R$ 70,00 por hora	352,33	37,33	5,83	4,08	3,20	3,03

Assim, podemos concluir que seria impossível, em termos de custo e capacidade, fazermos lotes pequenos de produção, pois teríamos, para peças feitas com lote unitário, o custo aumentado em mais de *100* vezes em relação ao do lote de 500 peças. Por esse motivo, o planejador tem de calcular o chamado *lote econômico* para definir quantas peças serão fabricadas em cada lote.

Existe, no entanto, *um outro lado dessa situação de custos*: quanto maior o lote, maior será a probabilidade de sermos obrigados a manter altos níveis de estoque, porque o lote econômico não pode considerar a demanda do produto. Em outras palavras, se nesse caso a montagem fosse de 10 produtos dia e ainda quiséssemos manter um baixo custo unitário por peça, teríamos de fazer estoques seletivos a 50 dias de produção, mesmo sendo uma empresa com produção média.

Assim, sendo uma empresa com série média de produção de 500 unidades por mês, se optarmos por um lote de 500 peças, estaremos produzindo um mês de estoque antecipado dessas peças. Desse modo, temos de comprar a matéria-prima um mês antes, utilizar a máquina e o operador e desembolsar o capital tudo antecipadamente. A consequência é que necessitaremos de mais capital de giro para operar a empresa, tudo em razão do tempo de preparação e sua função de custo e capacidade.

Temos assim estabelecido o dilema do tamanho do lote de fabricação com tempo alto de preparação, pois sabemos que, quanto maior o lote, menor será o custo pela absorção do tempo de preparação e melhor será a utilização da máquina; por outro lado, sabemos que grandes lotes trazem a necessidade de maior capital de giro, rigidez na manufatura e todos os inconvenientes de se carregar estoques.

Onde está a solução?

A grande mudança de paradigma, em relação ao tempo de preparação, veio de um engenheiro japonês chamado Shigeo Shingo, que simplesmente considerou que o tempo de preparação não devia ser absorvido pelo lote, mas sim deveria ser reduzido ao máximo. Por incrível que pareça, as indústrias da época consideravam, até então, que o tempo de preparação era uma consequência inevitável da operação e o aceitavam passivamente, era um *dado fixo* para o gestor. Mentalidade resultante do antigo paradigma da produção em massa.

Ao desconsiderar esse dado como *fixo* e trabalhar na redução do tempo de preparação, Shingo conseguiu resultados fantásticos, atingindo marcas de um dígito de minutos. Por isso denominou sua técnica revolucionária de *Single Minute Exchange of Die (SMED)*, que significa *"set up time de apenas um dígito de minuto", ou seja, fazer o set up de qualquer máquina em até nove minutos.* Essa técnica consiste em processos inteligentes e organizados para reduzir o tempo de preparação de dispositivos diversos e de ideias criativas também com essa finalidade (Shingo; Dillon, 1985).

A sequência estabelecida pela técnica do set up time *de apenas um dígito de minuto é a seguinte (Shingo; Dillon, 1985; Womack; Jones, 1998):*

1. identificar e cronometrar todas as fases do *set up*;
2. separar as operações que são executadas obrigatoriamente com a máquina parada, como ajustes de altura, colocação dos moldes e ajustes dos moldes na máquina;
3. separar as operações que são executadas fora da máquina, ou seja, as que podem ser executadas enquanto a máquina está operando;
4. eliminar os tempos das tarefas que são executadas fora da máquina por meio de planejamento prévio das ações externas, tais como: ir buscar o molde no almoxarifado, aguardar a matéria-prima, fazer os ajustes no molde, ter facilmente à mão as ferramentas de ajuste;
5. transformar ao máximo as tarefas que são executadas com a máquina parada em tarefas externas, com alterações nos ajustes;
6. padronizar ao máximo as alturas, as ferramentas, os parafusos e outros fixadores, eliminando, assim, operações de ajuste;
7. reduzir os ajustes internos da máquina por meio de alterações nesta, visando à eliminação de ajustes e à automatização de controles.

Vamos dar continuidade ao nosso exemplo, agora com tempos de *set up* de nove minutos:

Tabela 8.2

Exemplo com o tempo de set up reduzido

Quantidade de peças no lote	1	10	100	200	400	500
Tempo de execução de cada peça	2	20	200	400	800	1000
Tempo de preparação: 9 minutos	9	9	9	9	9	9
Tempo total em minutos	11	29	209	409	809	1009
Tempo por peça em minutos	11	2,9	2,09	2,04	2,02	2,01
Valor de cada peça a R$ 70,00 por hora	12,83	3,38	2,43	2,38	2,35	2,34

Como você pode notar, na Tabela 8.2, o tempo de preparação reduzido permite uma redução dos lotes sem impacto significativo no custo, um lote razoável de 30 peças equivale em custo a aproximadamente 500 peças com tempo de preparação alto. Dessa forma, aquela produção de 50 produtos por dia (cujo lote econômico seria de 50 dias de produção antecipada para assim obtermos o custo de R$ 3,03 por peça) agora pode ser feita no dia anterior com custo apenas levemente superior, isto é, de R$ 3,38 por peça. Ainda considerando o exemplo anterior, com 500 produtos por mês, torna-se viável a produção quase que a cada dois dias, reduzindo-se violentamente os custos.

Vamos agora comparar a mudança radical de custos com o set up reduzido, conforme o que pode ser observado na tabela de comparação entre os dois sistemas.

Tabela 8.3

Comparação entre os dois sistemas

Quantidade de peças no lote	1	10	100	200	400	500
Valor de cada peça com alto set up	352,33	37,33	5,83	4,08	3,20	3,03
Valor de cada peça com set up reduzido	12,83	3,38	2,43	2,38	2,35	2,34

O que acabamos de analisar (Tabela 8.3) é um típico exemplo de mudança de paradigma. *Você diria que ele pode alterar radicalmente uma operação e proporcionar grande vantagem competitiva?*

Nos Estados Unidos da década de 1980, quando essas técnicas japonesas tornaram-se mais conhecidas, as empresas, em uma primeira reação, desconsideraram a possibilidade de uma mudança tão radical, simplesmente não acreditaram que fosse possível, achavam que os informantes do sistema japonês estavam mentindo ou exagerando, porém, posteriormente, depois que os japoneses já dominavam praticamente o mercado, esforçaram-se para entender e passaram a empenhar-se fortemente na redução de tempos de preparação, inclusive com a ocorrência até de concursos entre empresas na disputa de menores tempos de *set up* na mesma máquina, sendo os mais rápidos premiados com troféus e outras formas de motivação.

Fica, assim, evidente o benefício de um tempo baixo de preparação, sendo digno de nota que antes de Shingo estudar essa matéria ninguém houvesse pensado em atacar o *set up* em vez de investir em grandes lotes para absorver o alto tempo de preparação.

Mas onde você acha que está a flexibilidade?

Ora, se é possível mudarmos com baixo custo da peça A para a peça B, então podemos alterar o modelo do produto ou o próprio produto com facilidade, sempre que o mercado assim o exigir, tornando a manufatura flexível.

Devemos também atentar, uma vez que conseguimos obter setores flexíveis de fabricação de componentes, para que a montagem destes aconteça de forma flexível. Isso implica que possamos produzir, na linha de montagem, qualquer modelo que o mercado demandar. Para tanto, a linha tem de estar preparada com estoque de peças para vários modelos e com dispositivos de montagem flexíveis, o que permite mudar de um modelo para outro de forma rápida e segura.

Outro conceito importante diretamente ligado à flexibilidade é o de lead time *ou tempo de atravessamento da fabricação total de um produto.*

O que é lead time*?*

O indicador que melhor reflete o tempo de reação é chamado *lead time* (tempo de atravessamento), que significa o tempo total desde que a matéria-prima entrou na empresa até a saída do produto final. Costumamos empregar a expressão *lead time* de produção ou *lead time* do fornecedor para fazermos referência ao tempo total necessário para este ou aquele reagir a uma mudança e entregar o produto solicitado pelo mercado.

A reação será mais rápida quanto menor o tempo total de processo. Quais são, portanto, os principais indicadores da eficácia da reação? Por que o lead time *é tão importante?*

O *lead time ideal* é o menor possível, pois significa que a reação à demanda é rápida, e o setor produtivo está preparado para produzir desde a matéria-prima até a entrega do produto final em curto espaço de tempo, atendendo assim ao cliente.

Podemos também atender rapidamente, se tivermos estoques suficientes do produto e entregarmos imediatamente o que foi solicitado?

Sim, mas, nesse caso, *ter estoques disponíveis* significa arcar com os custos de capital de giro necessário para mantê-los; se, por outro lado, a produção for flexível e o *lead time curto*, podemos, no limite ideal, *iniciar a produção depois de vendido o produto*. Assim, quando formos desembolsar para pagar a matéria-prima e os custos de produção, já teremos recebido do cliente! É uma questão de ter um fluxo de caixa positivo, o sonho de qualquer empresa! Ainda com a eliminação do risco de fabricar produtos que possam ficar em estoque sem demanda.

Dessa forma, ao realizarmos a produção de forma ágil e sem grandes volumes de estoque, havendo capacidade de processamento rápido, podemos deixar para comprar e produzir exatamente na hora em que utilizarmos o componente. Esse conceito, conhecido como *Just In Time*, será desenvolvido no Capítulo 9.

Outro indicador importante é o tempo do ciclo de produção. Esse conceito foi chamado de tempo takt *ou* takt time* e sincroniza precisamente a velocidade de produção e a velocidade de venda aos clientes. O *takt time* define o ritmo de produção, tornando-se a pulsação do sistema produtivo.

É ele que dá a noção do ritmo da operação (sua cadência), por exemplo, a fabricação de um veículo a cada dois minutos, de um televisor a cada 20 segundos ou de uma colheitadeira a cada 40 minutos.

A importância desse indicador está na avaliação sistêmica da produção, quando um recurso novo entrar em operação ou um novo fornecedor for admitido no sistema, ele permite verificar se aqueles apresentam *performance* pelo menos igual ao ritmo da empresa como um todo; caso contrário, será um gargalo de produção ou de fornecimento.

O tempo de ciclo ou tempo *takt* é calculado dividindo-se o número de produtos que estão sendo vendidos pela disponibilidade de horas de produção. Por exemplo, se o mercado demanda 120 produtos por dia e a empresa trabalha no regime de oito horas, o cálculo será:

8 horas · 60 min = 480 minutos;

480 minutos / 120 produtos = 4 minutos por produto ou 15 produtos por hora;

Tempo *takt* ou *takt time* = 4 minutos.

---

* Takt time: *é um termo de origem alemã adotado por várias línguas e representa um intervalo preciso de tempo como na métrica musical (Womack, 1998, p. 397).*

Esses dois indicadores – lead time, tempo de atravessamento, e takt time, tempo do ciclo de produção – é que nos informam da capacidade de eficácia de reação à necessidade de demanda.

Ciclo: tempo entre o último produto e a montagem do próximo.
Ex.: Um veículo a cada dois minutos.

Ritmo da empresa

Lead time de produção

O conceito de tempo de ciclo tomado em conjunto com a redução dos tempos de preparação permitem que o gestor possa programar a produção de forma mais nivelada, conseguindo assim operar com lotes ideais. A esse conceito os japoneses deram o nome de *Heijunka*, que é o nivelamento global da programação da produção (em termos de variedade e volume dos itens demandados, em determinados períodos de tempo) diretamente ligado ao desempenho de vendas (Fujita, 1992, p. 33).

Figura 8.2

Lead time *e ciclo de produção*

Nivelar a produção significa evitar os picos e os vales típicos provocados pela demanda de vendas, trazendo mais estabilidade para a operação. Ao se produzir

Figura 8.3

Nivelamento da produção

Fonte: Fujita, 1992, p. 33.

de forma nivelada, em vez de lotes, alcançaremos dois objetivos, o nivelamento e a redução de estoques de processo.

Vamos utilizar um exemplo desenvolvido por Fujita (1992, p. 35) para melhor explicar esse conceito, através de uma sequência de desenhos:

Figura 8.4

Demanda mensal

Fonte: Fujita, 1992, p. 35.

Ao planejar a produção mensal, com base nas expectativas de vendas para o mês, tradicionalmente se programavam os itens em lotes da mesma peça, fazendo, por exemplo, a produção total do item X, depois do item Y e finalmente do item Z.

Dessa forma, a produção do item X, por exemplo, será feita pelo total do mês, não importando a forma como a demanda se dará. Inevitavelmente a empresa carregará estoques desse componente.

Figura 8.5

Plano de produção mensal em relação às semanas

Fonte: Fujita, 1992, p. 35.

Plano de produção mensal

Produto	Quant.	Semana		
x	4800	4800		
y	2400		2400	
z	1200			1200

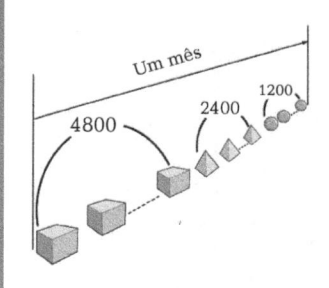

Vamos converter a demanda mensal para produção diária.

Plano de produção – 20 dias úteis

Produto	Quant.	1	2	3	4
x	4800	240/dia			
y	2400	120/dia			
z	1200	60/dia			

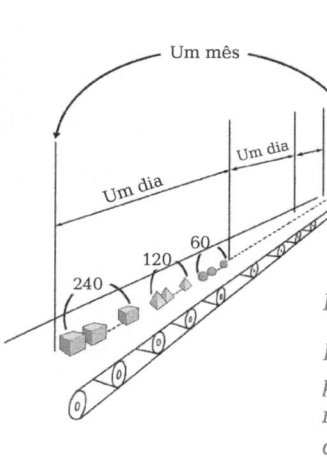

Figura 8.6

Plano de produção em relação aos dias

Fonte: Fujita, 1992, p. 36.

Produto	Quant.	Um dia		
		8h	12h	16h
x	4800	240		
y	2400		120	
z	1200			60

Nós ainda temos lotes neste planejamento.

Figura 8.7

Plano de produção mensal em relação às horas

Fonte: Fujita, 1992, p. 36.

Programa de produção diária
(8 horas úteis/dia)

Produto	Quant.	Um dia	
		8h	12h
x	240	2 min	
y	120	4 min	
z	60	8 min	

COTA DE HOJE
x.................... 240
y.................... 120
z.................... 60
Total.............. 420

TEMPLO DE CICLO
x.................... 2 min
y.................... 4
z.................... 8

Fluxo de Material

Repetir essa sequência 60 vezes ao dia

Figura 8.8

Plano de produção mensal em relação a minutos

Fonte: Fujita, 1992, p. 36.

Para o balanceamento ideal dessa linha, é necessário que utilizemos o conceito de *tempo de ciclo*. Ou seja, devemos calcular qual o ciclo de cada componente. Assim, se for preciso fazer 240 peças do X em 480 minutos, concluímos que seu tempo de ciclo é de dois minutos; pelo mesmo raciocínio, o de Y será de quatro minutos e o de Z de oito minutos.

Tipo	Demanda mensal	Demanda diária	Tempo de ciclo	Período de tempo
X	4800	240	2 minutos	A cada 2 minutos
Y	2400	120	4 minutos	A cada 4 minutos
Z	1200	60	8 minutos	A cada 8 minutos
	8400	420		

Quadro 8.1

Demanda e tempo de ciclo

Na linha de montagem, por exemplo, podemos estabelecer que a cada oito minutos vamos produzir quatro unidades de X, duas unidades de Y e uma unidade de Z. Esse tipo de produção permite a operação do chamado *Full Model Mix* (variação total de modelos do *mix*), que é o ideal para atender ao mercado imediatamente e com pouco estoque. Mas esse ideal de produção só será possível se o tempo de preparação for muito baixo na mudança de um produto para outro.

No entanto, as vantagens são evidentes, basta imaginar as duas situações a que nos referimos: enquanto na primeira, com programação mensal, o cliente precisava de um mês para ser atendido, na segunda podemos atender a qualquer demanda de forma diária, sem estoques. Produziu, entregou e faturou, tudo no mesmo dia!

A evolução do nível de estoques ao longo do mês pode ser verificada com um exemplo bastante simples, de apenas dois componentes, o A e o B (Figura 8.9).

No caso da produção tradicional em lotes, fabrica-se o componente A e depois se alterna para o B. Logo que o lote A é terminado, começa a ser consumido, seja internamente por demanda de outro processo ou mesmo vendido, da mesma forma o produto B.

Podemos notar no gráfico, ao lado da programação diária do mês, a construção do estoque de A, quando a linha é inclinada para cima, e logo depois seu consumo quando a linha inverte-se para baixo. O mesmo acontece com o produto B.

A diferença entre os dois métodos faz-se notar claramente onde a produção nivelada apresenta um nível de estoque muito inferior exatamente do tipo JIT, logo que é produzida, já é consumida, ao contrário do processo tradicional.

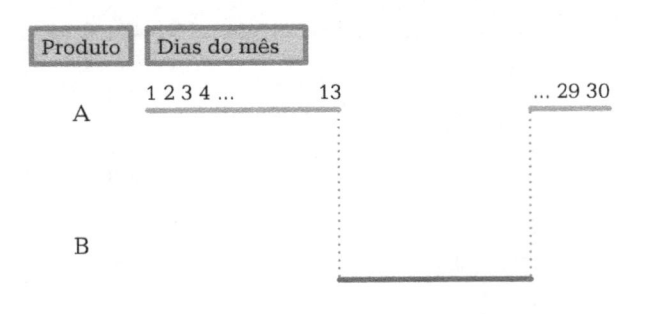

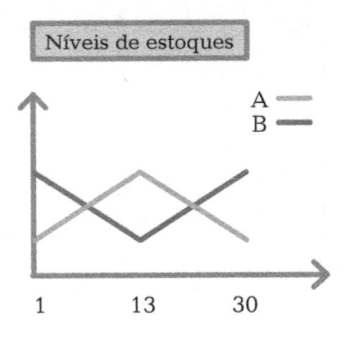

Produção em lotes: produção de todo o volume de A e depois de todo o volume de B

Produção nivelada: produção de A e B mixada diariamente

Figura 8.9

Benefícios da produção nivelada

Fonte: Suzaki, 1987, p. 125.

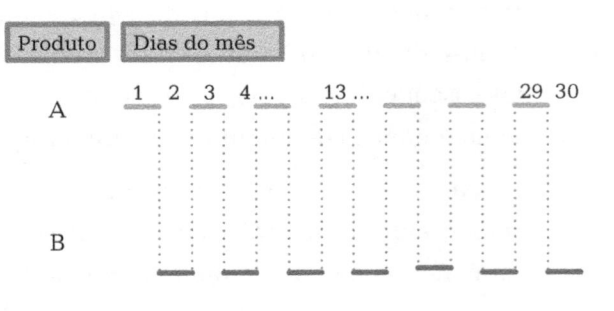

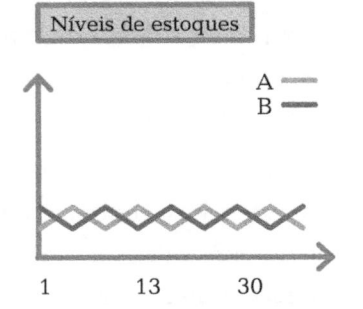

A figura acima demonstra o estoque de cada um dos modelos de produção, conforme são fabricados e consumidos. Na alternativa em lotes, a produção do produto A é executada completamente no volume do mês até o dia 13 e depois é alternada para o produto B. Já na alternativa nivelada com *mix* total, A e B são executados e consumidos no dia, o que evidencia uma significativa redução de estoques (mostrada no gráfico do lado direito da figura).

exercícios

1. O que é flexibilidade em termos de manufatura?
2. Qual a importância da flexibilidade?
3. O que é *set up* ou tempo de preparação?
4. Qual a importância do *set up* para a flexibilidade do sistema produtivo?
5. O que é lote econômico?
6. O que é *lead time*?
7. Qual a relação do *lead time* total de produção de um determinado produto com o nível de estoques em processo?
8. Como funciona o método SMED de redução de tempos de preparação?
9. O que é tempo de ciclo de produção ou *takt time*?
10. Se uma empresa de geladeiras produz 480 produtos por dia e possui uma jornada de trabalho de oito horas, qual o seu *takt time*?

capítulo 9

Planejamento da Operação

Neste capítulo, vamos nos concentrar no planejamento de vendas e de operações de produção. Abordaremos o planejamento do sistema produtivo, buscando visualizar as diferentes atividades realizadas por vários setores que interagem entre si e com o meio ambiente, formando, portanto, um sistema complexo, que exige planejamento eficaz de todas as fases do processo e dos setores da empresa envolvidos na operação, para, assim, permitir ordenar as ações, prever problemas e otimizar os recursos na realização do objetivo de produção previsto.

Que sentido tem corrermos quando estamos no sentido errado?

– Provérbio alemão –

9.1 horizontes do planejamento

Planejar a operação é prever o futuro com as melhores informações disponíveis e agir aproveitando as oportunidades vislumbradas e antecipando-se aos problemas, controlando, dessa maneira, a dinâmica de todo o fluxo produtivo, que se inicia com a previsão de vendas e termina com a entrega do produto.

O planejamento envolve várias áreas de especialidade, inserindo em seu contexto a previsão de vendas, a produção, as finanças, os recursos humanos e a cadeia produtiva fornecedora, enfim, todos os setores que formal ou informalmente participam do processo de produção.

Por ser uma atividade essencialmente dinâmica e mutável, o planejamento da operação pressupõe a aplicação de estratégias e flexibilidade para se adaptar a mudanças constantes e por vezes imprevisíveis. Salientamos que existem diferentes graus de complexidade em um planejamento em função das características envolvidas no processo produtivo, como:
- a quantidade de componentes que fazem o produto;
- a variedade da oferta;
- o processo de manufatura, quando envolve muitas fases e máquinas;
- a variabilidade da demanda, que pode exigir alterações rápidas;
- a aquisição de matérias-primas, quando sazonais ou importadas.

Quanto ao tempo coberto pelo planejamento, podemos ter períodos a curto, médio e longo prazo: a longo prazo, quando planejamos a expansão da fábrica, a compra de máquinas; a médio prazo, quando planejamos um ciclo de produção, desde a previsão de custos até a realização da produção; a curto prazo, quando fazemos a programação diária da carga da máquina, por turno.

Uma premissa básica é a de que, quanto maior o horizonte de tempo, maior será a incerteza do planejamento.

Os diversos horizontes de planejamento das operações de uma fábrica são via de regra cuidados por diferentes níveis da empresa. Comumente encontramos a seguinte distribuição de responsabilidades:

- *o planejamento estratégico e a longo prazo*: envolve decisões de investimentos, lançamentos de novos produtos, expansões de fábrica e aumento da capacidade; é de responsabilidade da alta administração, que define e dá o rumo da organização;
- *o planejamento geral do período*: realizado pelo Setor de Vendas, apoiado pelo Setor de Finanças e com informações do mercado, prevê tendências e discute com a alta administração periodicamente;
- *o planejamento da cadeia produtiva*: é feito pelo Setor de Planejamento e Controle da Produção, que, com as informações sobre vendas, finanças e recursos de produção, planeja os materiais e os insumos;
- *o controle do dia a dia da fábrica*: ou seja, a operação da produção é de responsabilidade do próprio Setor de Produção, o qual avalia as opções, programa a carga máquina, bem como a necessidade de adição ou demissão de pessoal horista;
- *o planejamento da qualidade*: é de responsabilidade do Setor de Qualidade, que avalia e reporta os níveis de qualidade, planeja as auditorias de produto e levanta as informações estatísticas do processo. Mas é importante destacar novamente que a responsabilidade de *atingir a qualidade* planejada é de quem *executa* o processo, ou seja, a produção.

Como vimos, a função específica de planejar produção cabe ao Setor de Planejamento e Controle da Produção (PCP).

"Como departamento de apoio, o PCP é responsável pela coordenação e aplicação dos recursos produtivos de forma a atender da melhor maneira possível aos planos estabelecidos em níveis estratégico, tático e operacional", de acordo com a definição de Tubino (2000).

Com as previsões de demanda feitas pelo Setor de Vendas, o PCP verifica os estoques e compra o necessário, planeja a produção e seus insumos e controla o processo produtivo, além dos estoques, a movimentação interna de materiais e os produtos acabados.

Para tanto, o PCP depende de informações, como saldo em estoque, previsão de vendas, prazos dos fornecedores, definição do processo produtivo, padronização dos tempos de execução, da definição da capacidade instalada, de tempos de fabricação, entre outras.

Esses dados são gerados e estão disponíveis em diferentes setores da empresa, cabendo ao PCP a função de consolidador das informações, por esse motivo, os sistemas de gerenciamento da produção são comumente operados por ele, convergindo para esse setor, para que sejam processadas as informações em função das necessidades de vendas.

E as interfaces dos vários departamentos de uma empresa com o PCP, como se organizam?

A interface com a alta administração é necessária, pois as decisões sobre *o que produzir*, *o quanto* e *quando* são estratégicas, envolvendo decisões de risco para a empresa, como optar por aumentar o volume acima da média, esperando um aumento de demanda, ou investir em expansão, ou contratação, ou demissão de pessoal. Por esse motivo, cabe ao Setor de Planejamento fornecer todos os dados, para que as decisões sejam sempre lastreadas nas melhores informações.

A coordenação entre os setores de produção e vendas é outra interface importante, pois existem conflitos de interesses. O Setor de Vendas deseja estoque para pronta entrega e atendimento rápido dos pedidos; o Setor de Produção preocupa-se, no entanto, com o processo, com a qualidade e deseja prazos mais longos para executar a sua função. Assim, o PCP, como guardião do processo completo de planejamento, deve fixar os prazos e o nível de estoque adequado.

A interface entre o Setor de Produção e o de Compras também pode ser fonte de atritos, pois os compradores procuram as melhores condições de preços e de prazos de pagamentos, mas pode ocorrer que o fornecedor escolhido tenha um prazo de entrega mais longo, impactando na produção; da mesma forma, pode haver conflitos quanto à qualidade, como quanto ao grau de acabamento das peças compradas, que pode gerar a necessidade de trabalho adicional para a produção – se necessitar retrabalhá-las.

Assim, o PCP deve estabelecer os prazos e, em conjunto com o Setor de Qualidade, trabalhar junto aos fornecedores, para que estes entreguem de acordo com as especificações, evitando o risco de prejudicar a produção.

A interface com o Setor de Contabilidade de Custos deve-se ao fato de que o custo do produto reflete a *performance* da produção em conseguir executar dentro dos padrões estabelecidos de utilização de recursos de material e de mão de obra, cabendo ao PCP suprir adequadamente o Setor de Contabilidade com informações de custos das "ordens de produção" e "ordens de compra" executadas.

Em geral, o PCP opera em um nível mais geral e de maior período de tempo, enquanto a *programação* é via de regra realizada pelo Setor de Produção e destina-se a coordenar as atividades relacionadas diretamente ao dia a dia, com uma visão mais a curto prazo, estritamente operacional, envolvendo outras variáveis, como a gestão da mão de obra, a carga máquina, as alterações de fluxo por falta de componentes ou por quebra de máquinas, ou seja, a gestão da sintonia fina e o controle do efetivamente produzido.

Destacamos, entre as várias funções do PCP em uma empresa, as atividades que compreendem o gerenciamento e a operação do sistema de informações da produção, o planejamento da produção, a emissão de ordens, a gerência dos estoques, a movimentação, o recebimento e a expedição, bem como a função de centralizador das informações.

- *O gerenciamento e a operação do sistema de informações da produção*: essa é uma função muito importante, pois o PCP é o principal operador e gestor do Sistema de Informações Gerenciais (SIG), mesmo que existam informações que sejam alimentadas por outros setores, ainda assim o PCP será responsável pela integração de tais informações e pelo gerenciamento do sistema a elas inerente.

- *Planejamento da produção*: traduz-se considerando a previsão de vendas, a capacidade produtiva da fábrica e a política financeira – por fixar quanto será produzido no período, em termos de produtos finais.

- *Emissão de ordens*: consiste na transformação do plano de produção em "ordens de fabricação" e "de compras", que são os documentos comumente utilizados nas fábricas e servem para autorizar a fabricação ou a aquisição. Na atividade de liberação de "ordens de compra", executa a função de organizar e proceder às solicitações de aquisições de materiais e insumos necessários à produção. Na liberação de "ordens de produção", autoriza a fabricação dos componentes, dos grupos e as montagens finais.

- *Gerenciador dos estoques*: no desenvolvimento dessa função, o PCP estabelece os níveis de estoque, a sua reposição, o controle do estoque em processo e o controle do produto, bem como planeja e executa inventários periódicos ou rotativos (contagens permanentes de itens ao longo do ano).

- *Movimentação*: o PCP faz toda a movimentação de materiais e componentes dentro das instalações produtivas, seja do recebimento para o almoxarifado, seja deste para a linha de montagem, ou mesmo entre estágios de processos.

- *Recebimento e expedição*: executa o recebimento de todo o material adquirido de terceiros, em conjunto com a avaliação do Setor de Qualidade, bem como recebe e alimenta o sistema da entrada do material, além de proceder à preparação do produto final, em embalagem adequada para sua proteção, e à logística de entrega dos produtos aos clientes. Faz interface com o Departamento Financeiro tanto no recebimento quanto na emissão da Nota Fiscal de venda.
- *Centralizador das informações*: nessa função, o PCP serve de contato entre o controle do andamento da produção e todos os demais departamentos da empresa, bem como prepara relatórios sobre a eficiência operacional.

Em meio a toda essa convergência de funções, você consegue visualizar como se estrutura hierarquicamente o PCP?

Via de regra, o Setor de PCP reporta-se à gerência industrial ou à diretoria industrial, mas essa relação hierárquica pode ser diferente em algumas empresas que possuem outras estruturas, como aquelas com um Setor de Administração de Materiais, a quem o PCP se reporta, ao lado do Setor de Compras ou do Setor de Logística.

O Setor de Recebimento, o de Expedição e o de Almoxarifado, além das atividades de execução de inventários e de movimentação de materiais, normalmente estão subordinados ao PCP.

A posição de independência do PCP, do Setor de Compras e do de Produção é importante para evitar conflitos de interesses entre setores ou atividades que podem originar problemas com efeitos perniciosos para a empresa. Como explica Viana (2000, p. 43): "A Administração de Materiais, em algumas empresas, encontra-se subordinada a setores industriais ou comerciais, ou subdividida entre os dois, contrariando o antigo preceito de Administração de que 'quem produz não controla' ou ampliado para nosso campo 'quem planeja não compra, quem compra não recebe, quem guarda não inventaria'".

Quais os fatores que influenciam no planejamento?

De forma geral, o tamanho da empresa influi na estrutura do planejamento, pois, quanto maior a empresa, mais formal e detalhado é o PCP.

O tipo de manufatura é outro fator que exerce uma influência muito forte sobre o sistema de PCP, pois tipos de manufatura diferentes requerem sistemas diferentes de planejamento. Como explica Tubino (2000), "Planejar e controlar as atividades de uma empresa que produz produtos padronizados para estoque é bastante diferente de planejar e controlar produtos sob encomenda".

No caso de planejamento de um *produto padronizado para estoque*, existe possibilidade de previsão de acordo com as informações de vendas, de dados históricos e de tendências. Durante a realização do produto, podem ser feitos ajustes de volume de acordo com a demanda real – sendo produtos padronizados – e os seus processos, os materiais e os fornecedores são conhecidos e repetem-se, facilitando o controle. Já em um *produto sob encomenda*, o planejamento tem de esperar o cliente manifestar-se, para, então, iniciar seu ciclo de determinação de um conjunto de procedimentos, as dificuldades serão inerentes ao que foi solicitado. O fluxo básico de informações utilizadas pelo planejamento pode ser esquematizado como na figura a seguir.

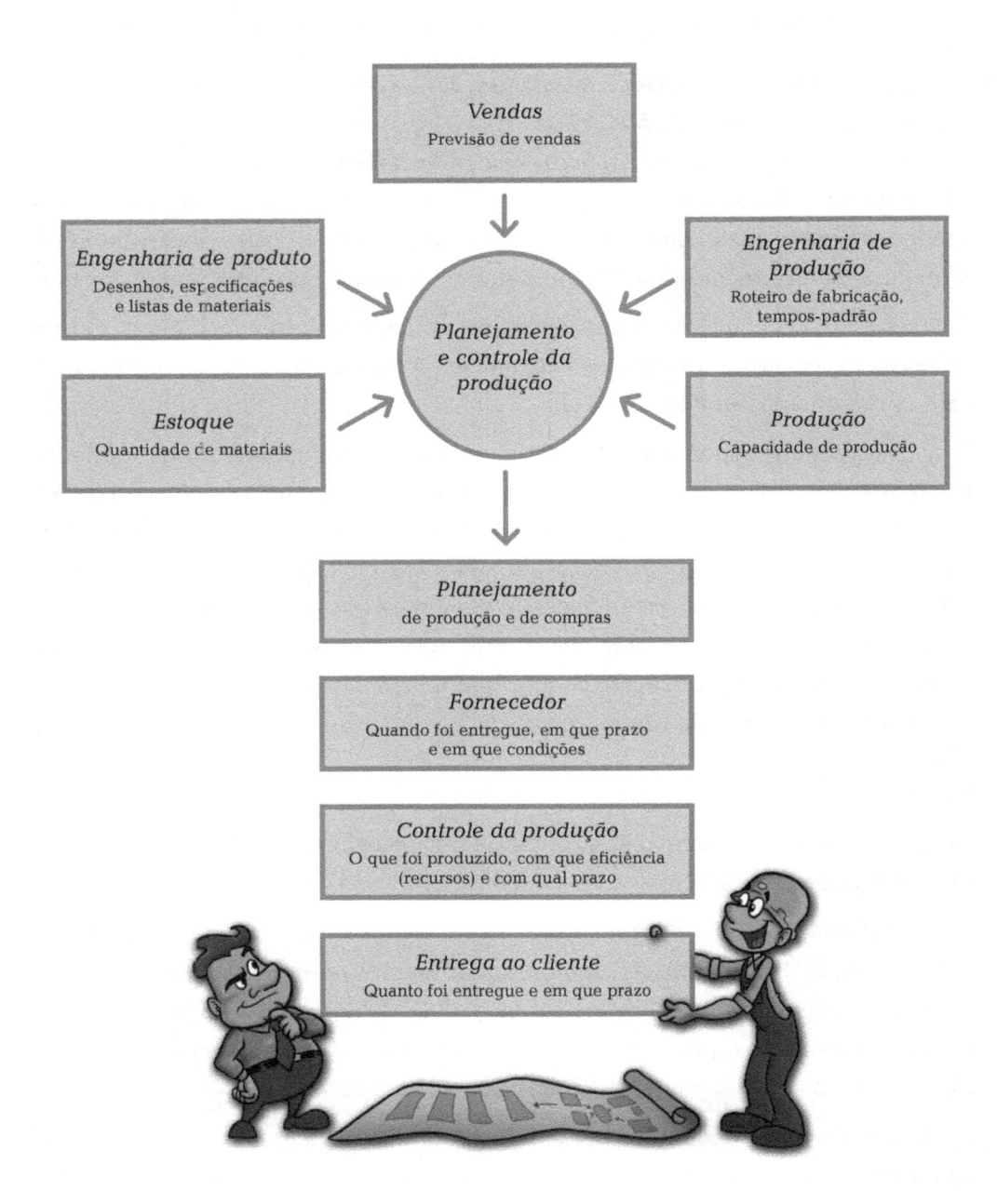

Figura 9.1

Fluxo básico de informações

Uma empresa com alta variabilidade de demanda é muito mais complexa que uma que consiga fixar sua produção. Uma taxa de produção constante é o ideal para qualquer empresa, pois facilita todo o processo; todavia, é quase impossível não variar os volumes e os modelos de produtos, pois a demanda é essencialmente mutável em função de mudanças do mercado. Devemos procurar uma solução de compromisso entre o atendimento da variabilidade com o máximo de flexibilidade do aparato produtivo e a comodidade da taxa fixa da produção por períodos de tempo. Uma empresa pode optar por manter aproximadamente constante sua taxa de produção, carregando estoques niveladores, porém deve atentar para a inevitável necessidade maior de capital de giro para a operação da empresa e, se for essa a opção, o custo-benefício de tal estratégia deve ser calculado.

9.2 O planejamento da produção

O ciclo de planejamento é o período no qual se executa todo o processo de planejamento, desde a previsão de demanda, a aquisição de materiais e a produção dos produtos até a sua entrega.

Em função do tipo da empresa, esse ciclo se repete, na maioria dos casos, mensalmente ou trimestralmente. Períodos mais longos são menos utilizados, embora possam ser adequados para produtos com longos tempos de produção, como é o caso de produtos sob encomenda de grande porte, como navios e grandes estruturas.

Normalmente a previsão cobre períodos de até um ano, ou seja, ciclos mensais de planejamento com horizonte de até um ano. Assim, a cada mês planejamos os próximos 12 meses: em janeiro, planejamos de fevereiro a janeiro do outro ano; em fevereiro, de março a fevereiro e assim sucessivamente. Via de regra, consideramos os três primeiros meses da previsão como fixos, e os seguintes nove meses como "visibilidade de planejamento", sendo estes mais flexíveis para aceitar alterações de volumes e de modelos. Por exemplo, um fornecedor que recebe o planejamento de entrega pode trabalhar para fornecer os três meses com relativo baixo risco de alterações, e os demais servem para que ele se planeje com prazo mais longo.

Qual o ponto inicial de qualquer planejamento de produção?

O planejamento do processo produtivo, a cada ciclo, inicia-se com a previsão de vendas, de produtos por modelo, por período de tempo: assim, utilizando-nos das informações sobre a capacidade produtiva e os estoques existentes, podemos determinar *o que*, *quando* e *quanto* produzir e comprar.

A previsão de vendas fornece as estimativas de demanda do mercado, o que permite planejar a execução dos produtos. Também são considerados os níveis de estoques e de reserva existentes, após o que os planos para satisfazer necessidades de material adicional e capacidade são, então, formulados e avaliados. Na continuidade do processo, para a aquisição dos materiais faltantes, são programadas *ordens de compra* e, uma vez avaliada a capacidade produtiva existente e disponível, as *ordens de produção* são liberadas para as atividades de produção serem realizadas.

> *As previsões são avaliações de ocorrências de eventos futuros incertos. O objetivo básico é usar a melhor informação disponível para dirigir as atividades futuras das metas da empresa. A previsão desempenha, portanto, um papel importante no estabelecimento de planos e no auxílio às decisões empresariais.*

As previsões, se acertadas, permitem aos gerentes planejar níveis adequados de pessoal, matéria-prima, capital, estoque e inúmeras outras variáveis. Esse planejamento resulta em melhor uso de capacidades, melhores relações entre empregados e melhor atendimento aos clientes.

Após a previsão de vendas, é possível montar o *Programa Mestre do Planejamento*, que formaliza o plano de produção e o converte em necessidades específicas de material, de horas e de insumos. As necessidades de mão de obra, material e equipamento para cada tarefa devem, então, ser avaliadas. O objetivo, portanto, é o de dirigir todo o sistema de produção e estoque, organizando as metas e respondendo às informações de todas as fases da produção.

O processo de planejamento geralmente consiste na consolidação das necessidades brutas, deduzindo do estoque disponível e agrupando as necessidades líquidas em pedidos planejados de tamanhos adequados de lotes. Os pedidos são, então, convertidos em relatórios de cargas nos centros principais de trabalho, e as necessidades totais de material e capacidade são examinadas quanto à viabilidade.

A sequência do planejamento e do balanceamento da demanda implica um modelo de previsão e adequação do sistema produtivo, como mostrado na figura a seguir.

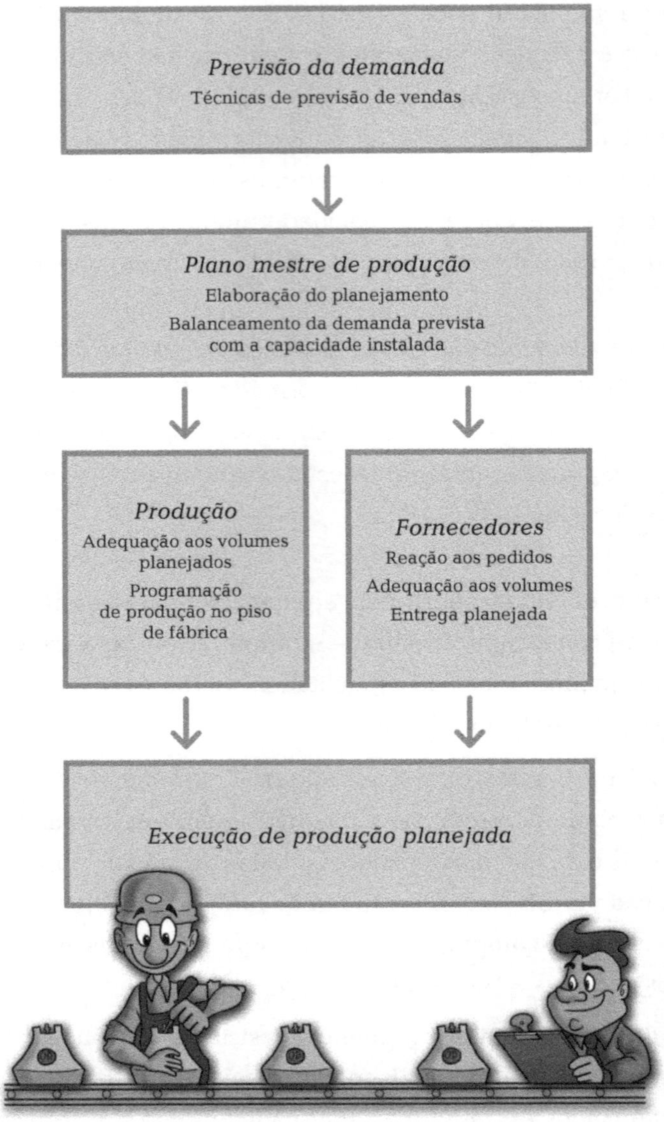

```
┌─────────────────────────────┐
│    Previsão da demanda      │
│ Técnicas de previsão de vendas │
└─────────────────────────────┘
               ↓
┌─────────────────────────────┐
│   Plano mestre de produção  │
│  Elaboração do planejamento │
│ Balanceamento da demanda prevista │
│    com a capacidade instalada │
└─────────────────────────────┘
         ↓           ↓
┌──────────────┐  ┌──────────────┐
│  Produção    │  │ Fornecedores │
│ Adequação aos│  │ Reação aos   │
│   volumes    │  │   pedidos    │
│  planejados  │  │ Adequação aos│
│ Programação  │  │   volumes    │
│ de produção  │  │   Entrega    │
│  no piso     │  │  planejada   │
│  de fábrica  │  │              │
└──────────────┘  └──────────────┘
         ↓           ↓
┌─────────────────────────────┐
│ Execução de produção planejada │
└─────────────────────────────┘
```

Figura 9.2

Sequência do planejamento de produção

9.2.1 Previsão da demanda de vendas

Poderíamos concluir que a sequência do planejamento implica um modelo de previsão e de adequação do sistema produtivo?

O gerenciamento da capacidade inicia-se com a previsão de vendas, sendo este o primeiro passo do processo, ele é também de grande importância, pois as consequências para a organização de uma boa ou má previsão são significativas, já que o resultado das decisões advindas das previsões sofre certa inércia até aquelas surtirem o efeito desejado. Nesse processo, uma sequência de informações encadeadas, a partir da previsão de vendas e chegando até a operação de produção, origina ações que devem ser executadas como em um sistema de engrenagens, uma acionando a outra.

- A qualidade das previsões certamente é muito importante e deve considerar as melhores informações disponíveis.
- O aparato produtivo, no entanto, tem de estar dimensionado para rápidas reações de mudanças tanto de demanda quanto de modelos.

Por exemplo, se tivermos de aumentar a produção, devido a um aumento de vendas não planejado, teremos de aumentar o quadro de funcionários diretos da produção. Para tanto, teremos de anunciar, selecionar e treinar novos colaboradores, e isso leva tempo, da mesma forma que as aquisições de matérias-primas e de componentes necessitam de um certo prazo para que os fornecedores se estruturem e possam atender aos pedidos.

Existem várias metodologias de previsão de vendas, mas todas tentam decifrar o futuro olhando para as tendências, para os dados históricos e para os períodos de sazonalidade, com o objetivo de fazer uma previsão a mais acurada possível.

Apesar de ser um trabalho de estimativa do futuro, sujeito a erros e surpresas, as previsões, obtidas por meio da aplicação de técnicas apropriadas, proporcionam informações mais confiáveis do que uma avaliação puramente empírica ou intuitiva.

O objetivo básico da previsão é usar a melhor informação disponível para dirigir as atividades futuras da empresa.

A *previsão desempenha*, portanto, um papel importante no estabelecimento de planos para o futuro e no auxílio às decisões empresariais com parâmetros gerais de desenvolvimento do planejamento estratégico, influindo no plano financeiro, no estoque, na expansão e na mão de obra, pois:

- a *utilidade da previsão* é primeiramente o planejamento da demanda, mas também são previstos os fornecimentos externos, a mão de obra e os insumos de produção;
- as *previsões bem elaboradas* permitem aos gerentes planejar níveis adequados de pessoal, matéria-prima, capital, estoque e inúmeras outras variáveis. Esse planejamento resulta em uma condição melhor no uso de capacidades, nas relações entre empregados e no atendimento aos clientes.

Resumindo, podemos dizer que os métodos de previsão são técnicas que procuram efetuar uma análise do comportamento futuro de uma dada atividade.

Metodologias de previsão

Uma previsão acurada caracteriza-se pelo desvio mínimo em relação ao nível de atividade real no período planejado. Nesse caso, a quantificação aumenta a objetividade e a sua precisão.

Observamos que as previsões de demanda são baseadas primeiramente em tendências do mercado. Percebemos que, para grupos de produtos, tendem a ser mais precisas do que para produtos únicos e que as previsões de curto prazo são mais precisas que as de longo prazo (mais de cinco anos).

As *fontes de coleta de dados*, que se constituem em informações para as previsões, podem ser:

- opiniões de pessoas ligadas à atividade;
- testes mercadológicos;
- pesquisa de mercado;
- dados históricos.

Os *métodos de previsão* trabalham com tais informações, sendo que alguns são mais intuitivos e outros integram dados e técnicas matemáticas bastante objetivas. Existem várias metodologias de previsão, dentre as quais, destacamos: opiniões coletivas, indicadores econômicos e séries temporais.

Método das opiniões coletivas

Baseia-se nas opiniões de pessoas especialistas, externas e/ou internas à empresa – diretores, pessoal do planejamento, da produção, do financeiro, dos sindicatos, fornecedores e principalmente o pessoal de vendas. Normalmente, levantamos os dados e realizamos várias reuniões até chegarmos a uma tendência central para os dados obtidos. A coleta de dados pode ser feita por correspondência, por meio de entrevistas, pessoalmente, via *e-mail*, telefone etc., e, geralmente, observamos, entre outros, as tendências passadas, o comportamento dos concorrentes e os sinais da economia adequados a cada produto.

- Entre as *vantagens* desse método, podemos citar o fato de ser simples e direto, não exigindo habilidade técnica especial; além disso, pode propiciar uma visão da necessidade de novos produtos, pois envolve pessoas no seu processo.

- A principal *desvantagem* é a subjetividade, além da dificuldade de sua aplicação na elaboração de estimativas de curtíssimo prazo.

Uso de indicadores econômicos

Os indicadores definem condições vigentes durante dado período de tempo, e, em muitos casos, descobrimos a existência de uma relação direta ou correlação entre as vendas de alguns ou de todos os produtos e essas condições. Por exemplo, podemos encontrar uma relação entre o nível de atividade econômica do país e a venda de produtos da empresa, estimando, assim, as vendas em função das melhores expectativas de crescimento da economia. Quando é possível selecionar um indicador e correlacioná-lo à demanda do produto, proporciona à empresa meios de prever seu volume de produção de maneira bastante eficiente.

Alguns indicadores comumente usados são: número de alvarás de construção; evolução da renda *per capita*; produção de automóveis; área plantada; renda agrícola; nível de emprego; evolução do Produto Interno Bruto (PIB); produção de aço e inadimplência do comércio.

- A *vantagem do uso de indicadores econômicos* está em possibilitar a utilização de dados disponíveis, publicados ou compilados de órgãos especializados.
- As *desvantagens* estão na utilização de índices setoriais, na exigência de pessoal técnico para sua aplicação e na dificuldade em encontrarmos o índice adequado.

A análise de séries temporais

Serve geralmente de base para a previsão e consiste em colecionar os dados passados de item ou atividade em intervalos regulares de tempo. *Esses dados podem se referir* a vendas semanais, produtos vendidos no período, percentual de participação etc. Na análise, os dados das séries temporais são examinados para verificarmos a ocorrência de regularidades ou padrões especiais de comportamento. Ao assumirmos que tais regularidades ou padrões prevalecem no futuro, a previsão para o período planejado pode ser determinada.

Os padrões especiais que podem ser observados nas séries temporais são os valores médios, os desvios dos valores médios, as tendências crescentes ou as decrescentes, a variação aleatória etc.

As empresas, de uma forma geral, utilizam-se de todos os métodos disponíveis para fazer suas previsões, mesclando as vantagens de cada um.

Assim, de posse de todas as informações, advindas de várias fontes, podemos fazer uma previsão com melhor probabilidade de acerto. Podem, por exemplo, com esse procedimento, levantar os dados econômicos e suas tendências e as séries passadas (como referência), guardando sempre os efeitos da sazonalidade dos produtos, e também reunir seu pessoal de decisão que possua informações relevantes sobre o assunto. *Mas sempre será um exercício de avaliação futura e, como tal, sujeito a variações e a erros.*

Por esse motivo, *o sistema de planejamento deve ser o mais flexível possível* e a empresa deve estar atenta a mudanças de cenário do ambiente externo, como da economia, do mercado e de outros que poderão ter impacto em suas vendas e, consequentemente, em sua produção e nas suas aquisições.

Nas técnicas de previsão de demanda, a identificação de possível sazonalidade é muito importante, mas devemos nos certificar com base nos dados e em uma explicação racional para o efeito e para a sua quantificação. Por exemplo, a previsão de venda de tratores pode ser efetuada com base na área plantada do ano anterior, no preço do grão no mercado internacional e em safras anteriores que se assemelhem às condições do período em questão. Assim, se os agricultores sempre plantam no inverno e colhem no verão e como os tratores são imprescindíveis na plantação, podemos concluir que no inverno sempre haverá pico de vendas e vale no verão. Inversamente, um produtor de colheitadeiras terá seu pico de vendas no verão – na época da colheita.

Tipos de variações

As variações de demanda podem ser previsíveis ou não previsíveis.

Variações não previsíveis

As variações não previsíveis são consequências de decisões governamentais, macroeconômicas e políticas, isto é, mudanças na legislação, na alteração da política dos juros e o aumento ou a queda da inflação, além de climáticas. Essas variações são as mais complexas de serem administradas, tanto na alta quanto na baixa de demanda, mas sempre é possível perceber alguns sinais e agir para reduzir ao máximo o impacto.

No caso de mudanças não previsíveis, é fundamental que a empresa esteja preparada para rapidamente adequar o seu processo produtivo e, dessa forma, equilibrar a capacidade com a demanda; caso contrário, poderá haver perda de participação no mercado, ou seja, se ela não consegue atender à alteração repentina de demanda, outros, os concorrentes, certamente o farão e conquistarão fatias do mercado. Por outro lado, se houver uma mudança de cenário que obrigue a empresa a reduzir sua produção, ela se defrontará com custos de estoques e excesso de mão de obra.

Variações previsíveis: sazonalidade

> *A variação de demanda previsível é chamada* sazonal. *São as que se repetem em períodos definidos, apresentando um padrão ao longo deles.*

Essas variações acontecem com razoável certeza quando dependentes de estações do ano, de datas festivas e de acontecimentos sociais calendarizados.

Exemplos de acontecimentos previsíveis:
- *datas festivas*: no carnaval, aumenta a venda de cerveja; nas comemorações de Sete de Setembro, vendem-se mais fogos de artifício;
- *comportamentais*: novos modelos de vestuários nas mudanças de estações – moda de verão e de inverno;
- *climáticos*: vendas de sorvete, aquecedores, cobertores e vinhos, safra agrícola – o plantio e a colheita;
- *políticos* (eleições): nas campanhas ocorre a venda de material de propaganda;
- *jogos esportivos de interesse geral*: Copa do Mundo e Olimpíadas, por exemplo, aumentam a venda de itens ligados ao esporte.

Pelo fato de os efeitos dessas variações de demanda serem mais previsíveis, o administrador cuja demanda seja influenciada pela sazonalidade pode planejar a produção de modo a satisfazer essa necessidade do período em foco, seja produzindo, seja estocando.

Um fabricante de aparelhos de ar condicionado, por exemplo, sofre uma grande influência previsível de volumes em função das estações do ano, ou seja, sua demanda possui sazonalidade facilmente identificada, pois as suas vendas são concentradas no verão.

Uma vez sabedor da época do pico de demanda, o gestor pode se planejar para gerenciar a capacidade contra a demanda, mas, mesmo assim, existem outros fatores que influenciam nas vendas e na intensidade da sazonalidade. Por exemplo, de um ano para outro, pode haver recessão econômica que afete a venda mesmo em seu período de pico.

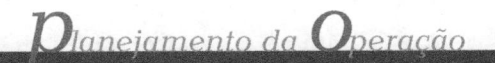

Exemplificamos essa situação com a análise do planejamento de uma fábrica de aparelhos de ar condicionado, por ser este um produto que apresenta sazonalidade.

Uma empresa que fabrica aparelhos de ar condicionado possui em sua linha de produtos três modelos: 600 BTU, 800 BTU e o 1.000 BTU, sendo que a capacidade de produção de cada um é:
- modelo 600 BTU – 500 por semana;
- modelo 800 BTU – 200 por semana;
- modelo 1.000 BTU – 150 por semana.

Assim:

a. se considerarmos que, para efeito desse exemplo, não existe tempo de preparação para mudança de modelos, a capacidade total será de 850 aparelhos por semana;
b. se estimarmos que a expectativa de crescimento da economia permite uma previsão de vendas coerente com os dados históricos, o planejamento deve fazer a melhor estimativa para a demanda do próximo período.

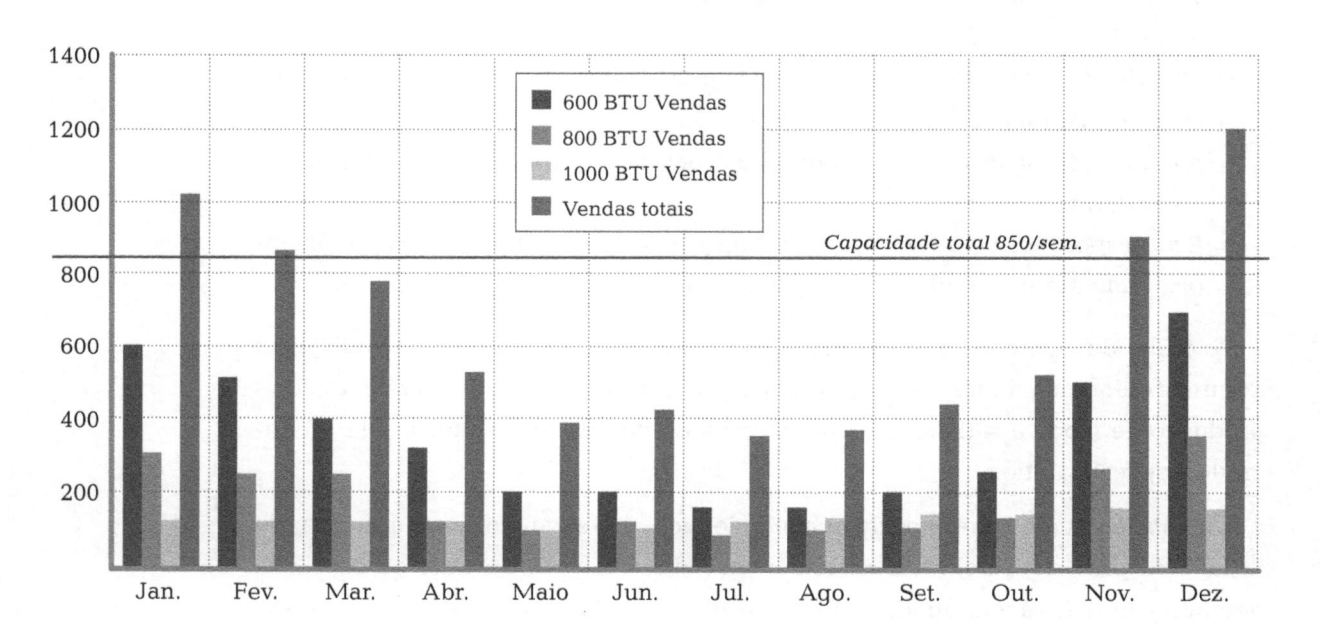

Gráfico 9.1

Curva de sazonalidade do ano anterior (produção semanal média dos anos anteriores)

A curva de sazonalidade, apresentada no Gráfico 9.1, foi identificada com base na média dos anos anteriores. Nela podemos perceber que:
- existe uma forte sazonalidade desse produto: a demanda sobe, excedendo a capacidade nos meses de janeiro, fevereiro, novembro e dezembro e fica abaixo nos outros meses;

- embora a capacidade instalada seja suficiente para a demanda anual, até mesmo com ociosidade, ela é insuficiente para os meses de pico de tal demanda.

Uma empresa, portanto, que enfrente uma situação, como a do exemplo, tem como alternativas operar com capacidade máxima, usando todos os turnos e em regime de hora extra nos meses de pico, além de complementarmente utilizar a terceirização parcial dos recursos produtivos.

Para melhor exemplificação dessa condição de gerenciamento da capacidade diante de um pico de demanda, podemos considerar que um dos componentes do produto – as caixas dos aparelhos – seja feito com chapas de aço cortadas com a tecnologia do corte a *laser*. No entanto, sendo essa uma máquina de valor de investimento muito alto, dificilmente estaria dimensionada para os períodos de pico e sim para uma produção média.

Qual seria, então, a alternativa do gestor?

Existem algumas alternativas a serem consideradas para alcançarmos uma capacidade adicional, nesse caso, como:

- a utilização da máquina de corte a *laser* em três turnos e em horas extras no período de pico;
- a terceirização do volume excedente de corte das chapas, com um fornecedor que possua a mesma máquina;
- a formação de estoques de chapas cortadas em volumes maiores durante os períodos anteriores à necessidade.

A alternativa *de terceirização*, além de ser interessante para o atendimento imediato das vendas, oferece condições para ser descontinuada assim que cessar o pico de demanda.

A opção por horas extras é bastante utilizada por ser de fácil implementação; já a formação de turnos extras de trabalho apresenta um grande problema, pois na descontinuação dos turnos, depois de atendida a demanda de pico, implicaria demissões, que são normalmente inconvenientes para a empresa.

A construção antecipada de estoques deve ser considerada como uma alternativa, entretanto, sem deixarmos de calcular os aspectos negativos do capital de giro, da área de estocagem, da movimentação, da possível deterioração dos estoques e da possibilidade de alterações de projeto que poderiam vir a tornar obsoleto todo o estoque.

A alternativa ou a combinação de alternativas, para alcançar uma capacidade adicional, será certamente definida pela de custo menor, podendo cada uma ser avaliada individualmente e em conjunto.

Na escolha da melhor alternativa, também devemos considerar a possibilidade de a curva dos anos anteriores não se repetir no período presente, pois pode haver um período de temperaturas baixas, ou excepcionalmente altas, e ambas influem nos volumes. Dessa forma, a decisão de quanto produzir e que ações tomar precisa considerar uma rápida constatação e uma pronta reação.

Você já ponderou sobre a importância da previsão para as decisões empresariais?

9.3 Plano Mestre de Produção

Após a previsão de vendas, o próximo passo do planejamento de produção será o estabelecimento de um Plano Mestre de Produção – PMP.

O PMP, em inglês *Master Production Schedule* – MPS, é o plano que se refere ao que será produzido, em que quantidades e quando; considera os produtos e modelos da previsão de vendas e detalha as necessidades, cobrindo normalmente um horizonte de seis a doze meses, com produção semanal ou mensal.

"Na manufatura, o MPS contém uma declaração da quantidade e do momento em que os produtos finais devem ser produzidos" (Slack; Chambers; Johnston, 2002).

9.3.1 Sistemas de planejamento

Uma vez estabelecido, o PMP deve alimentar normalmente o sistema que irá detalhar as necessidades de material, mão de obra e insumos, para em seguida confrontá-las com os estoques existentes e, assim, fornecer como saída do sistema as quantidades de materiais e componentes a serem comprados, o total de horas e, consequentemente, o número de pessoal necessário para a execução do programa.

O sistema de planejamento de materiais mais usado é o chamado *Planejamento das Necessidades de Material* (*Material Requeriment Plan* – MRP), que teve seu desenvolvimento nos anos 1960, vindo a substituir os cálculos de necessidade de materiais efetuados manualmente. Durante os anos 1980, os conceitos de planejamento mecanizado foram estendidos para outros processos da empresa, como o financeiro, o de engenharia e o de capacidade fabril, tornando-se, então, a versão ampliada do MRP, conhecida como MRPII.

Mais recentemente surgiram os sistemas conhecidos como *Planejamento dos Recursos da Empresa* (*Enterprise Resource Planning* – ERP), que pode ser considerado como a forma mais completa do MRP, uma vez que utiliza sua filosofia básica (alto nível de integração dos processos e das bases de dados) e assim facilita muito a tomada de decisões, já que a integração permite que a decisão de um setor reflita-se nos outros, otimizando a administração e o controle da empresa.

A lógica do programa MRP funciona no sentido inverso do fluxo de produção, conhecido como *backward scheduling* (planejamento de trás para frente), com início nas estimativas futuras de vendas, obtidas no PMP, e, retorna ao presente, calcula a data ideal da aquisição das matérias-primas, dos insumos, da data de início da produção, assim como de outros eventos relacionados, sempre respeitando os tempos de processamento e de suprimento.

	Jan.	Fev.	Mar.	Abr.	Maio	Jun.	Jul.	Ago.	Set.	Out.	Nov.	Dez.
Data de execução do planejamento	● ← Início											
Entrega prevista da produção										Entrega →	●	
Data de início da produção						● ← Tempo de produção						
Data de aquisição de MP					● ← Aquisição MP e componentes							
Data da contratação de mão de obra complementar		● ← Contratação e treinamento										

Gráfico 9.2

Planejamento segundo a lógica do MRP

O Gráfico 9.2 demonstra um processo típico de planejamento que segue a lógica do MRP, defasando os tempos de processamento. Nesse exemplo de planejamento executado em janeiro e com previsão de entrega para novembro, defasamos o tempo de cada um dos principais eventos desde a produção e a aquisição de matéria-prima até a contratação de mão de obra complementar com o tempo necessário para o treinamento. Podemos, então, concluir que, se quisermos entregar em novembro, precisamos iniciar em fevereiro nossas ações.

9.3.2 Exemplo de um ciclo de planejamento

Este exemplo tem como objetivo a fixação do sistema MRP de planejamento. Vamos fazer uma simulação, com bases realistas, de um ciclo completo do planejamento da produção de uma empresa metalúrgica seguindo a lógica do programa. Assim, você terá uma boa ideia do funcionamento do MRP, de forma manual, para facilitar seu entendimento do sistema processado eletronicamente, conhecendo as suas entradas e saídas, além da lógica com que o programa opera.

- O planejamento será de um produto bastante simples: um carrinho de mão usado para obras civis e de jardinagem.
- O ciclo de planejamento considerado é semestral e o produto possui dois modelos, que diferem apenas pelo tamanho e tipo da roda.

Nosso produto possui os modelos CM 300-90 e CM 350-90.

- O modelo CM 300-90 é um carrinho de mão com capacidade para 90 litros, feito em aço 1020, com proteção anticorrosiva e roda emborrachada com 300 mm de diâmetro.
- O modelo CM 350-90 possui as mesmas características do anterior, só que com rodas, com pneu e câmara de diâmetro 350 mm.

A técnica que usamos é a de defasar o *lead time* (tempo de processamento), ou seja, projetamos o produto no futuro e retornamos no tempo de forma inversa ao processo produtivo, iniciando pelo produto acabado, voltando para sua montagem e fabricação até a compra dos componentes e da matéria-prima. Nesse processo destacaremos: características e dados do produto, insumos de produção, máquinas necessárias e dispositivos necessários.

Características e dados do produto: o desenho nos indica os principais componentes do produto: braço de manuseio, reforço de chapa, caçamba, tirantes, parafusos de fixação, rodas e manopla.

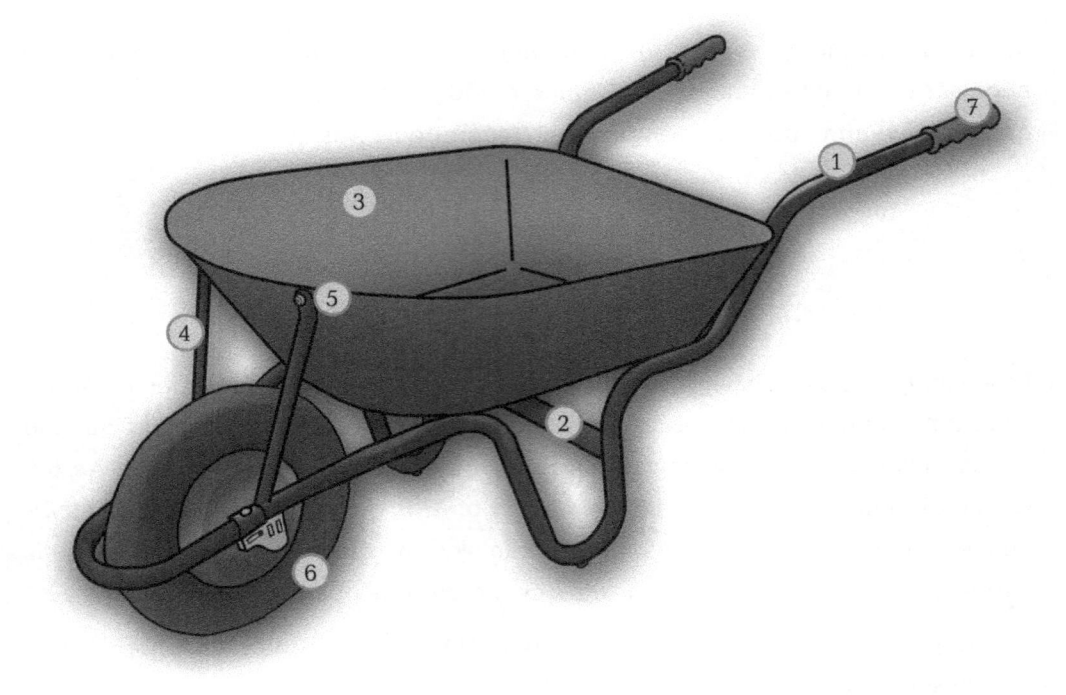

Figura 9.3
Carrinho de mão

A lista de materiais, normalmente fornecida junto com os desenhos do produto, serve para planejar a produção dos componentes e da matéria-prima. No sistema MRP, essa lista é conhecida como BOM (*Bill of Materials*, ou seja, lista de materiais).

Nº des.	Peça	Material
1	Braços e suporte estrutural	Tubo diâm. 1" SAE 1020
2	Reforço	Chapa de aço SAE 1020 de espessura 2,0 mm
3	Caçamba estampada	Chapa de aço SAE 1020 de 3,5 mm para estampagem profunda
4	Tirantes da roda	Tubo preto de diâm. 3/4" SAE 1020
5	Parafusos de fixação dos tirantes	Diâm. 1/2" com porca e arruela
6	*Kit* de rodas de 300 mm	Roda de diâmetro 300 mm com cobertura de borracha resistente, com eixo e rolamento nº 30-A
6-A	*Kit* de rodas de 350 mm	Roda de diâmetro 350 mm com cobertura de borracha resistente, com eixo e rolamento nº 35-B
7	Manoplas	Borracha com ranhuras nº 30-35 Tamanho-padrão do fornecedor

Quadro 9.1
Lista de materiais (Bill of Materials – BOM)

Insumos de produção (materiais necessários à produção, mas que não fazem parte do produto):
- arame de solda MIG;
- lixas de material abrasivo;
- discos de corte de ferramenta pneumática.

Máquinas necessárias (para a manufatura do produto):
- uma máquina de corte de perfis;
- uma máquina de solda MIG;
- uma máquina tipo prensa hidráulica;
- uma dobradeira de tubos;
- uma máquina tipo guilhotina de corte de chapa;
- três rebarbadoras pneumáticas.

Dispositivos necessários:
- um dispositivo de moldagem;
- um dispositivo de corte dos tubos;
- um dispositivo de dobragem dos tubos;
- um dispositivo de soldagem da estrutura na caçamba;
- um dispositivo de montagem da roda no eixo/chaveta.

Unidade	nº	Coeficiente por produto	Peça	Lead time (tempo de entrega)	Lote mínimo
Peças	02	1	Reforço em chapa	4 semanas	100 peças
Peças	05	2	Parafusos de 1/2"	1 semana	100 peças
Peças	06	1	Kit roda de 300 mm	3 semanas	100 peças
Peças	06-A	1	Kit roda de 350 mm	3 semanas	100 peças
Peças	07	2	Manoplas de borracha	2 semanas	200 peças
Barras	01	3,6 m	Tubo de diâmetro 1"	10 semanas	10 barras
Chapas	03	3 m²	Chapa de 3,5 mm	12 semanas	10 chapas
Barras	04	0,6 m	Tubo de diâmetro 3/4"	10 semanas	5 barras

Tabela 9.1

Tempo de entrega (lead time) *da matéria-prima e dos componentes comprados*

Observações sobre a tabela:
- coeficiente do produto é como é denominado o número de vezes que aquele item vai no produto ou, no caso de matéria-prima, a quantidade total no produto daquela MP;

- *kit* é uma denominação utilizada para um grupo constante de peças a ser utilizado no produto;
- as medidas de parafuso e diâmetros de tubos e barras são usualmente designadas em polegadas. Sendo 1 polegada = 25,4 milímetros – o símbolo de polegada é (").

Agora que já temos todos os dados – a lista de materiais, os insumos, os dispositivos e as máquinas –, estamos em condições de planejar a produção. Vamos, portanto, à operacionalização!

Processo de produção

O processo de produção do exemplo envolve as atividades de fabricação, pintura e montagem:

O processo de fabricação do produto consiste em:
- operação de corte de chapas em guilhotina;
- operação de corte de barras;
- operação de estampagem em prensas.

O processo de pintura consiste em:
- aplicação de camada de tinta protetiva;
- aplicação de tinta de acabamento.

O processo de montagem consiste em:
- soldagem dos componentes fabricados;
- montagem dos componentes comprados.

Ciclo de planejamento

Consideremos que neste exemplo a avaliação do mercado foi realizada no mês de janeiro e indicou uma demanda de vendas de seis meses, a partir de março, conforme a tabela a seguir:

	Modelo CM 300	Volumes acumulados	Modelo CM 350	Volumes acumulados
Março	200	200	180	180
Abril	250	450	200	380
Maio	350	800	230	610
Junho	300	1100	200	810
Julho	200	1300	150	960
Agosto	180	1480	100	1060

Tabela 9.2

Previsão de demanda e de volumes acumulados

O estoque de produtos acabados, na data do estudo de mercado, era de 380 unidades do produto CM 300 e 130 unidades do CM 350, assim o planejamento de produção levou em consideração os estoques e planejou a produção da diferença, conforme as tabelas a seguir.

	Modelo CM 300 – estoque 380 unidades		Modelo CM 350 – estoque 130 unidades	
	Vendas	Produção	Vendas	Produção
Março	200	0	180	50
Abril	250	70	200	200
Maio	350	350	230	230
Junho	300	300	200	200
Julho	200	200	150	150
Agosto	180	180	100	100

Tabela 9.3

Planejamento por modelos considerando o estoque inicial

O Programa Mestre de Produção (PMP), com base nesses dados, será o da Tabela 9.4.

	Março	Abril	Maio	Junho	Julho	Agosto	Total
CM 300	0	70	350	300	200	180	1100
CM 350	50	200	230	200	150	100	930
Produção total	50	270	580	500	350	280	2030

Tabela 9.4

PMP

Após o PMP ser elaborado, o planejador deve programar as Ordens de Fabricação (OFs), considerando os tempos de produção, os lotes econômicos e os estoques na data do planejamento. Da mesma forma, deve emitir as Ordens de Compra (OCs) de acordo com os prazos de entrega dos fornecedores, o tempo para transporte, o recebimento, a inspeção e a estocagem.

Todo planejamento consistirá em defasar *o lead time* de cada processo, que significa retroagir no tempo, considerando o tempo de produção ou de compra, e programar o início de cada evento.

A seguir (na Figura 9.4) indicamos as fases usuais de um planejamento de produção.

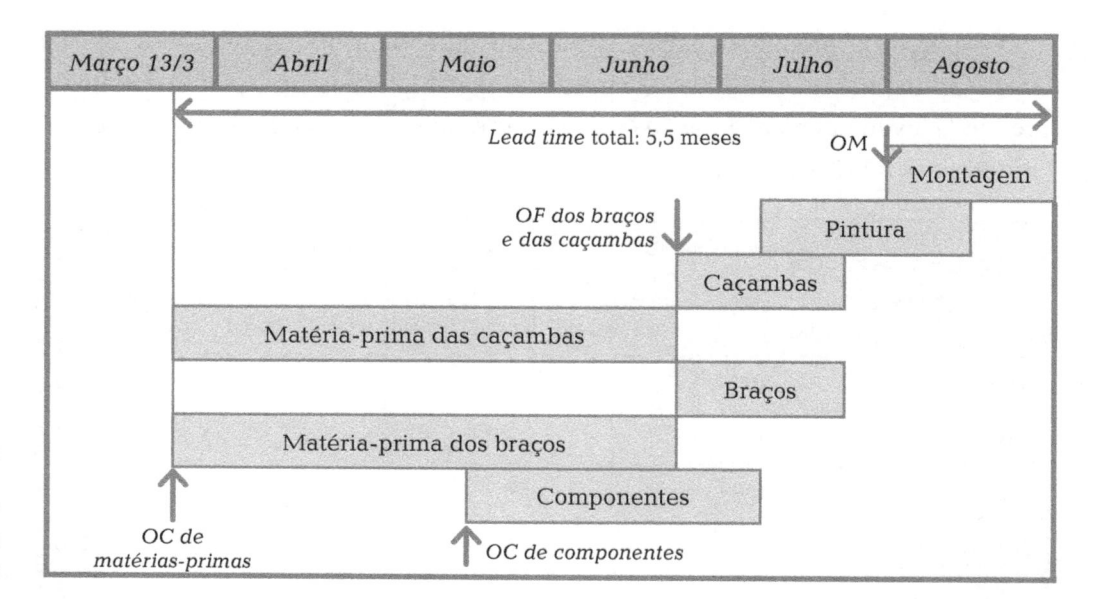

Figura 9.4
Defasagem de lead time *dos processos*

- O primeiro nível de planejamento é a montagem do produto; assim, considerando que o tempo necessário para a montagem do volume de produção de agosto seja de 30 dias, será necessário iniciar, nos primeiros dias do mês de agosto, para executar todo o programa. Portanto, as chamadas *Ordens de Montagens* (OMs) dos produtos serão emitidas para o início do mês.

- O planejador deverá então considerar que todos os componentes devem estar prontos para montagem no fim do mês de julho.

- O processo de pintura pode ser feito quase que simultaneamente, apenas com uma pequena defasagem com o processo de montagem para efeito de segurança, deve iniciar alguns dias antes e terminar também antes da montagem final.

- No planejamento da fabricação das caçambas e dos braços, existem muitas variáveis, que alteram as quantidades e os prazos, a serem consideradas tais como estoques em processo na data do planejamento, lotes econômicos de fabricação e lotes de segurança. Estes últimos devem ser verificados cuidadosamente em função do estado das máquinas e do nível de qualidade praticado, muito embora, idealmente, não devessem existir, já que são desperdícios e por conseguinte na prática devem ser bem analisados.

- Os prazos de fabricação das caçambas e dos braços do exemplo indicam que na segunda semana de junho deveriam estar sendo iniciados.

- Em ambos os casos, o crítico para o planejamento é o prazo de entrega da matéria-prima – três meses. Isso faz com que o planejador coloque a OC das matérias-primas em março.

- Os elementos comprados possuem prazos máximos que chegam em até dois meses; logo, devem ser comprados a partir de meados de maio, para chegarem na segunda semana de julho, respeitados os prazos individuais de cada componente. Nesse processo, o planejador deve emitir as OCs para o mais próximo possível da necessidade, evitando assim estoques desnecessários (conceito do JIT).

Na sequência, o planejamento deve repetir esse processo, em relação aos volumes planejados, para cada um dos meses do horizonte de previsão. O próximo seria o mês de julho, com 350 unidades, e assim sucessivamente.

Esse mesmo sequenciamento lógico é feito pelo programa MRP de forma automática e extremamente rápida; alimentando-o com as previsões do PMP, este emitirá as OCs, OFs e OMs.

Para efeito desse exemplo, foram considerados modelos semelhantes e com mesmo tempo de montagem, mas na prática, normalmente, existem variações de modelos e tempos de processamento, o que aumenta a complexidade do planejamento.

Quanto ao sistema, podemos ter uma ideia do volume de informações processadas pelo MRP, que, nesse caso, com um produto simples, com poucos componentes e processo curto de produção, já apresenta um grande volume de transações. Já um produto como um veículo, por exemplo, apresenta milhares de componentes com vários processos de fabricação e inúmeras variáveis, além de muitos modelos.

O MRP tem como entradas do sistema:
- previsões de vendas por modelos;
- lista de materiais ou *Bill of Materials* (BOM);

- capacidades produtivas por estação de processamento;
- o estoque inicial de matéria-prima, componentes e produto acabado;
- prazos de produção e de fornecedores (*lead time*).

E como saída fornece:
- ordens de compra (OCs);
- ordens de fabricação (OFs);
- ordens de montagem (OMs).

Assim, podemos agir de forma planejada, evitando-se excesso ou falta de material, o que é nocivo, em ambos os casos. Esse sistema fornece também uma boa ideia das cargas de trabalho no tempo, podendo ser utilizado para gerenciar outros recursos, além do material, tais como os insumos de produção, o consumo de energia e a necessidade de mão de obra.

Conclusões

Uma conclusão importante desse processo de planejamento é que, para montarmos o produto no mês de agosto, é necessário iniciar a compra do material em março, ou seja, uma defasagem de cinco meses e meio (tempo que é o chamado *lead time* total do produto). Assim, esse planejamento, para ser viável, deve contar com estoques de matéria-prima suficientes para pelo menos um lote de produção, além de produtos acabados para cobrir os meses iniciais no atendimento às necessidades de vendas.

Dessa forma, fica evidente a relação *lead time* e estoques, ou seja, quanto maior o *lead time* do produto, maior será a necessidade de estoques, consequentemente de capital de giro para mantê-los.

> *Quanto maior o lead time total do produto, maior será a necessidade de estoques e de capital de giro para a empresa operar.*

9.4 Administração de materiais

A administração eficiente de materiais em uma empresa industrial é fator preponderante para o seu sucesso, pois os materiais em geral representam parcela significativa do capital de giro necessário para o seu funcionamento. Essa situação é ainda mais crítica quanto maior for o volume da produção.

> *Toda empresa necessita de capital de giro para comprar e produzir, sendo ele diretamente impactado pela rotatividade dos materiais em estoque. Quanto maior o giro de materiais, menos capital é necessário para a empresa funcionar.*

No *sistema de produção seriado em massa*, que antecedeu à evolução japonesa, os materiais eram considerados como ativos e os estoques inevitáveis para a operação, tanto sua permanência nos almoxarifados quanto no fluxo do sistema produtivo, os chamados *estoques de processo* (Work in Process – WIP). Nesse sistema, os altos níveis eram encarados como fator natural e até desejável, o que é coerente com o contexto de *Product Oriented* (orientação para o produto) dos anos de reconstrução do pós-guerra, quando o importante era produzir, já que o mercado absorvia tudo o que era fabricado e havia falta de produtos; portanto, a administração de materiais era simplesmente *não deixar faltar* material para a produção, não importava o seu custo. As máquinas deviam estar sempre carregadas, a eventual ociosidade dos equipamentos era considerada como problema grave e de responsabilidade do supervisor. *Máquina parada* era sinônimo de problema para quem supervisionava a produção.

Naturalmente o efeito final dessa política era o de um grande *insuflador de estoques* e, consequentemente, a empresa via-se forçada a ter mais capital de giro para comprar os materiais de forma antecipada e em maior volume, bem como possuir grandes áreas de almoxarifado, além de recursos para administrar todo esse excesso.

Não é sem motivo que a chamada *revolução industrial japonesa* dedicou especial atenção à administração de materiais, tendo os técnicos japoneses percebido a importância do controle dos materiais e a sua correlação com os resultados, principalmente com o volume de capital de giro necessário para comprar e manter materiais.

O administrador de materiais tem sob sua responsabilidade, dependendo do sistema de produção e dos volumes, até 60% dos custos da empresa. Assim, uma administração eficiente pode trazer ganhos com impacto direto no resultado.

Figura 9.5

Relação produção/ manutenção de estoque x capital de giro

Apresentamos, para esclarecer melhor esse conceito, uma comparação com o cotidiano de uma dona de casa. Normalmente, ela vai ao supermercado e compra certa quantidade de mantimentos, e ela sabe que, se comprar muito mais que o necessário para um período razoável de consumo, várias situações configuram-se:
- tem de arrumar local extra para armazenagem;
- o acesso ao mantimento, por ocasião do consumo, é dificultado pelo excesso de materiais;
- o mantimento corre o risco de deterioração pelo tempo;
- deve ter dinheiro na hora (que poderia ser aplicado) ou vai comprometer o cheque especial e pagar juros desnecessários.

Sabedora disso, a dona de casa, instintivamente, adquire somente o necessário para o período de tempo que estipulou de consumo.

Qual a relação de tal situação com uma empresa?

O efeito em uma empresa é exatamente o mesmo, pois são necessários locais para armazenagem, há a possibilidade de deterioração dos materiais perecíveis, passa a existir maior complexidade de movimentação e, principalmente, é inevitável mais capital para pagar o fornecedor – é como decidir por *pagar para guardar*.

Tomemos, como exemplo, duas empresas que fabricam os mesmos produtos, consomem matérias-primas e componentes comprados dos mesmos fornecedores, contam com o mesmo número de funcionários e produzem igual volume. Portanto, tudo indica que o capital de giro necessário para ambas seja igual.

Mas pode ser que não seja. Se uma delas operar com o mínimo de estoques, dimensionar seu aparato produtivo de forma que o material seja rapidamente transformado em produto, não parando em almoxarifados ou na forma de processo e comprar o material necessário somente no momento exato de sua utilização, esta empresa terá necessidade muito menor de capital de giro e assim pagará muito menos juros, além de diversos outros efeitos positivos resultantes dessa maneira enxuta de operar.

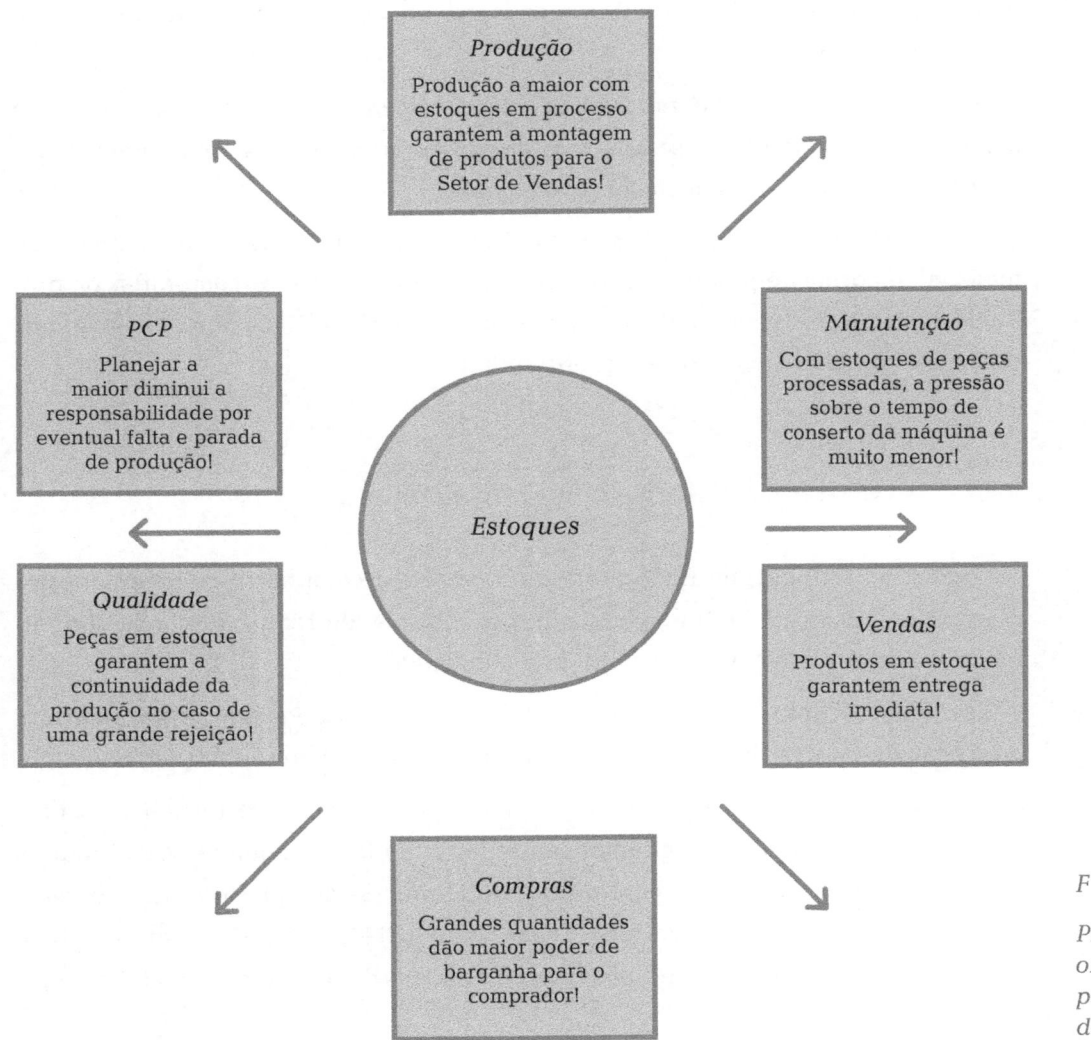

Figura 9.6

Pressão da organização pelo aumento dos estoques

Diagrama com "Estoques" no centro, cercado por:

- *Produção*: Produção a maior com estoques em processo garantem a montagem de produtos para o Setor de Vendas!
- *Manutenção*: Com estoques de peças processadas, a pressão sobre o tempo de conserto da máquina é muito menor!
- *Vendas*: Produtos em estoque garantem entrega imediata!
- *Compras*: Grandes quantidades dão maior poder de barganha para o comprador!
- *Qualidade*: Peças em estoque garantem a continuidade da produção no caso de uma grande rejeição!
- *PCP*: Planejar a maior diminui a responsabilidade por eventual falta e parada de produção!

Mas, por que, então, ocorre a cultura da política de grandes estoques? E quais as consequências dessa estratégia?

> O estoque é considerado como segurança adicional para alguns setores da empresa, mas, para a empresa como um todo, torna-se um fardo adicional.

Como mostra a Figura 9.6, cada departamento tem motivos, ligados à garantia da produção e mesmo à ocultação de problemas, para desejar manter estoques, forçando assim a empresa a esse gasto. Comprar grandes quantidades de material, produzir peças antecipadamente e em grande quantidade, manter peças semiacabadas em processo e manter produtos acabados em estoque são políticas que contam com muitos defensores dentro da organização manufatureira, pois os estoques, de certa forma, encobrem os problemas de operação, como a quebra constante de máquinas, a falta de qualidade dos componentes fabricados, as falhas de planejamento, as entregas fora do prazo, os problemas de fornecedores e a previsão incorreta de vendas, entre outros tantos.

Assim, se não há uma liderança efetiva no sentido de considerar os estoques como desperdício, a tendência é sempre no sentido de aumentarem, comprometendo o capital de giro, o espaço e a eficiência da empresa.

Esse conceito é a essência do sistema *Just In Time*, que considera o excesso de material na forma de produção antecipada ou de lotes de peças compradas ou produzidas acima da demanda do mercado como desperdício. Nas próximas páginas, esse conceito é desenvolvido em profundidade.

9.4.1 Gerenciamento de materiais

Os materiais seguem um fluxo próprio na empresa: compras, recebimento, estocagem no almoxarifado, transporte interno, controle, entrega à produção e finalmente transformado em produto vai para o mercado.

Esse fluxo acontece nas instalações fabris e, para gerenciá-lo, é necessária a aplicação de alguns conceitos: especificação, classificação e cadastramento.

- *Especificação*: os materiais devem ser especificados pelo responsável pelo projeto do produto, normalmente o Departamento de Engenharia de Produto. Isso deve ser detalhado ao máximo, utilizando-se sempre que possível classificações já normalizadas por órgãos como ABNT, ANSI e DIN, entre outros, aplicando sistema de medidas e características de desenho, como tolerâncias de operação e de acabamento, propiciando assim a aquisição ou fabricação de forma sempre idêntica para o mesmo produto.

- *Classificação*: o agrupamento dos materiais em classes facilita sua administração e controle. Classificações podem ser quanto à aplicação, por exemplo, materiais produtivos ou insumos de produção ou de reposição como peças de máquinas ou por tipo como chapas planas. A classificação também pode ser por valor, como a curva ABC, em que os materiais são classificados em função do seu valor e utilização – os materiais valiosos de baixa quantidade e os numerosos de pouco valor. Existem também outras formas de classificação que contemplam a perecibilidade e periculosidade do item e que ajudam na administração desses materiais.

- *Cadastramento*: é importante que todo material seja codificado e cadastrado para compor um rol de materiais no sistema, facilitando sua identificação, administração e ressuprimento.

9.4.2 Gestão de materiais

A gestão dos materiais deve considerar um modelo de ressuprimento, procurando a situação de melhor custo-benefício entre o custo da manutenção do estoque, o seu valor e o equilíbrio com a demanda pelos itens solicitados para o consumo. O modelo de *curva de dente de serra* é um dos mais conhecidos e exemplifica a dinâmica da gestão do estoque.

Lembrando que o *lead time* é o de tempo de ressuprimento do item, pode ser de fornecedor externo ou de um recurso interno.

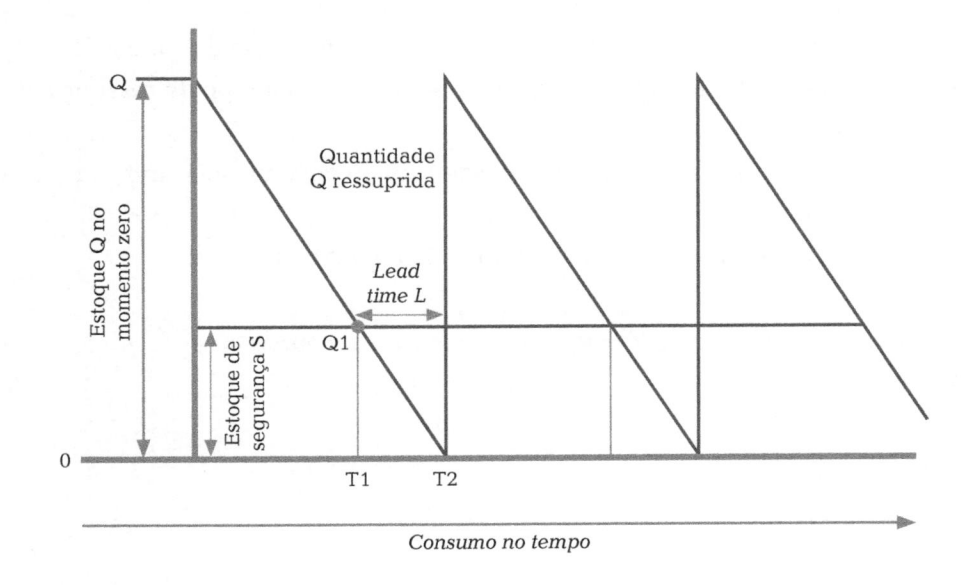

Gráfico 9.3

Modelo curva dente de serra

Consideremos o estoque no momento *zero* de quantidade Q de um determinado item, ao longo do tempo T1, com o consumo (saídas) do almoxarifado, esse estoque reduziu-se para Q1; com o tempo de ressuprimento L (*lead time* do item), este somente chegará algum tempo depois, em T2, quando então uma quantidade Q será reposta no almoxarifado. Como se pode notar, se não houvesse um estoque de segurança S, haveria a ruptura do estoque, ou seja, a falta do item para aquela média de consumo. Assim, ao gerenciar a quantidade, é necessário estipular um ponto de pedido, que é o momento de fazermos o ressuprimento para que o material chegue antes de terminar o estoque.

Vamos agora considerar um exemplo numérico:

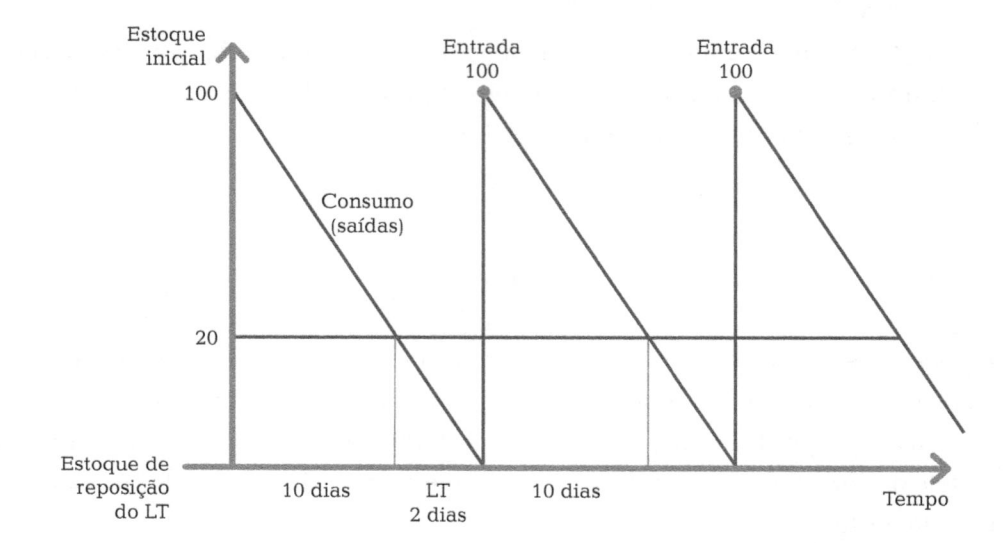

Gráfico 9.4

Exemplo numérico de curva dente de serra

No exemplo simplificado desse gráfico, podemos concluir que:
- o tempo de consumo do item é de 80 unidades em dez dias;
- o *lead time* do fornecedor (tempo de ressuprimento) é de dois dias;
- o estoque de 20 unidades é suficiente para cobrir o tempo de ressuprimento do item;
- o ciclo repete-se continuamente desde que o consumo seja uniforme, como no exemplo;
- o ponto de pedido é quando o estoque chega a 20 unidades.

Conclusão importante: O estoque de segurança é tanto maior quanto maior for o tempo de ressuprimento do item.

Consideremos que o consumo seja o mesmo de 80 unidades a cada dez dias, mas que o fornecedor foi substituído por outro de menor custo, mas de *lead time* maior, vamos supor quatro dias para fazer o ressuprimento em vez de dois dias.

O que acontecerá com o estoque de segurança?

Evidentemente esse estoque deve cobrir agora quatro dias, assim necessitamos de um estoque de 40 unidades.

As perguntas que o gestor deve fazer, nessa situação, são: Será que valeu a pena a redução de custo do item do novo fornecedor em face do estoque adicional de 20 unidades que deve ser mantido? Qual o custo do capital para manter esse estoque?

Nos casos reais de planejamento, é comum o planejador prever mais itens que apenas a cobertura do LT, pois pode haver problemas com o ressuprimento, como uma quebra de máquina, um problema de transporte ou um problema de qualidade do item. Assim, em função da probabilidade de ocorrência desses eventos, o planejador adiciona uma reserva técnica à quantidade solicitada.

Assim, podemos chegar a outra importante conclusão: quanto mais confiável for o fornecedor, interno ou externo, menor o estoque de segurança e menor o capital de giro para operar a empresa; portanto, é uma grande vantagem competitiva.

9.4.3 Just In Time

O enfoque que visa à redução radical dos níveis de estoque em todo o processo produtivo foi denominado *Just In Time* – JIT (exatamente no momento) e tem como definição: "O componente certo, no lugar certo, na hora certa. As peças são produzidas em tempo (Just In Time) de atenderem as necessidades de produção" (Martins; Laugeni, 2005). Portanto, neste sistema que está inserido dentro do contexto de um novo conceito produtivo – o da chamada *produção enxuta* –, o processo produtivo não possui folgas nem excessos de quaisquer recursos. Ou seja, não há desperdícios e somente os recursos estritamente necessários para adicionar valor ao produto são utilizados.

Inicialmente, esse conceito foi usado por Womack ao referir-se à excelência da produção japonesa e posteriormente o mesmo autor expandiu-o para toda a cadeia produtiva denominando-o *Mentalidade Enxuta* (*Lean Thinking*).

O JIT é um novo programa a ser implantado?

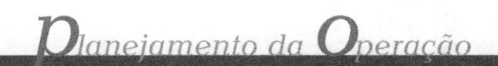

O JIT não é um programa que se implanta e pronto, está feito. Embora, ao ser implantado, traga resultados positivos de imediato, devemos considerar que ele nunca está finalizado e sempre corre o risco de degenerar-se, motivo pelo qual é considerado como *uma filosofia de trabalho* – uma maneira inteligente e eficiente de administrarmos uma indústria.

Seguindo essa definição, o gerente que trabalha embasado na filosofia do JIT sempre considera em suas decisões que estoque é um mal necessário e, sendo assim, sempre procura comprar a matéria-prima na quantidade exata de sua necessidade, bem como produzir o volume mínimo necessário e somente na hora em que o processo seguinte estiver pronto para receber o componente, evitando ao máximo qualquer ativação de recurso, mesmo de mão de obra, a não ser no momento de sua real necessidade.

> *Embora simples, no conceito, a aplicação do JIT obriga o administrador a rever profundamente toda a operação, pois os estoques em uma fábrica encobrem as falhas, assim não adianta reduzirmos os estoques sem atacarmos as falhas.*

Para tanto, o administrador deve ir fundo em cada fase do processo e:

- exigir uma previsão acurada de vendas em quantidades e em prazos de entrega;
- rever seu parque de máquinas e equipamentos e implantar um sistema de manutenção que garanta a operação sem paradas ou com paradas programadas;
- implantar um sistema de qualidade a fim de evitar as perdas por processo;
- implantar um sistema de avaliação e acompanhamento de fornecedores que garanta fornecimento de peças e componentes adequados, conforme as especificações;
- otimizar o fluxo interno do processo, evitando deslocamentos desnecessários;
- balancear as capacidades de máquinas para evitar gargalos de produção e filas;
- reduzir o tempo de preparação das máquinas para poder executar pequenos lotes de peças;
- reduzir o *lead time* total do produto;
- treinar seus colaboradores para executar os processos de produção de acordo com o padrão e, preferencialmente, com procedimentos escritos.

Como podemos notar, para enxugar a aquisição de materiais e componentes, obtendo vantagens financeiras e de redução de custo do produto, são necessárias ações em todo o complexo manufatureiro. Por conseguinte, podemos concluir que existem condições prévias para a implantação da filosofia JIT, as quais, se não forem satisfeitas, podem acarretar, inclusive, efeitos danosos, quando de implantação do JIT. Por exemplo, se reduzirmos os lotes de materiais comprados para fabricarmos na hora exata da necessidade e forem mantidos os problemas existentes, certamente haverá um colapso na produção por falta de componentes ou de material.

9.4.4 Sistemas de controle da produção para redução dos estoques

No JIT, existem técnicas desenvolvidas com o objetivo de operarmos com níveis ótimos de material em processo (WIP). É importante diferenciarmos dois dos principais estilos de produção: o *sistema de puxar* (*Pull System*) e o *sistema de empurrar* (*Push System*).

Tradicionalmente, no processo de produzir, é usado justamente o sistema de empurrar, agregando, nesse caso, ao termo *empurrar* a conotação de um planejamento do produto em que é estimado um determinado volume de produção, no qual se inicia o processo produtivo, da matéria-prima para o produto final. Ou seja, o material é *empurrado* pelo sistema produtivo e, ao chegar ao final, é estocado na forma de produto acabado, quando, então, é ofertado ao mercado.

Por outro lado, o *sistema de puxar* considera que o cliente ou o mercado é quem inicia o processo, *puxando* o produto acabado, que por sua vez *puxa* a produção, até a matéria-prima, no sentido inverso do fluxo de produção. Um bom exemplo do sistema de puxar é adotado por algumas montadoras de veículos; quando o cliente faz o pedido do carro, definindo o modelo e os acessórios, ele aciona o sistema que se comunica com a fábrica diretamente no planejamento da montagem, e o veículo especificado é montado a partir do chassi, ocorrendo na colocação de todos acessórios solicitados. Assim, o cliente *puxa* a produção desde a linha de montagem e os componentes utilizados são *puxados* do setor anterior e, assim, sucessivamente até a matéria-prima. A técnica mais utilizada no sistema japonês de *puxar* a produção é a denominada *kanban*.

Método kanban

É um sistema de controle da produção por meio de cartões que autorizam a produção ou a reposição de peças, cujo significado já está inserido no título, pois *kanban* em japonês significa *cartão*.

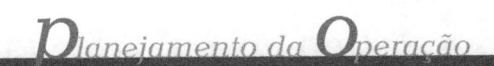

Destacamos que o *kanban* é uma ferramenta extremamente importante no controle da produção em processos sequenciais, para a reposição exata dos materiais, pois, além da função de autorizar a produção, é também uma ferramenta de controle visual que serve como instruções para a produção e o transporte interno.

No método *kanban*, as informações de vendas ou de produção são informadas no último estágio de produção, ou seja, no estoque de produtos acabados ou mesmo na linha de montagem para os processos sequenciais.

Como no exemplo acima, um processo de montagem de veículos em que os componentes são puxados para a área de montagem final dos setores de fabricação ou submontagem, estes, por sua vez, puxam dos estoques o material necessário para a fabricação, e toda a movimentação é comandada pelo cartão *kanban*. O sistema pode até chegar às operações dos fornecedores, se eles estiverem em condições de operar nessa modalidade.

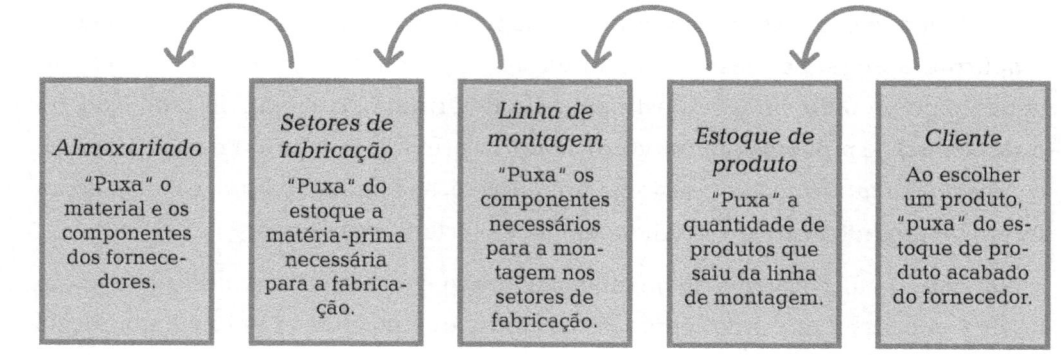

Figura 9.7
Sistema de puxar

Almoxarifado	*Setores de fabricação*	*Linha de montagem*	*Estoque de produto*	*Cliente*
"Puxa" o material e os componentes dos fornecedores.	"Puxa" do estoque a matéria-prima necessária para a fabricação.	"Puxa" os componentes necessários para a montagem nos setores de fabricação.	"Puxa" a quantidade de produtos que saiu da linha de montagem.	Ao escolher um produto, "puxa" do estoque de produto acabado do fornecedor.

Existem várias formas de se aplicar o conceito de *puxar* por cartões (*kanban*); as referências ao final deste livro indicam várias obras a esse respeito. Para efeito deste estudo, vamos entender o método *kanban* mais simples, que opera com cartões que autorizam o ressuprimento de componentes, em que:

- um cartão representa apenas uma caixa-padrão, um contêiner de um tipo de peça e exatamente o mesmo número de peças em cada um;
- assim que as peças começam a ser retiradas do contêiner, em seu ponto de uso, o cartão *kanban*, localizado na caixa, em um suporte próprio ou mesmo em cima das peças, é retirado e devolvido à operação de fornecimento, como uma autorização para trazer outro contêiner da mesma peça;
- as caixas cheias de peças levam consigo um *kanban* que as identifica.

Em outras palavras, o sistema de controle de material deve substituir exatamente o que foi consumido e nada mais.

O cartão (*kanban*) normalmente é feito de aço contendo as principais informações necessárias para o funcionamento do sistema, tais como o nome da peça (como chamado no desenho), o número, o local de montagem, o setor de fabricação originário, o setor consumidor, o número do *kanban* em relação ao número total de cartões, a quantidade de peças no contêiner, o produto final e o modelo.

A figura a seguir é um exemplo prático de um *kanban* de um eixo que vai em uma montagem do produto trator.

Peças nº	23345	Setor	Montagem	Kanban	1/3
Nome da peça Eixo do rotor		Da:	Estação fornecedora Usinagem		
		Para:	Estação consumidora Montagem		
Capacidade do contêiner 20 peças		*Produto final* Trator tração 4 x 4 Modelo FX 40			

Figura 9.8

Exemplo de um cartão kanban

Fonte: Suzaki, 1987, p. 160.

Peça nº	35GC-7		
Nome da peça	Produto		
Tamanho do lote	500	Ponto de reordem	300
Tamanho do material	4 x 10	Área de estocagem	P-30

Tamanho do lote	A2	Ponto de reordem
	Peça nº 36GC-7	
	Processo de estamparia #30	

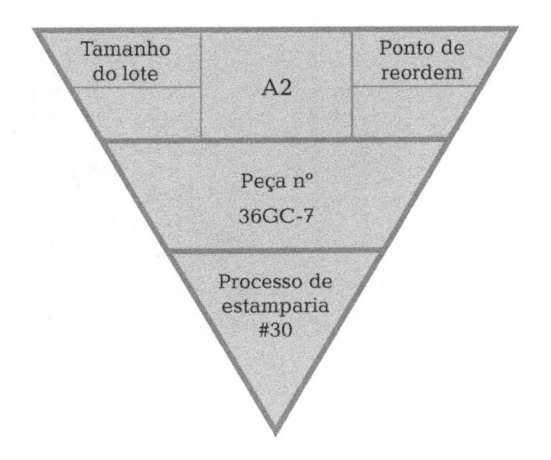

Figura 9.9

Exemplo de kanban *de material e sinalizador*

Fonte: Suzaki, 1987, p. 160.

Um tipo interessante de *kanban* é o que controla estoques através de dois cartões, um retangular e um triangular. São chamados *kanban de sinal* e *de material* e o seu funcionamento é bastante simples:

- o operador ao retirar a caixa de cima encontra o cartão retangular e o envia diretamente para a área de matéria-prima, que, ao recebê-lo, providencia o corte de um lote-padrão e envia para o estoque antes da prensa;
- o operador, ao retirar a terceira caixa, encontra o cartão triangular e o envia ao Setor de Prensas que já havia recebido a matéria-prima cortada. Agora, esse setor executa a operação de prensagem e envia o material novamente para o consumo. Assim, o sinal foi dado com antecedência para o Setor de Corte que pode antecipar a chegada da ordem de produção na forma de cartão *kanban*.

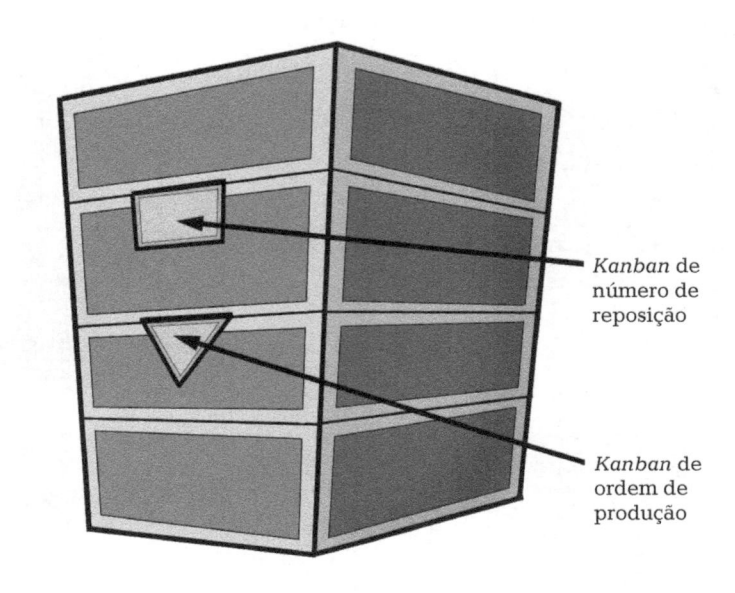

Figura 9.10

Local de armazenamento

Fonte: Suzaki, 1987, p. 160.

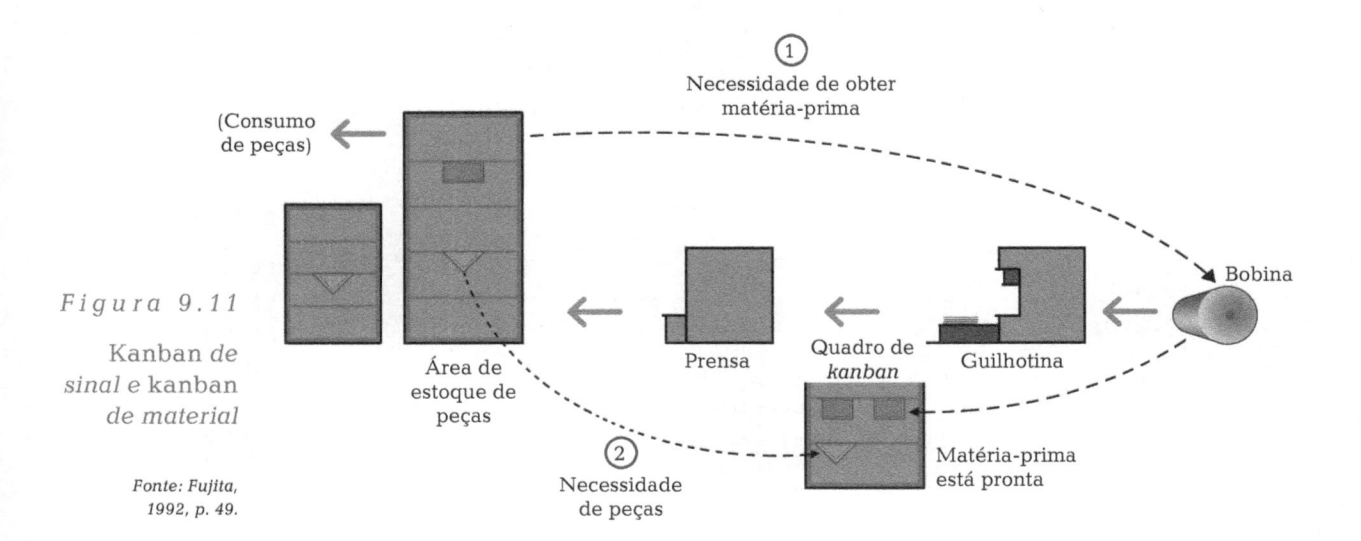

Figura 9.11

Kanban *de sinal e* kanban *de material*

Fonte: Fujita, 1992, p. 49.

O *método kanban* pode ser usado em qualquer atividade em que haja uma sequência de processos e ressuprimento. Existem casos de emprego em almoxarifados, setores de fabricação e em supermercados. Nesse caso, uma quantidade de produtos fica em uma gôndola de fácil acesso ao cliente e, assim que a quantidade-padrão for vendida, outro contêiner é reabastecido com a mesma quantidade (um *kanban*) desse produto.

A implantação deve ser viabilizada por meio do cálculo de cada *kanban*, ou seja, a quantidade de peças por contêiner e a quantidade de contêineres no sistema. Esse cálculo deve considerar as previsões de produção, o tempo de processamento dos componentes e o tempo de transporte.

O funcionamento do sistema com cartão é bastante simples, como podemos notar na sequência abaixo, onde está demonstrado passo a passo. Assim, como exemplo, vamos considerar que uma linha de montagem consuma três peças em um posto qualquer de montagem, peças A, B e C, assim:

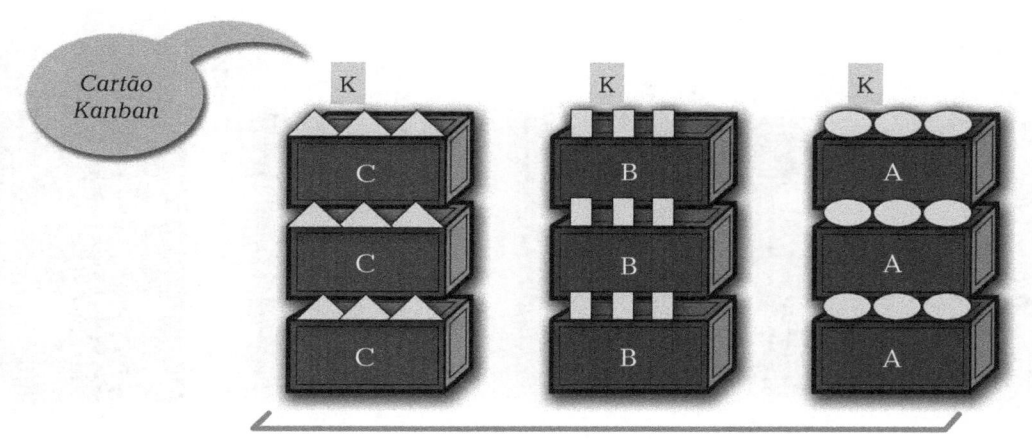

Três contêineres com 20 peças em cada caixa

Figura 9.12

Contêineres com peças A, B e C

1. definimos a quantidade de peças por contêiner: digamos 20 peças;
2. estabelecemos o número de contêineres no sistema: consideremos três contêineres (ou três *kanban*);
3. determinamos as peças que serão colocadas no sistema: peças A, B e C;
4. consideramos que o sistema inicia cheio, ou seja, os três contêineres de cada uma das três peças A, B e C são carregados com 20 peças cada um, totalizando 60 peças de cada modelo e 180 peças no total;
5. os nove contêineres são posicionados na linha de montagem;
6. o operador da linha de montagem inicia a operação, consumindo a peça "C" do primeiro contêiner de peças;

7. antes de consumir a peça, o montador tem de seguir uma regra simples, mas de forma rigorosa: retirar, primeiramente, o cartão *kanban* que está em cima das peças e enviá-lo para o Setor de Fabricação;
8. o Setor de Fabricação recebe o cartão da peça "C", no qual está estabelecida a identidade e número da peça e a quantidade de peças por contêiner;
9. o operador da fabricação posiciona o cartão em um quadro com três níveis de urgência: o azul, o amarelo e o vermelho, respectivamente posicionados de baixo para cima. Essa classificação permite o estabelecimento de prioridades entre as três peças A, B e C.

Figura 9.13

Setor consumidor da linha de montagem

Primeiro pega o cartão kanban e o envia para o Setor Interno de Fornecimento.

Utiliza as peças do primeiro contêiner.

Encontra outro kanban no segundo contêiner e o envia para o Setor Interno de Fornecimento.

O painel no Setor Interno de Fornecimento mostrará a situação da figura abaixo:

● Peça A	■ Peça B	▲ Peça C
•	•	•
•	•	• KANBAN Peça C 2/3
•	•	• KANBAN Peça C 1/3

Lugar sem cartão afixado

Nenhum cartão chegou da linha de montagem.

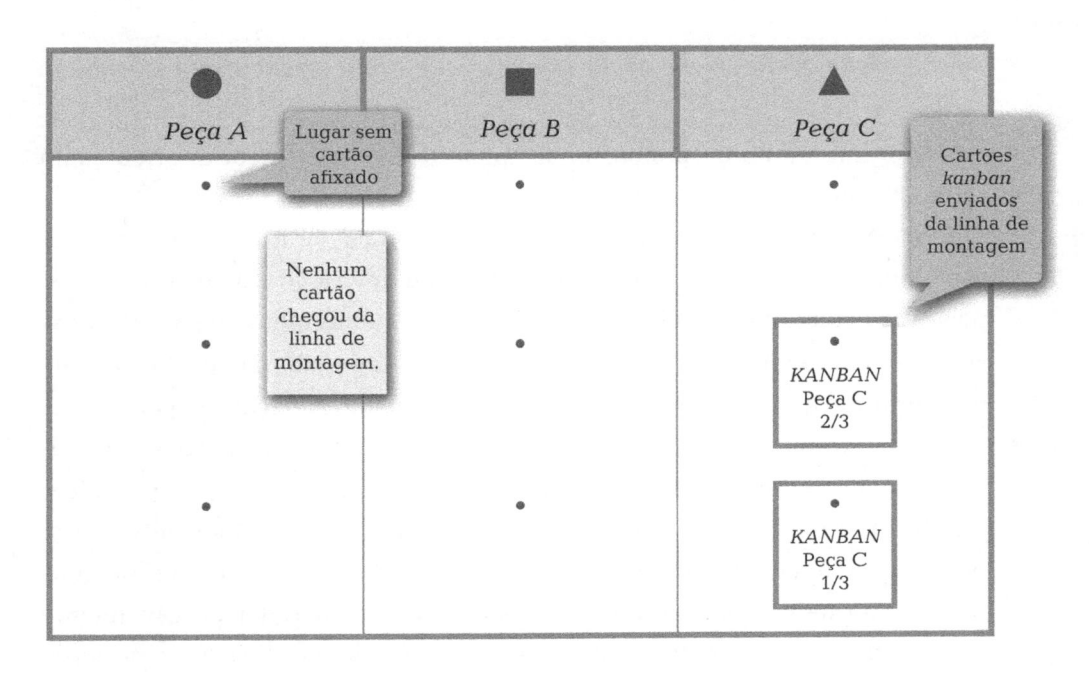

Cartões kanban enviados da linha de montagem

Figura 9.14

Exemplo de painel de controle kanban 1

Nessa situação, o quadro do Setor de Fornecimento, que poderia ser um setor de matéria-prima ou de usinagem, demonstra que os contêineres de peças "A" e "B" ainda não começaram a ser consumidos, enquanto a peça "C" teve um contêiner consumido integralmente e, ao sinal da chegada do segundo cartão, o fornecedor interno sabe que o segundo contêiner começou a ser consumido, restando apenas um último completo (pode, portanto, concluir que existem 20 peças do último contêiner na linha de montagem).

	● Peça A	■ Peça B	▲ Peça C
Faixa de fundo de cor vermelha: "Alerta"!			KANBAN Peça C 3/3
Faixa de fundo de cor amarela: "Atenção"!		KANBAN Peça B 2/3	KANBAN Peça C 2/3
Faixa de fundo de cor azul: "Baixa prioridade"!	KANBAN Peça A 1/3	KANBAN Peça B 1/3	KANBAN Peça C 1/3

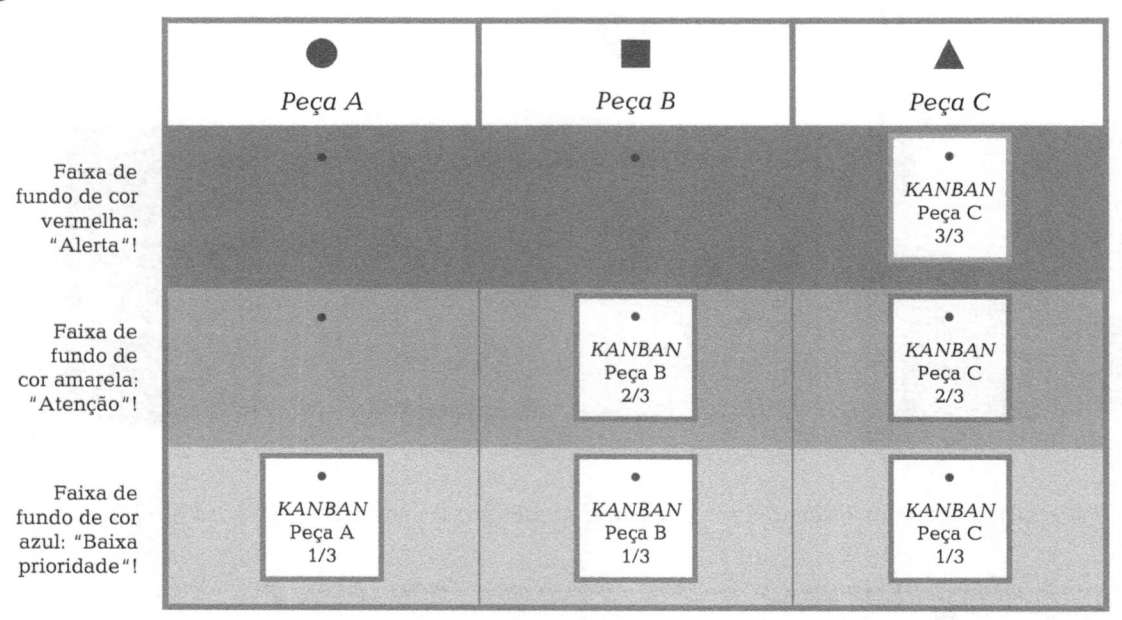

Figura 9.15

Exemplo de painel de controle kanban 2

Passado algum tempo de produção, se encontrarmos o painel na forma como está na figura anterior, podemos concluir que:

- a peça "A" tem dois contêineres cheios e um iniciado; a peça "B" tem um contêiner cheio e um iniciado; a peça "C" está no crítico, na zona de alerta, pois já teve o último contêiner iniciado. Assim, apenas olhando para o painel *kanban*, sem nenhuma outra instrução, o próprio operador pode concluir que deve prioritariamente fazer um contêiner-padrão (de 20 peças) da peça "C";
- uma vez terminado o lote de 20 peças, devemos colocar as peças no contêiner, retirar o cartão do painel, colocá-lo também no contêiner; e, em seguida, enviá-lo para a linha de montagem. Podemos, então, escolher entre outra peça "C" ou uma "B", para reduzir, pois ambas estão no mesmo nível de prioridade. Normalmente, em uma situação dessas, o operador provavelmente escolhe fazer outro lote de peças "C" para aproveitar o tempo de preparação, instrumentos etc.

Assim, um instrumento simples, com alguns cartões e um painel, controla o fluxo de materiais ou componentes e consequentemente pode gerenciar toda a produção de um setor ou mesmo de toda a empresa. O *método kanban* possui variações interessantes, como o *quadrado kanban*, que consiste em pintar no chão um quadrado com as dimensões de um contêiner e, quando este for utilizado e o quadrado ficar vazio, constitui-se no sinal para que outro contêiner seja recolocado no mesmo local. Assim evitamos o acúmulo de caixas e de material e organizamos a área de forma eficiente.

Experimente analisar este painel kanban. Que conclusões você pode tirar da situação destas peças na linha de montagem?

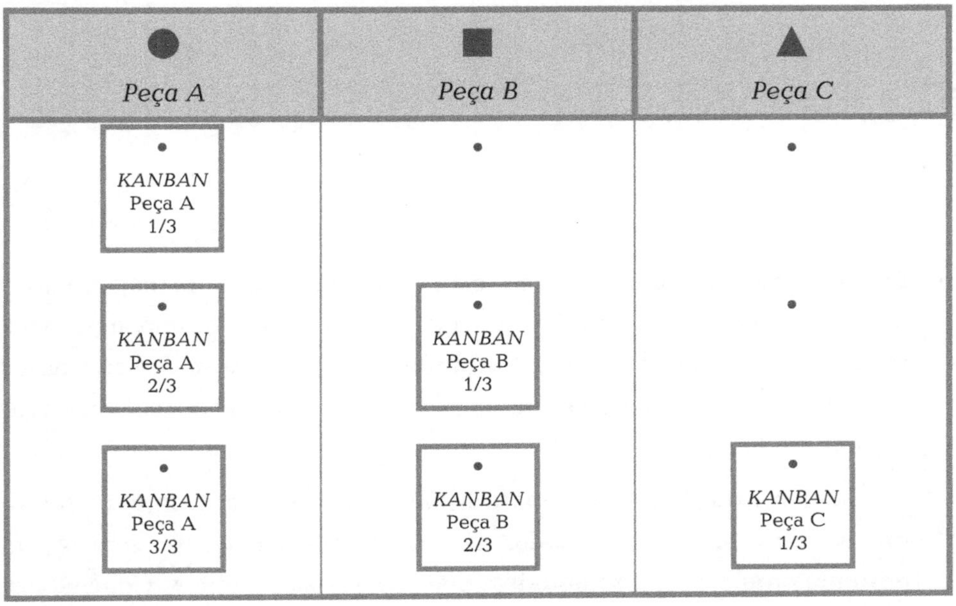

● Peça A	■ Peça B	▲ Peça C
KANBAN Peça A 1/3		
KANBAN Peça A 2/3	KANBAN Peça B 1/3	
KANBAN Peça A 3/3	KANBAN Peça B 2/3	KANBAN Peça C 1/3

Figura 9.16

Exemplo de painel de controle kanban 3

exercícios

1. Experimente fazer um exercício relacionado ao ciclo de planejamento com os mesmos parâmetros, planejando agora não apenas o último, mas todos os meses da previsão de vendas. Verifique o quanto será necessário de estoques de matéria-prima e de produto acabado por modelo, conforme a nova previsão abaixo.

   Ao fazer o exercício, atente para a lógica do sistema e procure sentir as dificuldades que um planejador de uma pequena empresa, sem recursos, enfrenta para planejar seu produto, mesmo que seja simples. Conclua fornecendo as datas aproximadas das OCs (Ordens de Compra), das OMs (Ordens de Montagem) e das OFs (Ordens de Fabricação).

	Modelo CM 300	Volumes acumulados	Modelo CM 350	Volumes acumulados
Março	180	180	160	160
Abril	220	400	190	350
Maio	330	730	210	560
Junho	300	1030	200	760
Julho	230	1260	130	890
Agosto	210	1470	130	1020

Previsão de vendas do exercício

2. *Considere o exemplo de produção do carrinho de mão, apresentado no início do capítulo, cujo sistema de planejamento utilizado foi o MRP.* Pense em como pode ser empregado o método *kanban* nesse processo de produção:
   - Que setores podem utilizar esse sistema?
   - Que benefícios podem ser auferidos com sua aplicação?
   - Pode ser usado um sistema híbrido, mesclando os dois sistemas?
   - Qual a sua opinião sobre esses dois sistemas?

3. Quais atividades do PCP (Planejamento e Controle da Produção) você considera mais importantes? Por quê?

4. Quais os fatores que influem no planejamento de produção?

5. Quais as principais metodologias de previsão de vendas?

6. O que é Ciclo de Planejamento?

7. O que é Plano Mestre de Produção?

8. Qual a lógica do sistema MRP?

9. Qual a relação entre estoques e capital de giro na operação de uma empresa?

10. O que é *Just in Time*?

11. Como se define *produção enxuta*?

12. Qual o mecanismo do sistema *kanban*?

apêndice 1

tecnologia
de manufatura

Neste apêndice abordaremos os principais materiais de uso industrial, suas características e suas classificações mais usuais, assim como seus principais usos.

1 Principais materiais utilizados na indústria

A humanidade, ao longo do tempo, tem investido grandes esforços no sentido de desenvolver novos processos e materiais para melhoria de vida e, de certa forma, dominar adversários. Um aspecto histórico importante é que o domínio dos materiais sempre representou vantagem de um povo sobre outro, principalmente no que se refere às armas. Mas o empenho pelo domínio de determinados materiais revela mais do que isso. *Você já pensou sobre o assunto? Afinal, qual a relação entre os recursos materiais e o produto?*

O valor que, em diferentes épocas, o homem deu a diversos materiais esteve sempre associado à satisfação de suas necessidades. Atualmente, acrescentou-se um outro fator, que dinamiza o desenvolvimento de novos produtos. Assim, na vida moderna, as competições entre empresas continuam sendo o fator de desenvolvimento de novos produtos com melhores características e novas aplicabilidades.

Você acha que o mesmo produto pode ser produzido com materiais diferentes visando a uma aplicação em um novo mercado?

Tomemos como exemplo um produto simples e de uso comum, a escada. Se você decidir fabricar escadas, deverá optar por alternativas de materiais e de processos em função do produto concebido e de sua principal característica de mercado.

Uma fábrica de escadas de madeira terá em seu perfil industrial máquinas de corte e refino de madeira, e as junções serão por pregos e em algumas partes por cola. Os profissionais deverão entender os processos de produção de marcenaria, das características da madeira como sua suscetibilidade à umidade e sua deformação sob efeito do calor.

Na mesma linha de raciocínio, a produção de escadas de alumínio necessitaria de profissionais da área metalúrgica e maquinário de corte e rebitagem para montagem das escadas.

Uma fábrica de escadas de aço, por sua vez, seria semelhante à de alumínio no que tange a alguns profissionais que operam as máquinas, nos outros processos seria necessária a junção das peças por soldagem.

Como vemos, variando a matéria-prima para uma mesma concepção de produto, alteram-se radicalmente as instalações, o maquinário e o perfil dos profissionais.

Os processos de manufatura são, em particular, diretamente dependentes do tipo de material a ser empregado no produto.

A tecnologia empregada na manufatura tem dois grandes componentes: os materiais a serem transformados e os processos de transformação.

Quanto aos materiais, o projetista do produto possui uma enorme variedade para escolher o que melhor se adapta à sua aplicação; tudo vai depender das propriedades que deva ter e das condições e exigências a que será submetido.

- Se for uma escada doméstica para ser usada em residências, as características principais serão custo e durabilidade; assim, a opção do material poderá recair na madeira, devido ao seu baixo custo e baixo peso, ou no alumínio, devido ao seu baixo peso e boa durabilidade.

- Se a escada for utilizada em uma obra civil, com responsabilidade em termos de resistência devido à segurança e ao peso que deverá suportar, a escolha recairá no aço, devido a suas características de alta resistência mecânica e ainda ao baixo custo.

- Se a utilização for industrial em uma planta química ou de produção de alimentos, onde a aplicação exige resistência em ambiente agressivo como o impregnado de ácidos, a escolha deve ser por um aço inoxidável que, embora de alto custo, possui alta resistência à corrosão.

Para cada uma das opções acima, temos uma instalação de manufatura diferente, como veremos na sequência.

- Uma fábrica de escadas de madeira tem em seu parque industrial máquinas típicas de processamento de madeira por corte ou remoção de material, como plainas, tupias e serras. O ambiente é poluído por poeira de madeira e com alto risco de incêndio. A matéria-prima tem condições de armazenamento específicas por ser sensível à umidade e deformável ao sol, mesmo em temperatura ambiente. Os profissionais devem ter conhecimento dessas variáveis relativas à matéria-prima, além de experiência no processamento e na montagem de elementos através de junções por pregos ou colagem.

- Uma unidade industrial para fabricação de escadas de alumínio, considerada como uma empresa metalúrgica, deve possuir máquinas de processamento do alumínio, de corte e de usinagem, além de processos de junção por rebites, uma vez que a soldagem desse material via de regra é complexa. O ambiente é menos agressivo que o do processamento de madeiras, recaindo o cuidado com a operação das máquinas em termos de segurança do trabalho. A matéria-prima, nesse processo, requer cuidados na armazenagem e no transporte interno por ser facilmente deformável.

- Uma metalúrgica que fabrica escadas de aço deve ter em seu parque industrial máquinas operatrizes de corte, de conformação e de usinagem do aço. O processo é auxiliado por equipamentos de movimentação de material devido ao peso das barras e das chapas de aço a serem processadas. Atividades de soldagem são comuns, pois essa operação no aço é fácil e de baixo custo, e os profissionais são comuns a outras empresas metalúrgicas, uma vez que o processo é *grosso modo* semelhante entre elas. No entanto, uma metalúrgica especializada em aço inoxidável requer profissionais com experiência específica no processamento desse material, assim como muitas máquinas especiais para essa finalidade. A junção por solda é complexa e custosa, assim, via de regra, são feitas uniões com parafusos ou rebites.

Podemos concluir que, embora o produto seja basicamente o mesmo (escada), as características de mercado exigem materiais e processos bastante diferentes, alterando dessa forma radicalmente os investimentos, a operação e o perfil profissional do pessoal da produção.

Ao escolher um material, o projetista irá procurar aquele que possua o conjunto de propriedades exigidas pelo produto. Uma classificação elementar pode compreender aspectos relativos às categorias, propriedades desejadas e principais aplicações, conforme o quadro a seguir.

Quadro 1
Classificação das propriedades dos materiais

Categorias	Propriedades desejadas	Principais aplicações
Mecânica	Resistência Dureza Tenacidade	Peças de máquinas Estruturas metálicas
Química	Resistência à corrosão Resistência à radiação Resistência à contaminação biológica	Fábricas de produtos químicos Estruturas expostas ao tempo Estruturas náuticas
Física	Densidade Condutividade elétrica Condutividade térmica	Estruturas que requerem densidade baixa ou baixo peso estrutural Aplicações elétricas Instrumentação

Vamos detalhar mais essas características dos materiais:
- resistência: à tração, à compressão e à fadiga;
- trabalhabilidade: facilidade com que o material pode ser dobrado, soldado, usinado etc.;
- possibilidade de tratamentos de endurecimento: isso é usual para aumentar a resistência;
- proteção superficial: quando desejamos obter resistência à corrosão ou a riscos;
- possibilidade de grau de acabamento: quando pode haver interferência entre os elementos, como nas montagens mecânicas de um eixo com um rolamento;
- resistência à corrente elétrica: condutores e semicondutores;
- peso: por vezes é importante que o material possua alta resistência e baixo peso. Este é o caso da indústria automobilística.

Sabemos que existe uma acirrada competição por fatias do mercado consumidor, mas será que poderíamos afirmar que ocorre o mesmo na seleção de materiais a serem usados na indústria?

A tecnologia apresenta evolução constante com novos materiais que surgem frequentemente, os quais, de acordo com a eficiência e a viabilidade econômica de sua aplicabilidade, acabam substituindo outros mais tradicionais. A esse respeito, Smith (1996, p. 10) declara que

> Os materiais competem uns com os outros, na conquista dos mercados atuais e futuros. No decurso de determinado período de tempo, podem surgir vários fatores que levam a que, para determinadas aplicações, um material seja substituído por outro. O preço é certamente um destes fatores.

[...] Outro fator que contribui para a substituição dos materiais é o desenvolvimento de um novo material com propriedades mais adequadas para as aplicações pretendidas.

Os motores de automóveis, por exemplo, no passado, usavam componentes de ferro fundido, hoje já utilizam muitas peças de alumínio e de cerâmica, que substituem aquele pela vantagem de peso e pela resistência a altas temperaturas e ao desgaste.

Existe, portanto, realmente uma competição entre materiais, em que os fatores aplicabilidade, peso, custo, trabalhabilidade e resistência, entre outros, são determinantes para que o engenheiro escolha qual utilizar em seu projeto de produto.

1.1 Classificação dos materiais

Há algum fator ou alguma característica que defina um material como de uso industrial? Quais são os mais usados?

Os materiais de uso industrial podem ser classificados em cinco grandes categorias (Ashby; Jones, 2001, p. 5):
- metálicos e suas ligas;
- poliméricos;
- cerâmicos e vidros;
- compósitos;
- materiais naturais.

1.2 Materiais metálicos e suas ligas

Os materiais metálicos são os mais utilizados pela indústria, mais que qualquer outro de qualquer categoria (DeGarmo; Black; Kohser, 1999, p. 37). Os metais encontram-se na natureza em estado puro, como o ouro e a platina, ou na forma combinada com minerais, como óxidos, hidróxidos, sulfetos etc., que recebem denominações como *calcita*, *quartzo*, *mica* e *cassiterita*, entre outras.

Os materiais dos quais podemos extrair os metais denominam-se minérios, e estes, quando em grandes quantidades, formam os depósitos ou jazidas (Chiaverini, 1986, p. 11).

O ferro, o cobre, o alumínio, o níquel e o titânio são exemplos de elementos metálicos, mas os materiais classificados como metálicos podem conter também substâncias não metálicas em pequenos percentuais, como o carbono e o oxigênio.

Os metais são geralmente bons condutores de energia elétrica e térmica, muitos são resistentes mesmo em ambientes de altas temperaturas e outros podem ser dúcteis (maleáveis) à temperatura ambiente.

Os materiais metálicos podem ser subdivididos em ferrosos e não ferrosos.

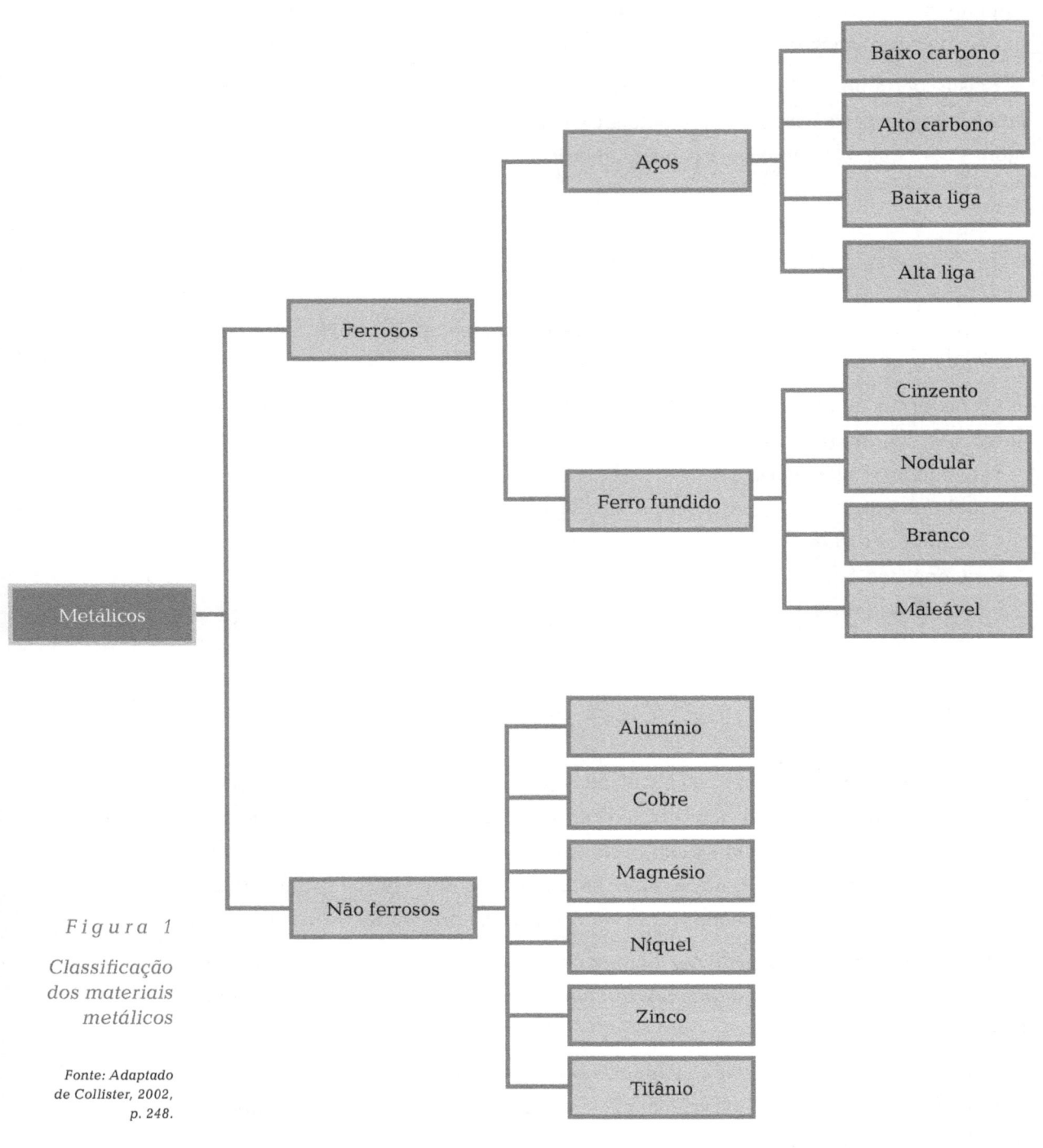

Figura 1

Classificação dos materiais metálicos

Fonte: Adaptado de Collister, 2002, p. 248.

- Metálicos
  - Ferrosos
    - Aços
      - Baixo carbono
      - Alto carbono
      - Baixa liga
      - Alta liga
    - Ferro fundido
      - Cinzento
      - Nodular
      - Branco
      - Maleável
  - Não ferrosos
    - Alumínio
    - Cobre
    - Magnésio
    - Níquel
    - Zinco
    - Titânio

Materiais metálicos ferrosos

Materiais metálicos ferrosos são os que possuem elevada percentagem do elemento ferro, como os aços e os ferros fundidos.

De acordo com Colpaert (2000, p. 1),

> Estes produtos (aços e ferros fundidos) são obtidos via líquida, isto é, são elaborados no estado de fusão. São chamados aços quando contêm de 0 a 2% de carbono, e ferros fundidos, quando o teor desse elemento está entre 2% e 6,7%. [...] Habitualmente estes dois materiais contêm ainda outros elementos como manganês, silício, fósforo, e enxofre, em percentagens quase sempre pequenas e que são considerados impurezas normais. Os aços acima referidos são conhecidos no comércio por aços ao carbono comuns, ordinários, ou sem liga, sendo às vezes designados pelos fabricantes por letras e números, de acordo com o seu teor de carbono.

Aços

De acordo com Chiaverini (1998, p. 22), "Aço é a liga ferro-carbono contendo geralmente 0,008% até 2,11% de carbono, além de certos elementos residuais, resultantes dos processos de fabricação". Eles podem ser classificados em aços-carbono e aços-liga.

1. Aços-carbono

Aços-carbono são os que possuem em sua estrutura, além de ferro, pequenos percentuais de manganês, silício e também os elementos fósforo e enxofre, que são considerados impurezas. Os demais elementos possuem influências diversas no aço. Por exemplo:

- o ferro é o elemento-base da liga;
- o carbono constitui-se no segundo elemento mais importante, pois sua quantidade determina ou define o tipo de aço. A influência do carbono sobre a resistência do aço é maior que a de qualquer outro elemento;
- o manganês em pequena percentagem no aço doce (pouco carbono) torna os aços mais dúcteis, maleáveis; porém, no aço rico em carbono, endurece e aumenta a resistência;
- o silício faz com que o aço se torne mais duro e tenaz;
- o fósforo é considerado prejudicial e em teor elevado pode tornar o aço quebradiço;
- o enxofre também é um elemento pernicioso por tornar o aço granuloso e áspero, enfraquecendo sua resistência (Chiaverini, 1998, p. 22).

O aço-carbono, ou simplesmente aço, é por suas características materiais o mais comum e conhecido no mundo industrial, pode ser forjado, laminado, estirado, cortado com material mais duro, soldado, dobrado e curvado, enfim, possui custo baixo e apresenta alta trabalhabilidade.

Existem aços de alto e baixo teor de carbono.

Os aços de baixo teor de carbono (até 0,30% de carbono) são os mais simples e comuns. São utilizados quando não há muita exigência de resistência, por exemplo, ferros de construção e chapas de aço, que se apresentam em várias formas comerciais, como vergalhões, chapas, perfilados etc. Os aços de baixo carbono também são conhecidos como *aços doces*, pela sua característica de não temperabilidade e baixa dureza. Existem ainda os aços extradoces (de 0,05% a 0,15% de carbono) e os doces (de 0,15 a 0,30% de carbono).

Os aços de alto carbono ou aços de têmpera (acima de 0,30% de carbono) são propícios à operação de têmpera, devido ao maior percentual de carbono. Tanto os de baixo como os de alto teor de carbono existem em diferentes formas no mercado: barras chatas, redondas, sextavadas e chapas planas.

2. Aços-liga

São materiais ferrosos que contêm, além dos elementos ferro e carbono, outros componentes, cuja função básica é a melhoria das propriedades mecânicas, elétricas, magnéticas etc. *São classificados em aços de alta liga e baixa liga.*

- Os aços de baixo teor de ligas apresentam elementos em sua composição em percentuais abaixo de 8%.
- Os aços com alto teor de ligas possuem elementos de liga acima de 8% (Chiaverini, 1998, p. 22).

As ligas são materiais especiais, resultantes de pesquisas e experiências, com objetivo de atender às necessidades industriais. São como receitas feitas para finalidades específicas, por exemplo, aumento à resistência, à corrosão, à elasticidade e muitas outras características.

As ligas são cuidadosamente projetadas em laboratórios para atingirem determinadas características, podem ser testadas várias combinações de elementos, em vários percentuais, para obter-se o resultado almejado. Assim, conforme a finalidade desejada, os vários elementos químicos são adicionados aos aços.

Por existirem utilizações semelhantes dos materiais, assim como das ligas, eles são padronizados e, dessa forma, o engenheiro pode escolher pelo catálogo o material ou a liga padronizada que seja mais adequado à utilização pretendida.

A seguir fornecemos alguns dos principais componentes de ligas e sua atuação nos aços (Bresciani Filho, 1998, p. 124).

- A adição de níquel aumenta a resistência e a tenacidade e eleva o limite de elasticidade. O aço níquel contém de 2 a 5% de níquel e de 0,1 a 0,5% de carbono.

- O cromo proporciona ao aço alta resistência, dureza e boa resistência à corrosão. Um aço cromo contém de 0,5 a 2% de cromo, enquanto um aço cromo especial de outro tipo, o aço inoxidável, contém de 12 a 17% de cromo.

- Os aços com adição de manganês em percentuais de 1,5 a 5% são frágeis, entretanto, quando o manganês é adicionado em quantidade conveniente, aumenta a resistência do aço ao desgaste e aos choques. O aço manganês contém usualmente de 11 a 14% de manganês e de 0,8 a 1,5% de carbono.

- O tungstênio é geralmente adicionado aos aços com outros elementos, assim aumenta a resistência ao calor e à ruptura, o limite de elasticidade e a dureza. Os aços com 3 a 18% de tungstênio e 0,2 a 1,5% de carbono apresentam grande resistência, mesmo em temperatura elevada.

- O molibdênio tem ação semelhante a do tungstênio, emprega-se em geral associado ao cromo, produzindo os aços cromo-molibdênio de grande resistência a esforços repetitivos.

- O vanádio melhora nos aços a resistência à tração, sem perda de ductilidade, eleva os limites de elasticidade e de fadiga do material. Aços cromo-vanádio contêm geralmente de 0,5 a 1,5% de cromo, de 0,15 a 0,3% de vanádio e 0,13 a 1,1% de carbono.

- O silício aumenta a elasticidade e a resistência mecânica dos aços. Os aços silício contêm de 0,1 a 0,4% de silício e de 0,1 a 0,4% de carbono. O silício tem o efeito de isolar ou suprimir o magnetismo.

- O cobalto influi favoravelmente nas propriedades magnéticas dos aços. Além disso, o cobalto associado ao tungstênio aumenta a resistência ao calor.

- O alumínio desoxida o aço, no processo de tratamento termoquímico chamado *nitretação*, e combina-se com o azoto, favorecendo a formação de uma camada superficial de alta dureza.

Quadro 2 — Exemplos de utilização industrial de aços-liga

Aço-liga	% adição	Características do aço	Usos industriais
Aços níquel	1 a 10% de níquel	Resistem bem à ruptura e ao choque quando temperados e revenidos.	Peças de automóveis, peças de máquinas e ferramentas.
Aços níquel	10 a 20% de níquel	Resistem bem à tração. Muito duros – temperáveis em jato de ar.	Blindagem de navios: eixos, hastes de freios, projéteis.
Aços níquel	20 a 50% de níquel	Inoxidáveis. Eletricamente resistentes.	Válvulas de motores térmicos, resistências elétricas, cutelaria, instrumentos de medicina.
Aços cromo	até 6% de cromo	Resistem bem à ruptura. Duros. Não resistem aos choques.	Esferas e rolos de rolamento. Ferramentas, projéteis, blindagem.
Aços cromo	11 a 17% de cromo	Inoxidáveis.	Aparelhos e instrumentos de medida, cutelaria.
Aços cromo	20 a 30% de cromo	Resistem à oxidação, mesmo a altas temperaturas.	Válvulas de motores a explosão. Fieiras, matrizes.
Aços cromo e níquel	0,5 a 1,5% de cromo / 1,5 a 5% de níquel	Grande resistência, grande dureza – muita resistência aos choques, torção e flexão.	Virabrequins, engrenagens, eixos, hastes de freios, projéteis.
Aços cromo e níquel	8 a 25% de cromo / 1 a 25% de níquel	Inoxidáveis. Resistentes à ação do calor e à corrosão de elementos químicos.	Portas de fornos, tubulações de águas salinas e gases e eixo de bombas. Válvulas, turbinas.
Aço manganês	7 a 20% de manganês	Extrema dureza, grande resistência aos choques e ao desgaste.	Mandíbulas de britadores, eixos de carros e vagões, curvas de trilhos e peças de dragas.
Aço silício	1 a 3% de silício	Resistente à ruptura. Elevado limite de elasticidade. Propriedade de anular o magnetismo.	Molas, chapas de induzidos de máquinas elétricas. Núcleos de bobinas elétricas.
Aço silício-manganês	1% de silício / 1% de manganês	Grande resistência à ruptura, elevado limite de elasticidade.	Molas diversas, molas de automóveis, caminhões e vagões.

(continua)

(conclusão)

Aço-liga	% adição	Características do aço	Usos industriais
Aços tungstênio	1 a 9% de tungstênio	Dureza, resistência à ruptura e ao calor de abrasão (fricção). Propriedades magnéticas.	Ferramentas de corte para altas velocidades, matrizes, fabricação de ímãs.
Aços molibdênio		Dureza, resistência à ruptura e ao calor de abrasão (fricção).	Não é comum o aço molibdênio simples, ele se associa a outros elementos.
Aços cobalto		Dureza, resistência à ruptura e ao calor de abrasão (fricção).	Não é usual o aço cobalto simples, ele se associa a outros elementos.
Aços vanádio		Propriedades magnéticas. Dureza, resistência à ruptura e ao calor de abrasão (fricção).	Ímãs permanentes, chapas de induzidos. Não é usual o aço vanádio simples.
Aços rápidos	8 a 20% de tungstênio, 1 a 5% de vanádio, até 8% de molibdênio, 3 a 4% de cromo.	Excepcional dureza em virtude da formação de carboneto. Resistência de corte, mesmo com a ferramenta aquecida ao rubro, pela alta velocidade. A ferramenta de aço rápido que inclui cobalto consegue usinar até aço manganês, de grande dureza.	Ferramentas de corte de todos os tipos, para altas velocidades, cilindros de laminadores, matrizes, fieiras e punções.
Aços alumínio-cromo	0,85 a 1,2% de alumínio, 0,9 a 1,8% de cromo.	Possibilita grande dureza superficial por tratamento de nitretação (termoquímico).	Camisas de cilindro removíveis de motores a explosão e de combustão interna, virabrequins, eixos. Calibres de medidas de dimensões fixas.

Classificações comerciais

As classificações de materiais mais comuns encontradas no mercado são do sistema da Sociedade dos Engenheiros Automotivos (Society of Automotive Engineers – SAE) e do Instituto Americano de Aço e Ferro (American Iron and Steel Institute – Aisi). *No Brasil o órgão responsável pelas normas técnicas é a Associação Brasileira de Normas Técnicas – ABNT*, que, por intermédio das normas NB-80, NB-81 e NB-82, classifica os aços-carbono e os de baixo teor de elementos de liga, segundo os critérios adotados pela SAE e Aisi.

O aço é designado por quatro algarismos:
- o primeiro indica o tipo principal do elemento de liga;
- o segundo seu teor médio;
- e os dois últimos indicam o teor de carbono (dividido por 100).

Assim, o aço SAE/ABNT 1 020 será um aço-carbono que contém cerca de 0,2% de carbono; já um aço SAE/ABNT 5 160 é um aço cromo, contendo entre 0,7% e 1,2% de cromo, além de 0,6% de carbono.

Segue um exemplo de quadro onde encontramos os tipos de aços normalizados.

Designação Aisi – SAE	Tipo de aço
10 XX	Aço ao carbono comum.
11 XX	Aços de usinagem fácil com alto S.
15 XX	Aços manganês com Mn acima de 1,0%
41 XX	Aço cromo-molibdênio com 0,40 a 1,1% de Cr e 0,08 a 0,36% de Mo.
86 XX	Aço níquel-molibdênio com 0,55% de Ni, 0,50% de Cr e 0,20% de Mo.

Quadro 3

Aços normalizados

Fonte: SAE/ABNT.

Algarismo	Elemento principal
1	Sem elemento de liga
2	Aço níquel
3	Aço cromo-níquel
4	Aço molibdênio
5	Aço cromo
6	Aço cromo-vanádio
7	Aço tungstênio
8	Aço cromo-níquel-molibdênio
9	Aço silício-manganês

Quadro 4

Classificação quanto ao primeiro número que indica o aço

Fonte: SAE/ABNT.

Exemplos: aço 1045 – aço sem elemento de liga – com 0,45% de carbono temperável; aço 2140 – aço ligado ao níquel; aço 5150 – aço ligado ao cromo; aço 8620 – aço ligado ao cromo-níquel-molibdênio.

Muitos aços comerciais não estão incluídos na classificação que apresentamos, como é o caso dos aços de alto teor de elementos de liga para ferramentas ou ainda o aço inoxidável; nesses casos são adotadas denominações especiais.

Lembrar que existem também classificações feitas por fabricantes de materiais que se tornam conhecidas no mercado como *Aço Villares*, por exemplo.

Os aços para ferramenta são assim chamados por serem utilizados para a fabricação de ferramentas, tais como ferramentas de corte, de penetração e matrizes. As principais características desse material são:

- a dureza à temperatura ambiente;
- a resistência ao desgaste;
- a tenacidade;
- a resistência ao amolecimento por calor.

Aços inoxidáveis: sem dúvida uma das classes mais importantes dos aços-liga especiais, são materiais em que quantidades superiores de elementos de liga foram adicionadas, notadamente o cromo e o níquel. São escolhidos devido à notável resistência à corrosão em ambientes agressivos, sendo que a resistência à corrosão se dá em função do alto teor de cromo, no mínimo 12% de Cr. Entre algumas aplicações do aço inoxidável, podemos destacar: em equipamentos para restaurantes, câmaras de combustão, artigos de cutelaria, instrumentos cirúrgicos e em equipamentos de processamento químico de alimentos.

Outras denominações, além das até aqui estudadas, são usuais em relação aos aços e referem-se a sua utilização, como aços para fundição, aços para trilhos, aços para chapas e aços estruturais.

- Aços para fundição: aço fundido é aquele que é vazado em moldes de areia ou de metal, onde solidifica e adquire a forma exata do molde, sem necessidade de qualquer transformação mecânica posterior, como laminação, trefilação etc. Apenas operações de retirada de material para efeito de acabamento são possíveis.

- Aços para trilhos: são aços sujeitos a condições relativamente severas, além dos choques e esforços de flexão alternados. Outro fator importante é a sua resistência ao desgaste superficial. O teor de carbono está na faixa entre 0,65% a 0,80% C.

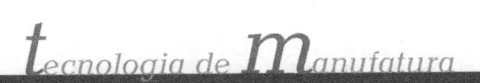

- Aços para chapas: são materiais caracterizados geralmente pela sua alta ductilidade e facilidade de conformação. Não apresentam elevadas propriedades mecânicas, isso em função de sua estrutura metalúrgica. O campo de aplicação é o mais variado, atendendo à indústria metal/mecânica desde a elaboração de pequenos artefatos, como um simples abridor de garrafas, até componentes de extrema complexidade, como elementos de asas de aviões, de trens, de automóveis, de navios etc.

- Aços estruturais: são os aços empregados no campo da engenharia, nas estruturas fixas, como edifícios e pontes, ou nas estruturas móveis, como nas indústrias ferroviária, automobilística, naval, aeronáutica etc.

Ferros fundidos

Embora os ferros fundidos sejam frequentemente considerados como uma classificação dos materiais metálicos, alguns autores os consideram como um processo de fabricação primário, pois, ao se fundir o metal, produz-se diretamente a peça final. Neste trabalho vamos considerar o ferro fundido como um processo e estudá-lo no Apêndice 2.

Tratamento térmico dos materiais metálicos

Você já teve a curiosidade de pesquisar e ponderar sobre as interferências feitas pelo homem nos materiais que a natureza coloca à nossa disposição e os processos desencadeados por essas atitudes?

É do conhecimento do homem, há muitos séculos, que o aquecimento e o resfriamento do aço modificam as suas propriedades. O estudo da estrutura interna do aço, por meio do microscópio, e as numerosas experiências feitas para atender às exigências industriais levaram à conclusão de que as mudanças íntimas na estrutura metálica obedecem a condições determinadas. Descobriu-se que não somente as temperaturas, mas também as velocidades de variação da temperatura influem para dar ao aço certas propriedades mecânicas.

O tratamento térmico é definido por Chiaverini (1998, p. 82) como sendo "o conjunto de operações de aquecimento a que são submetidos os aços, sob condições controladas de temperatura, tempo, atmosfera, e velocidade de resfriamento, com o objetivo de alterar suas propriedades ou conferir-lhes característicos determinados".

Assim, todo processo, no sentido de alterar a estrutura do aço por meio de aquecimento e resfriamento, é denominado tratamento térmico.

Como explica Doyle (1962, p. 73):

> Embora uma alta porcentagem de todos os metais possa ser utilizada no estado após conformação, laminação ou fundição, por razões econômicas, muitos metais (aços em particular) não desenvolvem suas propriedades físi-

cas e mecânicas máximas, senão após tratamento térmico. [...] Condições de serviço severas muitas vezes exigem o gasto adicional a fim de se obter alguma propriedade especial em um metal – tal como alta dureza, alta resistência à tração ou resistência à corrosão – por tratamento térmico.

Todo tratamento térmico apresenta três fases distintas: aquecimento, manutenção numa temperatura determinada em uma atmosfera definida e velocidade de resfriamento.

Finalidade do tratamento térmico: o tratamento térmico pode servir para dar ao aço propriedades particulares, tais como dureza ou maleabilidade, que permitam seu emprego em condições mais favoráveis ou para restabelecer no aço as propriedades que apresentava em fase anterior a processos mecânicos (como laminação) ou a outro tratamento térmico.

Tipos de tratamento térmico (há duas classes importantes de tratamentos térmicos dos aços):

- os que modificam as características mecânicas e as propriedades do aço por simples aquecimento e resfriamento, contemplando toda a massa deste (têmpera, revenimento e recozimento);*

- os que modificam as características mecânicas e as propriedades do aço por processos termoquímicos, isto é, aquecimento e resfriamento, com reações químicas. Tais processos apenas modificam a estrutura e as características mecânicas de uma camada superficial do aço (cementação e nitretação)**

Materiais metálicos não ferrosos

Materiais metálicos não ferrosos são os que não contêm ferro ou contêm em quantidades muito pequenas. Os principais materiais metálicos não ferrosos são alumínio, cobre, zinco, magnésio, níquel e titânio, além das respectivas ligas metálicas.

  a. O alumínio: é um material abundante na natureza e aparece combinado com outros elementos. A bauxita, que consiste em óxidos hidratados, é o minério mais importante na produção do alumínio. Como no caso do aço, o alumínio também pode ser produzido na forma de ligas – como as ligas de alumínio para trabalho mecânico – com cobre, manganês, silício, zinco e outros elementos. O alumínio possui baixa densidade 2,7 g/cm^3 (gramas por centímetro cúbico), o que o torna importante quando se necessita de estruturas com baixo peso, boa resistência à corrosão e que não sejam tóxicas – características estas que o fazem ideal para utilização na indústria alimentícia.

Têmpera é o tratamento térmico por meio do qual um aço é aquecido até determinada temperatura, igual ou acima do chamado ponto de transformação do aço, e, em seguida, resfriado bruscamente pela imersão na água ou no óleo ou por exposição a uma corrente de ar, conforme o caso. Efeitos principais da têmpera: endurece o aço, mas ao mesmo tempo o torna frágil. Revenimento é o tratamento térmico que consiste em reaquecer um aço já temperado até uma temperatura bem abaixo do ponto de transformação, deixando-o resfriar-se lenta ou bruscamente, conforme o caso. O principal efeito do processo de revenimento é possibilitar uma dureza pouco inferior à da têmpera, mas com fragilidade bastante reduzida. Recozimento é o tratamento térmico que se faz pelo aquecimento do aço a uma temperatura igual ou superior à de têmpera; na sequência há o resfriamento lento em meio a cinzas ou areia. Particularmente, um recozimento chamado normalização aplica-se aos aços depois de fundidos ou laminados, ou forjados. Esse tratamento abranda o aço temperado, isto é, suprime a dureza da têmpera, recupera o aço prejudicado pelo superaquecimento, melhora a estrutura íntima dos aços fundidos, laminados ou forjados e anula tensões internas (Chiaverini, 1986).

b. O cobre e suas ligas: o cobre é extraído de minérios que contêm sulfuretos de cobre e ferro e depois sofre processos de redução, em fornos, para remoção do ferro. As ligas de cobre com zinco formam o material chamado usualmente de latão, com várias aplicações; já a liga cobre-estanho é designada por bronzes de estanho que possuem boa resistência à tração. O cobre é um material muito importante na engenharia, sua alta condutividade elétrica e térmica, alta resistência à corrosão e facilidade de conformação fazem-no o material mais utilizado para fios elétricos e condutores térmicos de máquinas.

c. O magnésio possui o mais baixo peso entre os não ferrosos de aplicação industrial, pois sua densidade é de 1,74 g/cm³ (gramas por centímetro cúbico), no entanto o seu custo está entre os mais altos. A utilização mais comum para esse produto é em equipamentos de movimentação de materiais e na indústria aeroespacial. Isso se deve a sua vantagem em termos de peso, embora esse metal seja de difícil trabalhabilidade e de resistência mecânica baixa.

Quadro 5 – Propriedades físicas e preços

Metal	Símbolo	Densidade a 20°C (g/cm³)	Temperatura de fusão (°C)	Preço médio relativo US$
Magnésio	Mg	1,74	651	3,37
Alumínio	Al	2,70	660	1,65
Titânio	Ti	4,54	1675	8,82
Níquel	Ni	8,90	1453	6,62
Ferro	Fe	7,87	1535	0,54
Cobre	Cu	8,96	1083	2,49

Fonte: Adaptado de Smith, 1996.

1.3 Materiais poliméricos

Um material polimérico pode ser considerado como algo constituído por partes ou por unidades ligadas entre si quimicamente para formar um sólido.

A maioria dos materiais poliméricos é constituída por cadeias de moléculas de carbono e a sua resistência varia bastante, sendo que o mesmo acontece com a ductilidade. A grande maioria desses materiais não é condutora de eletricidade, por esse motivo eles são adequados para aplicações de isolantes elétricos. O polietileno e o cloreto polivinilo (PVC), o náilon (poliamida), o material denominado

---

Cementação: consiste em aquecer o aço, juntamente com outro material sólido, líquido ou gasoso que seja rico em carbono, até uma temperatura acima do ponto de transformação. Esse aquecimento dura várias horas, estando as peças e o material cementante dentro de caixas apropriadas. Na sequência do processo o resfriamento é lento e, depois da cementação, tempera-se o aço cementado. Nitretação: semelhante à cementação, esse processo consiste no aquecimento do aço, porém faz-se juntamente com um corpo gasoso, denominado azoto (nitrogênio). Em geral, esse tratamento termoquímico é aplicado em aços especiais que contêm certa porcentagem de alumínio para diminuir ou limitar a penetração do azoto na massa do aço. Os principais efeitos da cementação e da nitretação são: aumentam a porcentagem de carbono em uma fina camada superficial do aço, sem modificar a estrutura do interior da peça, que pode ser até aço doce. Dessa forma, o aço que foi cementado, ao ser temperado, tem endurecida apenas a sua camada superficial, enquanto a nitretação endurece também a superfície, mas não necessita de têmpera posterior (Chiaverini, 1986).

PET, que faz as garrafas de refrigerante descartáveis, e o epóxi são alguns exemplos de materiais poliméricos.

Os poliméricos possuem duas grandes categorias, os plásticos e os elastômeros.

Os plásticos constituem uma categoria de vasta utilização. A moldagem é o processo a que o plástico é submetido para a formação de peças. Eles podem ser subdivididos em outras duas categorias: os termoplásticos (quando aquecidos amolecem a partir de 60°C) e os plásticos de endurecimento a quente (Smith, 1996).

Os plásticos são produzidos industrialmente de várias maneiras, inicia-se o processo pelos produtos químicos básicos para o processo de polimerização, para o qual se utiliza o gás natural, o petróleo e o carvão. Esses são polimerizados em materiais plásticos, tais como granulados, peletes, pós ou líquidos que posteriormente são processados para a fabricação dos produtos finais.

A polimerização pode ser em volume, em solução, em suspensão ou em emulsão, dependendo do produto a ser obtido. Podem ser utilizados diversos processos finais de produção, transformando os granulados ou peletes de plástico em produtos finais, como a moldagem por injeção e extrusão para fabricar tubos, barras e várias outras formas; e a moldagem por sopro, por compressão e por transferência.

Os elastômeros ou borrachas são materiais que podem sofrer grandes deformações elásticas, quando sofrem a ação de uma força, e voltam ao estado inicial ao ser retirada essa força. Existem muitos tipos de elastômeros: a borracha natural, o poli-isopreno sintético, a borracha de nitrilo, o policloropreno e os silicones. A borracha natural é produzida a partir do látex da árvore *Hevea brasiliensis* (Smith, 1996).

1.4 Materiais cerâmicos

Os cerâmicos são materiais inorgânicos constituídos por elementos metálicos e não metálicos interligados. Têm composições químicas muito variadas desde compostos simples a misturas complexas.

Esses materiais apresentam a vantagem de possuírem alta dureza e grande resistência mecânica a altas temperaturas, mas tendem a ser frágeis (por vezes o material excessivamente duro é frágil na quebra, como o vidro). As propriedades dos materiais cerâmicos variam muito – em razão das diferenças de ligação química –, as temperaturas de fusão são altas e são bons isolantes térmicos e elétricos, propriedades estas que os tornam adequados para várias aplicações na indústria.

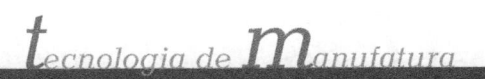

A maioria dos materiais cerâmicos é produzida por meio de compactação de pós e partículas, obtendo-se, assim, as peças com a forma pretendida, as quais são aquecidas a altas temperaturas, para ligar as partículas entre si.

Os materiais cerâmicos em geral podem ser divididos em dois grupos, os cerâmicos tradicionais e os cerâmicos técnicos que são utilizados em muitas tecnologias de ponta.

Os cerâmicos tradicionais com componentes básicos de argila, sílica e feldspato fazem produtos como telhas e porcelana elétrica; os cerâmicos técnicos (formados por compostos puros ou quase puros), como o óxido de alumínio (usado na base de suporte dos *chips* de circuitos eletrônicos) e o carboneto de silício (utilizado na região exposta a altas temperaturas), também se inclui entre eles o nitreto de silício.

Os materiais cerâmicos também são aplicados em: isoladores de vela de ignição, louças e utensílios domésticos, porcelana dentária, porcelana elétrica, alguns tipos de semicondutores, materiais piezoelétricos e nas pastilhas de corte para operações de usinagem.

Uma aplicação moderna desse material é a que tem sido feita nos motores. Isso acontece por sua vantagem e alta resistência às temperaturas, pelo baixo peso e por suas propriedades isolantes. Outro exemplo, ainda no contexto da modernidade, são as aplicações na engenharia aeroespacial, já que o material cerâmico cumpre as rigorosas características exigidas por essa indústria.

Vidro é um material cerâmico feito a partir de substâncias inorgânicas em altas temperaturas. Seus constituintes são aquecidos até o ponto de fusão e depois resfriados, obtendo-se um estado rígido sem cristalização. A maioria dos vidros tem como base o óxido de silício – SiO_2, que dá origem a sua face vítrea (DeGarmo; Black; Kohser, 1999; Smith, 1996).

Os vidros possuem propriedades especiais não existentes em outros materiais de engenharia, ou seja, combinam transparência e dureza sem que seja necessário alterar a temperatura ambiente. Na indústria elétrica, o vidro é indispensável para a fabricação de lâmpadas, pela sua capacidade de translucidez e de isolamento. Além disso, a grande resistência química do vidro torna-o útil para aplicações em utensílios de laboratórios e de reatores da indústria química.

Os semicondutores são outro importante material dos cerâmicos, também denominados de *materiais eletrônicos* por alguns autores, e apresentam características especiais de condutividade elétrica que os fazem ideais para aplicações em tecnologias de ponta. A condutividade elétrica desses materiais situa-os em posição intermediária entre os metais (os melhores condutores) e os isoladores (os piores condutores). Os elementos silício e germânio são materiais semicondutores intrínsecos.

A indústria de semicondutores conseguiu, nos últimos anos, implementar circuitos elétricos complexos em uma única pastilha, chamada *chip*, que é feita de silício, com cerca de 1 a 2 cm e cuja espessura é extremamente fina. Essa capacidade revolucionou a indústria com inúmeros produtos, como os microprocessadores, por exemplo (DeGarmo; Black; Kohser, 1999; Smith, 1996).

A indústria da microeletrônica já consegue introduzir milhares de transistores em um *chip* de silício de até 5 mm e 0,2 mm de espessura, o que aumentou sobremaneira as possibilidades de novos produtos dessa indústria. Inicia-se o processo por uma bolacha monocristalina de silício com cerca de 100 a 125 mm de diâmetro e 0,2 mm de espessura, com a superfície de um dos lados cuidadosamente polida e isenta de defeitos, onde, nos processos subsequentes, são produzidos os circuitos (DeGarmo; Black; Kohser, 1999; Smith, 1996).

1.5 Materiais compósitos

Materiais compósitos são materiais de dois ou mais micro ou macroconstituintes que diferem na forma e na composição química.

A importância dos materiais compósitos deriva do fato de que, ao combinarmos dois ou mais materiais diferentes, podemos obter um material compósito com características e propriedades melhores do que as dos materiais que lhe deram origem. A essa categoria – materiais compósitos – pertence uma grande quantidade de materiais. Um exemplo de material compósito é a fibra de vidro (fibra obtida através do processo de trefilagem), que é utilizada para reforçar matrizes plásticas. Existem também as fibras de carbono, que são produzidas a partir de um precursor através de etapas de processamento, e as fibras de aramido ou aramídicas (fibras de poliamida aromáticas), conhecidas pelo nome comercial de Kevlar®. Estas têm elevada resistência mecânica e baixa densidade, sendo produzidas para determinadas aplicações, como proteção contra balas (colete à prova de balas) (DeGarmo; Black; Kohser, 1999; Smith, 1996).

1.6 Materiais naturais

Os materiais naturais – como a madeira, as fibras de algodão e de seda e a celulose para papel – foram os primeiros a serem usados pelos homens para a produção de móveis, de roupas e de estruturas em geral, incluindo decoração e utensílios, entre outros.

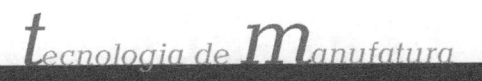

Embora, em muitas aplicações, esses materiais tenham sido substituídos por outros, pois existe um grande movimento ecológico para a preservação de alguns, entre eles a madeira, muitos ainda são empregados em uma grande gama de usos e em alguns permanecem exclusivos.

A madeira pode ser considerada um material compósito natural, porque é formada de um arranjo complexo de células e celulose reforçadas por uma substância polimérica e outros compostos orgânicos. Por ser um produto natural, sua estrutura não é homogênea, embora a sua resistência mecânica e a tração sejam relativamente altas. A madeira possui inúmeras utilizações como matéria-prima, sendo considerada de baixo custo, alta trabalhabilidade e boa resistência (DeGarmo; Black; Kohser, 1999; Smith, 1996).

apêndice 2

principais processos de transformação

Neste apêndice iremos detalhar aspectos concernentes aos principais processos de transformação. Destacamos as interligações entre os tipos de materiais, os procedimentos e o produto final.

2 Principais processos de transformação

O que define o processo de transformação?

O material escolhido para o produto define os processos produtivos da indústria que o fabricará, mas também a quantidade é um fator importante na organização do aparato produtivo.

Toda vez que pegarmos uma matéria-prima e a transformarmos em produto, mesmo que de forma manual, estaremos estabelecendo um processo de transformação que, se for artesanal, dependerá exclusivamente da habilidade do artesão, mas, se for industrial, certamente contará com a tecnologia, para que a transformação seja de qualidade, padronizada e ao custo mais baixo possível.

O processo global de fabricação é, em si, uma série de interações complexas entre materiais, pessoas e energias, começando com a criação de peças individuais, que irão finalmente constituir, por meio de operações de montagem, um produto final.

A escolha do processo de fabricação é realizada considerando-se as características de trabalho das peças, o material, a forma e as dimensões, o número de unidades a serem produzidas, a taxa de produção e o grau de precisão e de acabamento projetados. Existe sempre, obrigatoriamente, uma relação entre o material da peça e o processo de fabricação.

A manufatura pode ser definida como a arte e a ciência de transformar os materiais em produtos finais utilizáveis e vendáveis, sendo que nessa situação o processo ou o *mix* de processos predominantes são a própria essência de uma operação de manufatura. Processos de, por exemplo, fundição, forjamento, usinagem e estamparia exigem características específicas de *layout*, de equipamentos de movimentação de materiais, de necessidade ou não de laboratórios e de controle de poluição ambiental, entre outras.

São os processos de transformação que definem o tipo de fábrica que será necessário para a manufatura dos produtos projetados.

Os processos envolvidos na obtenção de peças individuais são chamados *processos unitários*. Destacaremos, dentre inúmeros processos de produção, alguns que são mais comuns na indústria: laminação, extrusão, fundição, forjamento, usinagem, soldagem, metalurgia do pó, conformação e corte.

2.1 Laminação

Os metais apresentam-se de várias formas no mercado, na forma plana de chapas ou perfis diversos, como o redondo, o quadrado etc. Esses são os produtos do processo de laminação, que é um conjunto de operações incidentes em um bloco metálico que passa através da abertura entre cilindros, reduzindo, em geral, a secção transversal da peça.

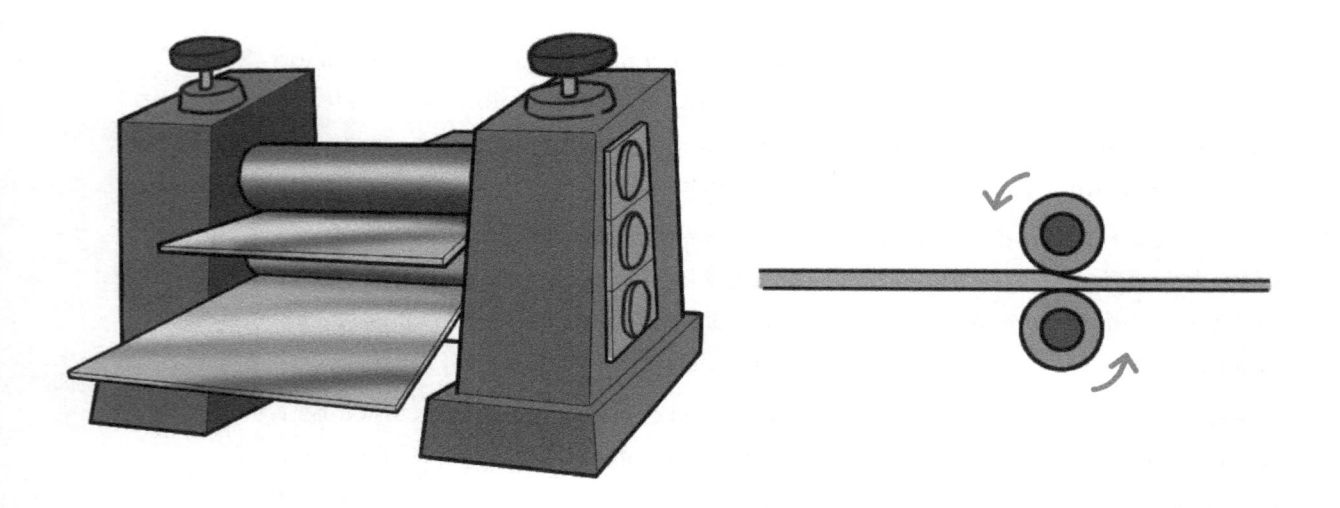

Figura 2
Processo de laminação

O processo de laminação a quente também é conhecido como *rolling*, devido ao fato de os cilindros de laminação apresentarem a forma de rolos, por entre os quais o material é processado. Esse é um processo muito produtivo e possibilita um bom controle do produto; por esse motivo, é dos mais usados. Esse processo desenvolve-

-se da seguinte forma: blocos de aço são aquecidos em fornos a temperaturas de laminação, na faixa de 1.200 a 1.300°C, e, com o auxílio de um guindaste, os blocos são colocados no início de uma linha de laminação sobre uma plataforma basculante, a qual deposita os blocos em uma pista de roletes. Os blocos são em seguida levados aos laminadores de desbaste, depois aos laminadores de preparação e por fim aos de acabamento, em um movimento para frente e para trás, alternado e contínuo, saindo no final os produtos laminados (Dieter, 1981; Chiaverini, 1986).

As chapas planas são denominadas *chapas pretas*, quando fornecidas tais como saem dos laminadores; *chapas galvanizadas*, quando revestidas com camada protetiva de zinco, e *chapas estanhadas* (também conhecidas por *folha de flandres*), quando revestidas com estanho.

2.2 Extrusão

É um processo classificado como de *compressão indireta*, pois são forçados a passar através de secções menores, isso faz com que a reação da peça com a matriz produza elevadas forças indiretas de compressão. Exemplificando, os tubos de aço chamados *sem costura* são produzidos por meio de perfuração a quente em máquinas chamadas *prensas de extrusão*, que provocam a passagem forçada do material contra uma matriz conformadora, produzindo o tubo, no entanto, quando os tubos passam pelo processo de solda, chamam-se *com costura* (Dieter, 1981; Chiaverini, 1986).

2.3 Fundição

O metal obtido diretamente pelas operações de extração e refino vem geralmente em forma sólida bruta; torna-se, então, necessário convertê-lo em formas que possam ser convenientemente utilizadas nas diversas aplicações. No processo de fundição, o metal no estado líquido é vazado dentro de um molde (de gesso, de areia, de metal etc.), que é o negativo (inverso) da peça a ser obtida, contendo algumas alterações próprias das técnicas de fundição (como o canal de escoamento), e solidifica-se na forma desejada.

Pelas suas características, o ferro fundido presta-se a uma infinidade de aplicações, como para peças de máquinas suportes, peças de uso na indústria automobilística, na indústria de máquinas pesadas, na de caminhões etc.

Mas, por ser a sua microestrutura comumente composta de grãos grandes, apresenta limitações em termos de propriedades mecânicas. Outra desvantagem, decorrente da granulação grosseira e heterogênea, é que o material pode conter impurezas entre diversos grãos da peça ou dentro de um mesmo grão, podendo ocasionar problemas, quando trabalhados posteriormente em processos de usinagem, por exemplo. Além disso, as peças podem facilmente vir a apresentar defeitos, como bolhas de ar e vazios ou rechupes (vazios de material devido à solidificação de fora para dentro). No entanto, tem a vantagem de tratar-se de um processo (a fundição) relativamente barato e capaz de fornecer uma enorme variedade de formas (Dieter, 1981; Chiaverini, 1986).

Os ferros fundidos são materiais metálicos refinados em fornos próprios. O ferro fundido é obtido da fusão do gusa com sucatas de peças de ferro fundido, sucatas de aço e de adições de outros elementos. Todo esse material, nas proporções adequadas, é colocado em fornos tipo cubilô, onde, submetido a altas temperaturas, passa para o estado líquido, sendo, então, ainda nesse estado, derramado em moldes na forma das peças, nos quais se solidifica, tomando a última como a sua forma definitiva (Dieter, 1981; Chiaverini, 1986).

Assim como acontece com o gusa, um dos seus principais elementos, é também obtido por meio de fusão e, por isso, o ferro fundido é chamado de *ferro fundido de segunda fusão*. A primeira fusão acontece com a mistura, em alto forno e em proporções adequadas, do minério de ferro com o coque ou carvão de madeira e um fundente. O produto obtido, ainda na forma líquida à alta temperatura, é escoado por canaletas de forma especial, onde se solidifica e obtemos, assim, o chamado *ferro fundido bruto, de primeira fusão* ou *gusa*, com 3,5 a 4,5% de carbono, que posteriormente será vendido para uma fundição, onde fará parte de novo processo de fusão, conforme descrito acima – o processo de fundição (a segunda fusão) (Dieter, 1981; Chiaverini, 1986).

Os ferros fundidos são compostos, na sua maior parte, por ferro e pequenas quantidades de carbono e silício, contendo também enxofre, manganês e fósforo. Define-se o ferro fundido como uma liga ferro-carbono com 2,5 a 5% de carbono, sendo comercialmente conhecido como liga ternária de ferro-carbono-silício, cuja característica predominante é a de apresentar o carbono na forma livre, isto é, na forma precipitada também denominada de *grafita livre*, sendo que é em função da forma da grafita que temos as várias classes de ferros fundidos (Dieter, 1981; Chiaverini, 1986).

Quadro 6
Classificação dos ferros fundidos

Fonte: Adaptado de Dieter, 1981; Chiaverini, 1986.

Classe de ferro fundido	Forma de grafita
Ferro fundido cinzento	Velos lamelares
Ferro fundido nodular	Nódulos

(continua)

(conclusão)

Ferro fundido vermicular	Vermículos
Ferro fundido branco	Carbono combinado
Ferro maleável branco	Grafita semicompacta
Ferro maleável preto	Grafita explodida
Ferro branco soldável	Grafita semicompacta

A trabalhabilidade do ferro fundido limita-se à remoção de material, já que o material é fundido na forma final da peça.

De acordo com Colpaert (2000, p. 7), "O ferro fundido não pode ser deformado nem a frio, nem a quente, pois romper-se-ia, por isso as peças, com ele fabricadas, são diretamente fundidas na sua forma definitiva. O acabamento das peças é feito retirando material em excesso em torno, na plaina, no esmeril, à lima, à broca, etc.".

Existem diversos tipos de ferros fundidos, os mais conhecidos são os ferros fundidos cinzento, branco e nodular. É usual que os produtos fundidos sejam classificados pela norma alemã do Instituto Alemão para Normalização (Deutsches Institut fur Norming – DIN), cujo quadro apresentaremos a seguir.

Codificação aplicada	*Classe de ferro fundido*
GS	Aço fundido
GG	Ferro fundido cinzento
GGG	Ferro fundido nodular
GH	Ferro fundido branco
GT	Ferro maleável
GTS	Ferro maleável preto
GTW	Ferro maleável branco
K	Coquilhado
Z	Centrifugado
G	Recozido
S	Alívio de tensões
N	Normalizado
V	Temperado e revenido

Quadro 7

Classificação dos ferros fundidos, segundo a norma alemã – DIN

O código que especifica o tipo de material é separado por um hífen e vem seguido pelas letras que indicam: E (forno elétrico), S (soldável), BS (forno Bessemer).

Exemplos de códigos e respectivas especificações:
- *GS-E*: indica aço fundido em forno elétrico;
- *GG-15*: indica ferro fundido cinzento de resistência à tração de 15 kg/mm^2;
- *GGG-N*: indica ferro fundido nodular com tratamento de normalização.

2.4 Forjamento

Os materiais metálicos são forjados, quando conformados por esforços, tendendo a fazer o material assumir o contorno da ferramenta conformadora, chamada *matriz* ou *estampo*. O que ocorre é que, ao efetuarmos o esforço de compressão sobre o material, este tenderá a assumir a forma do contorno ou perfil da matriz. "Esse é um processo de conformação mecânica pelo martelamento ou pela prensagem" (Chiaverini, 1986), é um dos mais antigos processos de conformação de metais, na Antiguidade já eram conhecidos os métodos de forjamento manual no qual o ferreiro forjava as espadas e outros utensílios.

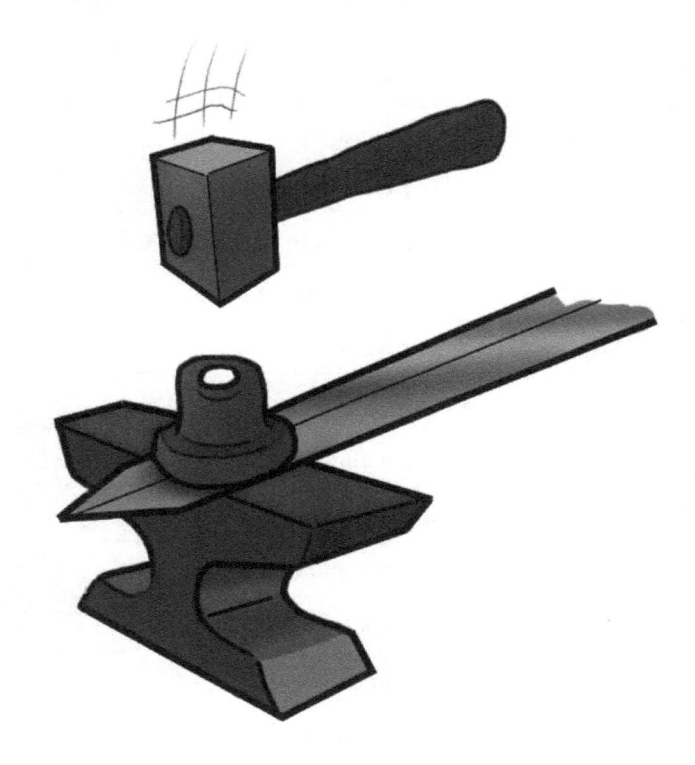

Figura 3
Processo de forjamento

Na maioria das operações de forjamento, empregamos um ferramental que consiste em um par de dispositivos denominados *matrizes*. É uma operação normalmente executada a quente, mas existem algumas que podem ser feitas a frio, como é o caso de parafusos, pinos, porcas etc.

2.5 Usinagem

Consiste na remoção (arrancamento) de partículas do material de um bloco com forma bruta, até se atingir a forma desejada. É efetuada com o auxílio de ferramentas adequadas, que são feitas de material duro, em máquinas especiais (tornos, plainas, fresadoras etc.) ou, em sentido mais amplo, mediante técnicas especiais não mecânicas, como a eletroerosão. A peça inicial tem origem na fundição ou em outros processos, sendo que a variedade de formas obtidas por usinagem é praticamente infinita, propiciando, também, um controle rigoroso de dimensões e acabamentos. No entanto, nessa operação, também ocorrem desvantagens, as maiores são a perda de material, a morosidade da operação e o alto valor de investimentos em máquinas.

Existem basicamente dois tipos de usinagem que diferem, entre si, pelo corte e pelo fato de a peça estar estacionada ou girando, conforme descrevemos.

- O primeiro tipo de usinagem é feito com a peça a ser trabalhada estacionada, fixada em um dispositivo especial, enquanto a máquina, por meio da ferramenta de corte, avança, girando em alta rotação na direção dessa peça, fazendo a remoção de cavacos por *fresagem* ou *retífica*, operações essas executadas em máquinas conhecidas como centros de usinagem, fresas e retíficas.

- O segundo processo, que mostramos nas figuras 4 e 5, é por torneamento, ou seja, a peça gira e a ferramenta fica estacionária, fixa na máquina que avança no sentido da peça em movimento, executando assim a operação de tornear, operação essa que pode ser realizada em máquinas denominadas *tornos*, bem como em retíficas, usadas para execução de diâmetros precisos.

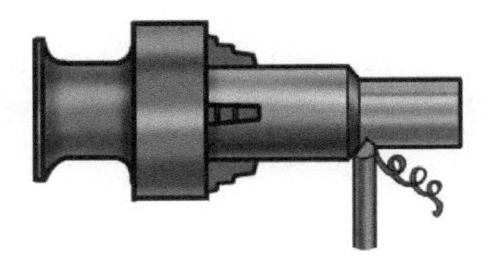

Figura 4

Usinagem por torneamento

Figura 5

Torno em operação

2.6 Soldagem

Consiste em um conjunto de processos que permitem obter peças pela união de várias partes, estabelecendo a continuidade do material entre estas e usando ou não um material adicional para servir de ligação. Possibilita também uma grande variedade de formas, inclusive podemos, virtualmente, fazer uma *escultura* soldada com partes metálicas, e são inúmeros os tipos de soldagem para diferentes aplicações: a gás, a resistência, a arco elétrico, a frio, por caldeamento, entre outros. Neste estudo destacamos a solda elétrica, a solda MIG e a solda a ponto.

Solda elétrica: é realizada com material de enchimento, chamado *eletrodo*, e possui aplicação em estruturas metálicas, manutenção, tanques e vasos de pressão. Nesse tipo de processo, o soldador deve ser um profissional com muita habilidade, o qual é comumente chamado de *soldador raio X*, pois o trabalho deve ser tão primoroso a ponto de, mesmo ao ser submetido a uma inspeção de raio X, não apresentar falhas.

Figura 6

Processo de solda elétrica

Solda MIG (gás inerte de metal): assim chamada por propiciar uma proteção gasosa com gás inerte no momento da operação de soldagem, é realizada com material de enchimento em forma de bobinas ou arames, que vão se desenrolando, conforme avança o processo. Tem ampla aplicação na indústria em geral, pelo seu baixo custo e alta produtividade.

Solda a ponto: assim denominada por ser um par de eletrodos que fundem a própria peça em um único ponto, não havendo material de enchimento, em pontos específicos. Sua utilização é na união de chapas finas que são soldadas com diversos pontos, linearmente. Cada ponto é um elemento de fixação, pois funde os dois materiais, sendo que *a sua maior utilização é em painéis de proteção e em gabinetes, também muito utilizada na produção da chamada linha branca de eletrodomésticos.*

2.7 Metalurgia do pó

O metal ou liga em forma de pó é colocado em uma forma ou molde, sendo comprimido (compactado) e em seguida ou, simultaneamente, aquecido (sinterizado) em processo de condições de temperatura, tempo e atmosfera adequadas e controladas para que se estabeleçam ligações fortes entre as partículas vizinhas, obtendo-se assim uma peça sólida com maior ou menor porosidade, dependendo das condições do material e do processo.

A metalurgia do pó tem experimentado um desenvolvimento intenso e rápido nos últimos anos.

As principais vantagens desse processo são as possibilidades de obtermos produtos e componentes com boa homogeneidade microestrutural e grande precisão dimensional, com bom aproveitamento de matéria-prima e com controle da composição química do material. Por exemplo, os filtros metálicos e mancais autolubrificantes, que são componentes com porosidade controlada, também peças de metais com alto ponto de fusão de ligas duras, como os materiais intermetálicos de dois materiais conjugados; outros exemplos são o metal cerâmico (*cermets* como metal duro, materiais de fricção) e as ferramentas de corte para usinagem.

As desvantagens são que as matérias-primas devem estar disponíveis na forma de pó, frequentemente com requisitos rigorosos quanto à forma, tamanho e distribuição das partículas. Também o manuseio desse processo é crítico, e a porosidade nem sempre pode ser eliminada nas peças sinterizadas, o que prejudica as suas propriedades mecânicas. Outro ponto a destacar é o alto custo do ferramental, que obriga a uma produção de grandes volumes de peças para compensar o custo do ferramental. Existem, também, limitações quanto ao tamanho ou peso das peças, para evitar a necessidade de potências excessivamente altas na compactação.

É possível realizar a combinação das técnicas de metalurgia do pó com a conformação mecânica, antes, durante ou depois da sinterização, permitindo a obtenção de peças praticamente isentas de poros e com melhores propriedades mecânicas.

2.8 Conformação e corte

Esses são os nomes genéricos dos processos em que se aplica uma força externa sobre a matéria-prima, obrigando-a a adquirir a forma desejada por deformação. Nesses processos, o volume e a massa do metal são conservados.

É importante observar, contudo, que há desvantagens, pois o ferramental e os equipamentos para conformação mecânica são comumente caros, exigindo-se normalmente grandes produções para compensar o seu uso em termos econômicos.

As principais vantagens são o bom aproveitamento da matéria-prima, a rapidez na execução, a possibilidade de melhoria e controle das propriedades mecânicas do material. Por exemplo, bolhas e porosidades em lingotes fundidos podem ser eliminadas por meio de conformação mecânica a quente, melhorando a ductilidade e a tenacidade do material. A dureza do produto pode ser controlada, por exemplo, com a alternância das etapas de conformação a frio e recozimento.

Existem centenas de diferentes processos unitários de conformação mecânica desenvolvidos para aplicações específicas. Contudo, é possível classificá-los em um número reduzido de categorias, com base em critérios como o tipo de esforço que provoca a deformação do material, a variação relativa da espessura da peça e o regime da operação de conformação, entre outros. Os mais usados são os processos de compressão direta, compressão indireta, dobramento e cisalhamento – que vamos detalhar na sequência.

- Processos de compressão direta: nesses a força é aplicada na superfície do material, o qual escoa perpendicular à direção de compressão. Os principais processos de compressão direta são o forjamento e a laminação.

- Processos de compressão indireta: aqui o esforço primariamente aplicado pode ser compressivo ou tracionário, mas a força, responsável direta pela conformação, é constituída em grande parte pela reação compressiva da ferramenta (matriz) sobre o material. Entre os processos por compressão indireta, além da extrusão, temos também a estamparia por embutimento. A estamparia por embutimento é a fabricação de peças em forma do recipiente a partir de retalhos planos de chapa, em que a chapa é forçada a penetrar na cavidade da matriz por meio de uma ferramenta (estampo ou punção), cujo contorno seja igual ao que desejamos imprimir à peça. A conformação de peças estampadas por embutimento é muito utilizada na indústria automobilística, na fabricação de para-choques, portas, tampas, assoalhos e de outros componentes.

- Processos de dobramento: eles envolvem a aplicação de pressão em uma chapa, barra ou tubo, de modo a dobrar a peça em torno de uma ferramenta apropriada. As máquinas que fazem esse trabalho são chamadas *dobradeiras* e forçam o martelo sobre uma peça plana, fazendo as dobras.

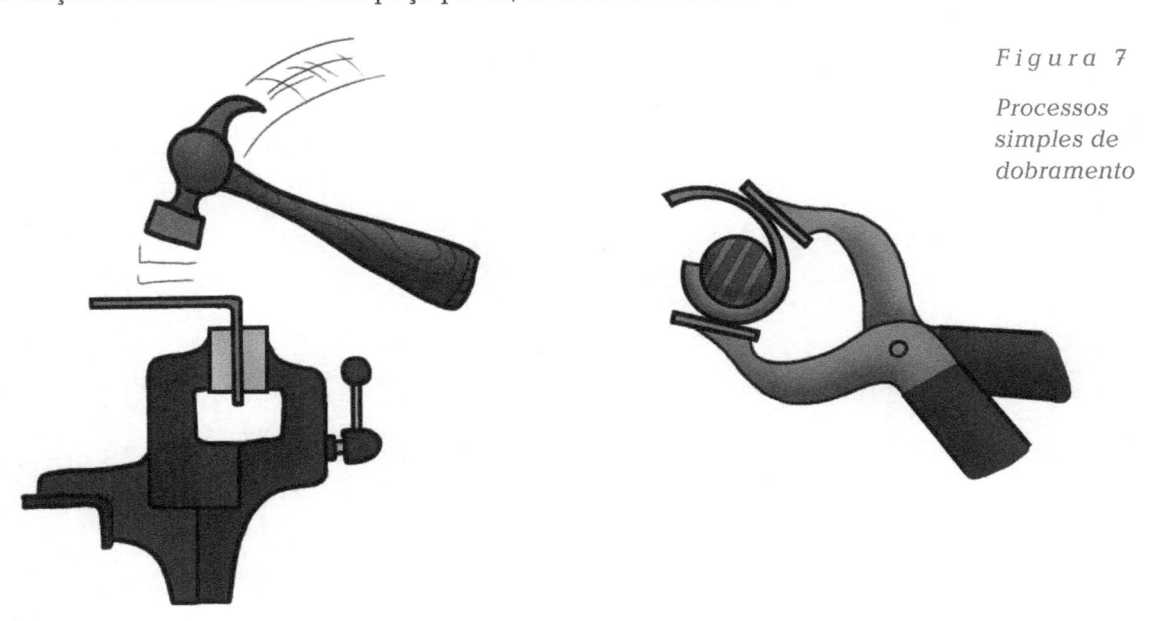

Figura 7

Processos simples de dobramento

- Processos de cisalhamento: são usados para corte de chapas ou perfis, envolvem a aplicação de forças cisalhantes (cortes) suficientemente intensas para romper o metal no plano de cisalhamento. Esses processos abrangem diferentes operações de corte. A indústria que trabalha com processos de estampagem e dobramento precisa de uma máquina que faça o corte da chapa no tamanho que necessitar, pois as chapas vêm da usina em tamanhos padronizados, e os cortes são efetuados em máquinas chamadas *guilhotinas*, que cortam a chapa no tamanho especificado.

Não incluímos aqui, na questão relativa a processos, os materiais líquidos e pastosos, que são processados em indústrias químicas denominadas de *indústrias de processos contínuos*, nem os materiais utilizados pela indústria da construção civil, embora esses dois segmentos tenham sido contemplados, em termos de suas tecnologias de produção, no Capítulo 4.

referências

ABNT. *Sistemas de gestão da qualidade fundamentos e vocabulário*: NBR ISO 9000. Rio de Janeiro, 2000.

AMBEV. Disponível em: <http://www.ambev.com.br>. Acesso em: 20 out. 2006.

ASHBY, M. F.; JONES, D. R. H. *Engineering Materials*: An Introduction to Their Properties & Applications. London: Butterworth Heinemann, 2001.

BALLESTERO, M. E. *Administração da qualidade e da produtividade*: abordagens do processo administrativo. São Paulo: Atlas, 2001.

BÓRNIA, Antonio Cezar. Análise de custos em empresas modernas. Porto Alegre: Bookman, 2002.

BRESCIANI FILHO, E. *Seleção de materiais metálicos*. 2. ed. Campinas: Ed. Unicamp, 1998.

CAMPOS, V. F. *TQC*: controle da qualidade total. Rio de Janeiro: Bloch Editores QFCO, 1992.

CHASE, R. B.; JACOBS, R. F.; AQUILANO, N. J. *Administração da produção para a vantagem competitiva*. 10. ed. Porto Alegre: Bookman, 2006.

CHIAVENATO, I. *Administração*: teoria, processo e prática. São Paulo: Makron Books, 2004.

CHIAVERINI, V. *Tecnologia mecânica*: estrutura e propriedades das ligas metálicas. São Paulo: McGraw-Hill, 1986.

CHIAVERINI, V. *Aços e ferros fundidos*: características gerais, tratamentos térmicos, principais tipos. 7. ed. amp. e rev. São Paulo: Associação Brasileira de Metalurgia e Materiais, 1998.

COLLISTER, W. D. *Ciência e engenharia de materiais*. 5. ed. Rio de Janeiro: LTC, 2002.

COLPAERT, H. *Metalografia dos produtos siderúrgicos comuns*. 3. ed. São Paulo: Edgard Blucher, 2000.

CORRÊA, H. L.; CORRÊA, C. A. *Administração de produção e operações*: manufatura e serviços – uma abordagem estratégica. São Paulo: Atlas, 2004.

DeGARMO, E. P.; BLACK, J. T.; KOHSER, R. A. *Materials and Processes in Manufacturing*. 8. ed. John Wiley & Sons, 1999.

DEMING, W. E. *Qualidade*: a revolução da administração. Rio de Janeiro: Marques-Saraiva, 1990.

DIETER, G. E. *Metalurgia mecânica*. 2. ed. Rio de Janeiro: Guanabara Dois, 1981.

DOYLE, L. E. *Processos de fabricação e materiais para engenheiros*. São Paulo: Edgard Blucher, 1962.

DRUCKER, P. Harvard Business Review. 1980.

FARIA, J. C. *Administração*: introdução ao estudo. 3. ed. São Paulo: Pioneira, 1997.

FEIGENBAUM, A. V. *Controle da qualidade total*. São Paulo: Makron, 1994.

Fujita, Seiichi. Análise de lucratividade. In: *Seminário Internacional Kaishakaizen*, 1992, São Paulo. São Paulo: Aots Alumni, 1992. Apostila.

GIOVANNINI, F.; KRUGLIANSKAS, I. *A organização eficaz*. São Paulo: Nobel, 2004.

HALL, R. W. *A excelência na manufatura*: just in time, qualidade total, envolvimento total das pessoas. São Paulo: Iman, 1988.

HAMEL, G.; PRAHALAD, C. K. *Competindo pelo futuro*: estratégias inovadoras para obter o controle do seu setor e criar os mercados de amanhã. Rio de Janeiro: Campus, 1995.

HAMMER, M.; CHAMPY, J. *Reengenharia*: revolucionando a empresa em função dos clientes, da concorrência e das grandes mudanças. 30. ed. Rio de Janeiro: Campus, 1994.

HAMPTON, D. R. *Administração contemporânea*. 2. ed. São Paulo: McGraw-Hill, 1992.

HAMPTON, D. R. *Administração*: comportamento organizacional. São Paulo: McGraw-Hill, 1998.

HAWKEN, L.; LOVINS, A.; LOVINS, L. H. *Capitalismo natural*. São Paulo: Cultrix, 1999.

IMAI, M. *Kaizen*: a estratégia para o sucesso competitivo. São Paulo: Iman, 1988.

JURAN, J. M. *Na liderança pela qualidade*. São Paulo: Pioneira, 1990a.

JURAN, J. M. *Planejando para a qualidade*. São Paulo: Pioneira, 1990b.

LOBATO, D. M. *Administração estratégica*: uma visão orientada para a busca de vantagens competitivas. Rio de Janeiro: Papéis e Cópias, 1997.

MARANHÃO, M. *ISO Série*: manual de implementação, versão ISO 2000. 6. ed. Rio de Janeiro: Qualitymark, 2001.

MARTINS, P. G.; LAUGENI, F. P. *Administração da produção*. São Paulo: Saraiva, 2005.

McGREGOR, D. *O lado humano da empresa*. 3. ed. São Paulo: M. Fontes, 1999.

MCKINSEY INSTITUTE. *Produtividade no Brasil*. Rio de Janeiro: Campus, 1999.

MIRSHAWKA, V.; BÁEZ, V. E. *Produmetria*: a vez do Brasil. São Paulo: Makron Books, 1993.

MOREIRA, D. A. *Administração da produção e operações*. São Paulo: Pioneira/Thomson Learning, 2004.

NASAR, S. Productivity. In: *The Concise Encyclopedia of Economics*. Disponível em: <http://www.econlib.org/library/Enc/Productivity.html >. Acesso em: 20 out. 2005.

OHNO, T. *Toyota Production System*: Beyond Large-Scale Production. Portland: Productivity Press, 1988.

PALADINI, E. P. *Avaliação estratégica da qualidade*. São Paulo: Atlas, 2002.

PALADINI, E. P. *Gestão da qualidade*: teoria e prática. 2. ed. São Paulo: Atlas, 2004.

SENGE, P. M. *A quinta disciplina*: arte e prática da organização de aprendizagem. 11. ed. São Paulo: Best Seller, 2002.

SHINGO, S.; DILLON, A. P. (Trad.). *A Revolution in Manufacturing*: The SMED System. Cambridge, Massachusetts and Norwalk: Productivity Press, 1985.

SLACK, N.; CHAMBERS, S.; JOHNSTON, R. *Administração da produção*. 2. ed. São Paulo: Atlas, 2002.

SMITH, W. F. *Princípios de ciência e engenharia de materiais*. Lisboa: McGraw-Hill, 1996.

STALK JÚNIOR, G.; HOUT, T. M. *Competindo contra o tempo*. Rio de Janeiro: Campus, 1993.

SUZAKI, K. *The New Manufacturing Challenge*: Techniques for Continuous Improvement. New York: Free Press, 1987.

TUBINO, D. F. *Manual de planejamento e controle de produção*. São Paulo: Atlas, 2000.

VIANA, J. J. *Administração de materiais*: um enfoque prático. São Paulo: Atlas, 2000.

WOMACK, J. P.; JONES, D. T. *A mentalidade enxuta nas empresas*: elimine o desperdício e crie a riqueza. Rio de Janeiro: Campus, 1998.

WOMACK, J. P.; JONES, T. D.; ROOS, D. *A máquina que mudou o mundo*. 3. ed. Rio de Janeiro: Campus, 1992.

Sobre Técnicas Japonesas e Produção Incluindo Kanban:

CHASE, R.; JACOBS, R.; AQUILANO, N. *Administração da produção*: para a vantagem competitiva. Porto Alegre: Bookman, 2006. p. 415.

MONDEN, Y. *Toyota Production System*: In Integrated Approach to Just in Time. Atlanta: Institute of Industrial Engineers, 1988.

SLACK, N.; CHAMBERS, S.; JOHNSTON, R. *Administração da produção.* São Paulo: Atlas, 2002. (página 493 sobre kanban).

Sobre o autor

Moacir Paranhos Filho agrega fatores fundamentais para um autor altamente confiável, pois alia uma contínua formação acadêmica com a constante prática através do exercício de funções especializadas, situação em que muito contribuiu e continua contribuindo para o desenvolvimento da área da produção, além de participar como professor, onde compartilha com outros o conhecimento que conquistou. Graduou-se em Engenharia Mecânica pela Universidade de Tatuapé (Unitau), São Paulo. Especializou-se em Engenharia de Segurança do Trabalho pela Faculdade de Engenharia Industrial de São Bernardo do Campo (FEI), São Paulo, e em Administração Industrial pela Universidade Federal do Paraná (UFPR). É mestrando em Engenharia da Produção pela Universidade Federal de Santa Catarina (UFSC). Há 25 anos atua efetivamente nas áreas de Engenharia de Produção, de Qualidade, de Gestão da Produção e de Superintendência Geral em empresas nacionais e internacionais. Realizou visitas técnicas a empresas industriais em oito países, incluindo pesquisa de campo. Em três oportunidades, esteve no Japão, como coordenador de missões internacionais, com o objetivo de absorver novas tecnologias de gestão e de desenvolver a adaptação destas à realidade brasileira. Aplicou as teorias japonesas de manufatura, Just In Time e Kanban, na prática da indústria e liderou a implantação da filosofia da "produção enxuta" e de "sistemas de qualidade", incluindo ISO 9000, em diversas empresas, como consultor. Atualmente é o diretor de operações do Grupo Uninter. Concomitante a toda essa atividade, mantém carreira de academia através de docência em cursos de pós-graduação e tecnológico superior, e em coordenação de custos lato sensu em Qualidade e Tecnologia em Gestão de Produção Industrial da Faculdade de Tecnologia Internacional (Fatec Internacional).

Os papéis utilizados neste livro, certificados por instituições ambientais competentes, são recicláveis, provenientes de fontes renováveis e, portanto, um meio responsável e natural de informação e conhecimento.

FSC MISTO
Papel | Apoiando o manejo florestal responsável
FSC® C103535

Impressão: Reproset
Junho/2023